Reihe *Unterricht im Dialog*
Herausgegeben von Erwin Krottenthaler (Literaturhaus Stuttgart)

Tilman Rau

Journalistisches Schreiben im Unterricht

Themenfindung, Recherchen, Textformen

Robert Bosch Stiftung literaturhaus stuttgart Klett | Kallmeyer

Bibliografische Information der Deutschen Nationalbibliothek
Die Deutsche Nationalbibliothek verzeichnet diese Publikation in der Deutschen Nationalbibliografie; detaillierte bibliografische Daten sind im Internet über http://dnb.d-nb.de abrufbar.

Impressum

Tilman Rau
Journalistisches Schreiben im Unterricht
Themenfindung, Recherchen, Textformen
In der Reihe *Unterricht im Dialog*
Herausgegeben von Erwin Krottenthaler (Literaturhaus Stuttgart)

3. Auflage 2020

Redaktion: Michael Banse, Leipzig
Titelfoto: Holger Drees, Dortmund
Realisation: Lars Pätsch
Druck: Medienhaus PLUMP GmbH, Rheinbreitbach
Printed in Germany

ISBN: 978-3-7800-4810-3

Reihe *Unterricht im Dialog*
Herausgegeben von Erwin Krottenthaler (Literaturhaus Stuttgart)

Tilman Rau

Journalistisches Schreiben im Unterricht

Themenfindung, Recherchen, Textformen

Robert Bosch Stiftung

Klett | Kallmeyer

Vorwort

Unterricht im Dialog – Journalistisches Schreiben im Unterricht

Kulturelle Bildung und außerschulische Partner

Bereits 2004 beschließt die Kultusministerkonferenz Standards für die Lehrerbildung zu formulieren, in der die Kompetenzorientierung der Lehrenden in elf Punkten in den Mittelpunkt gestellt wird. Die Zielsetzung ist u.a. so formuliert, dass Lehrer die Fähigkeit von Schülern zum selbstbestimmten Lernen und Arbeiten fördern sollen. Auch wird darin postuliert, dass Lehrer ihren Beruf als ständige Lernaufgabe verstehen sollen. Ob und in welcher Weise das in der Praxis umgesetzt wurde oder wird, kann an dieser Stelle nicht beurteilt werden. Sehr wohl sehen wir aber in unserer zwölfjährigen Zusammenarbeit mit Schulen, dass die Verankerung des *Literarischen Schreibens* innerhalb des regulären Deutschunterrichts noch in seinen Anfängen steckt. Die Lehrkräfte werden nach wie vor im Rahmen ihres Studiums und Referendariats nur sehr rudimentär mit den Möglichkeiten des *Literarischen Schreibens* als produktionsorientiertes Verfahren konfrontiert und es gibt bislang nur wenig Angebote, sich in diesem Bereich qualifiziert fortzubilden.

Parallel hierzu hat der Begriff *Kulturelle Bildung* Konjunktur, auch Kultureinrichtungen sind aufgerufen, zunehmend mit Schulen zu kooperieren. Gerade im Bereich der Schulentwicklung ist *Kulturelle Praxis* als Handlungsfeld in aller Munde. Beide Schlagwörter sagen aber wenig aus, wenn nicht differenziert dargelegt wird, was mit ihnen wirklich gemeint ist und wie bzw. von wem sie in der Praxis umgesetzt und im schulischen Alltag verankert werden sollen.

Aktuell gibt es eine Fülle an überregionalen Programmen und Modellversuchen, die vor allem darauf abzielen, Künstler in den Schulalltag zu integrieren, Schülern den Besuch von Kultureinrichtungen zu ermöglichen und gemeinsame Projekte zu initiieren. Beispiele hierfür sind die Wettbewerbe *Kinder zum Olymp* (Initiator: Kultur Stiftung der Länder), *Mixed-Up* (Initiator: Bundesministerium für Familie, Senioren, Frauen und Jugend in Zusammenarbeit mit der Bundesvereinigung Kulturelle Kinder- und Jugendbildung (BKJ) sowie die Initiative *Kultur.Forscher!* (Initiator: PwC-Stiftung in Kooperation mit der Deutschen Kinder und Jugendstiftung). Seit 2013 fördert das Bundesministerium für Bildung und Forschung über die Initiative *Kultur macht stark* zudem außerschulische Angebote der kulturellen Bildung, die sich vorrangig an benachteiligte Kinder und Jugendliche richten sollen.

Trotz der sehr zahlreichen Initiativen, ist aber bei genauerer Analyse festzustellen, dass die Sparte Literatur bisher nur eine untergeordnete Rolle spielt. Angebote der kulturellen Bildung werden innerhalb des Schulbetriebs fast ausschließlich auf die musisch-künstlerischen Fächer Musik, Bildende Kunst und Darstellendes Spiel reduziert. Das Fach Deutsch als mögliches Kooperationsfeld bleibt nahezu ausgeblendet. Das mag einerseits daran liegen, dass innerhalb des Schulbetriebes die musisch-künstlerischen Fächer die notwendige Offenheit und Flexibilität bieten können, die für künstlerische Prozesse notwendig erscheinen. Andererseits wird bedauert, dass ebendiese Fächer nicht die notwendige Anerkennung genießen, häufig fachfremd unterrichtet werden und eine Vielzahl von Unterrichtsausfällen zu beklagen haben. Weiter scheint es so, als wären für den Bereich Literatur nicht die entsprechenden Partner aus dem Kulturbetrieb vorhanden.

Wie wichtig es wäre, gerade den Bereich Literatur im Kontext der Zusammenarbeit zwischen Schulen und Kultureinrichtungen zu stärken, betonten Ende 2012 auch die Herausgeber des 2. Jugend-Kulturbarometers. In ihren abschließenden Empfehlungen an die Kultur- und Bildungspolitik sprechen sie sich ganz dezidiert für eine stärkere Förderung von Bildungsangeboten im Bereich Kreatives Schreiben und Literatur aus.

Das Programm „Literatur machen – Unterricht im Dialog"

Bereits zur Eröffnung des Stuttgarter Literaturhauses im November 2001 wurde gemeinsam mit der Robert Bosch Stiftung das *Projekt Schreibwerkstätten für Jugendliche* entwickelt. Über einen Zeitraum von fünf Jahren konnten Schülerinnen und Schüler bis Juli 2006 auf freiwilliger Basis kostenlos an den Werkstätten Prosa, Lyrik, Reportage, Rap, Wort & Spiele, Naturwissenschaften, Drama und Comic teilnehmen. Das Kursprogramm gliederte sich je Halbjahr in 12 wöchentlich stattfindende Unterrichtseinheiten und wurde individuell durch Exkursionen und den Besuch von Autorenlesungen im Literaturhaus ergänzt. Jugendliche im Alter von 14 bis 21 Jahren, die an dem Programm teilnahmen, konnten so unter Anleitung von erfahrenen Dozenten unterschiedliche Schreibtechniken und Schreibstile kennenlernen und eigene Texte schreiben. Zunehmend engagierten sich in den folgenden Jahren auch andere Literaturhäuser in einer ähnlichen Richtung. Eine interne Befragung vom Juni 2009 unter den elf im Netzwerk *Literaturhaus.net* zusammengeschlossenen Einrichtungen in Deutschland, der Schweiz und Österreich ergab folgendes Bild: Jeweils sechs der befragten Häuser haben angegeben, Schreibprojekte in Form von geschlossenen Arbeitsgruppen und gleichzeitig Schreibwerkstätten in Kooperation mit Schulen anzubieten. Fünf Literaturhäuser bieten offene Arbeitsgruppen an. Schreibwerkstätten, integriert in den Unterricht an Schulen, werden lediglich von den Häusern in Zürich und Stuttgart durchgeführt.

Aufbauend auf die fünfjährige Erfahrung in mehr als 50 Einzelprojekten mit ca. 800 Teilnehmern wurde zum Schuljahr 2006/2007 in Stuttgart gemeinsam mit dem Landesinstitut für Schulentwicklung und den Seminaren für Didaktik und Lehrerbildung in Baden-Württemberg das Nachfolgeprojekt *Unterricht im Dialog* initiiert. In der Praxis erprobte Arbeitsansätze und Methoden im Umgang mit dem literarischen Schreiben sollten nun in mehreren Teilprojekten in den regulären Deutschunterricht an Stuttgarter Schulen integriert werden. Im Gegensatz zu den bisherigen Werkstattangeboten konnten mit der Neuausrichtung auch Schülerinnen und Schüler erreicht werden, die bisher wenig literarisch interessiert waren. Die Angebote Prosa, Prosa/Fotografie, Lyrik, Reportage, Wort & Spiele, Drama sowie Comic richteten sich bewusst nicht nur an Schüler/-innen der gymnasialen Oberstufe, sondern auch an Jugendliche aus Förder-, Haupt- und Realschulen bis hin zu einer Berufsfachschule für metallverarbeitende Gewerbe.

Das Gesamtprojekt *Unterricht im Dialog* wurde 2007 mit dem Zukunftspreis Jugendkultur der PwC-Stiftung und 2008 im Rahmen des Wettbewerbes *Kinder zum Olymp*, einer Initiative der Kulturstiftung der Länder, ausgezeichnet. Ebenfalls 2008 besuchte Bundeskanzlerin Angela Merkel das Teilprojekt Lyrik an der Realschule Ostheim im Rahmen ihrer Bildungsreise.

Ausblick ...

Seit September 2011 fließen die Erfahrungen und Ergebnisse aus dem Gesamtprojekt in Zusammenarbeit mit dem Lehrstuhl für Didaktik der deutschen Sprache und Literatur an der Otto Friedrich-Universität Bamberg in ein Fortbildungsprogramm für Deutschlehrkräfte aller weiterführenden Schulen in Baden-Württemberg ein. Konzepte, Unterrichtsmethoden und -prozesse, die von den jeweiligen Tandems Künstler/Lehrkraft entwickelt wurden, werden nun in Form einer zweijährigen Fortbildung an interessierte Lehrkräfte weitergegeben und sollen nachhaltig im Schulalltag verankert werden. Angestrebt wird damit einerseits eine qualitative Weiterentwicklung der Didaktik des Fachs Deutsch. Andererseits soll mit dem Programm aber auch das Themenfeld *Kulturelle Jugendbildung* in der Programmatik einer außerschulischen Kultureinrichtung wie dem Literaturhaus Stuttgart langfristig und beispielgebend für andere Literaturhäuser und Kulturschaffende im deutschsprachigen Raum positioniert werden. Das Programm wurde in einem ersten Schritt für 60 Lehrkräfte angeboten, die wiederum in der zweiten Phase der Weiterbildung mit Schulklassen vor Ort eigene Unterrichtsmodelle entwickeln und umsetzen sollen. Hierbei werden sie vonseiten des Literaturhauses und des Lehrstuhls für Didaktik der deutschen Sprache und Literatur an der Universität Bamberg fachlich begleitet. Seit Herbst 2013 steht das Programm bis zu 90 Lehrkräften offen und ist in einem Literaturpädagogischen Zentrum, dem ersten seiner Art in Deutschland, institutionell verankert.

... und Dank

Im Namen des Literaturhauses Stuttgart bedanke ich mich vor allem beim Klett/Kallmeyer Fachbuchverlag, insbesondere bei Frau Dr. Gabriela Holzmann, die uns die Möglichkeit gibt, unsere Erfahrungen in einer eigenen Publikationsreihe zu dokumentieren und uns hierbei auch immer mit Rat und Tat zur Seite steht. Ein großer Dank gebührt Herrn Michael Banse für das Lektorat des vorliegenden Bandes *Journalistisches Schreiben im Unterricht*. Ohne die finanzielle Förderung der Robert Bosch Stiftung hätten wir in den letzten Jahren nicht Konzepte und Modelle entwickeln können, die wir mit der Reihe *Unterricht im Dialog* nun auch in gedruckter Form an mögliche Multiplikatoren weitergeben möchten. Ein ganz besonderer Dank gilt Tilman Rau, der in der vorliegenden Publikation Gedanken und Arbeitsprozesse dokumentiert, die er als Leiter des Werkstattbereichs *Journalistisches Schreiben* am Literaturhaus Stuttgart im Zusammenspiel mit Lehrkräften und als freischaffende Künstler im Rahmen von vielfältigen offenen Projekten gemacht hat. Er zeigt mit seiner Veröffentlichung auf ganz anschauliche und beeindruckende Weise, was *Kulturelle Praxis* in Kooperation mit Schulen im Detail heißen kann bzw. heißen sollte.

Stuttgart, Januar 2014
Erwin Krottenthaler

Erwin Krottenthaler ist stellvertretender Leiter des Literaturhauses Stuttgart. In Kooperation mit der Robert Bosch Stiftung, dem Landesinstitut für Schulentwicklung und den Weiterbildungsseminaren für Lehrerinnen und Lehrern in BaWü konzipierte er u. a. das Projekt *Unterricht im Dialog – Schreibwerkstätten im Deutschunterricht*. Das Gesamtprojekt wurde 2007 mit dem *Zukunftspreis Jugendkultur* der PwC-Stiftung und 2008 mit dem Preis *Kinder zum Olymp* der Kulturstiftung der Länder ausgezeichnet.

Einleitung

Es ist irgendwann im Herbst 2012: Ich erhalte den Auftrag, ein Buch über journalistische Schreibwerkstätten zu verfassen. Ich freue mich; denn es ist immer schön zu wissen, dass jemand sich für mein Tun interessiert. Sofort sprudeln die Ideen, ich komme mit dem Notieren gar nicht nach. Außerdem habe ich ein ähnliches Buch bereits geschrieben, und zwar zum Thema „Erzählendes Schreiben". So schwer wird's also nicht werden – denke ich.

Ich irrte. Denn bei dem Buch damals war ich nicht alleine, sondern arbeitete zusammen mit meinen beiden Kollegen Ulrike Wörner und Yves Noir. Das bedeutete einen großen Unterschied: Um die Arbeit untereinander aufzuteilen, mussten wir erst einmal eine Struktur für den Inhalt finden. Wenn man zu dritt ist, ist dies zwar mit ein paar Diskussionen verbunden, im Großen und Ganzen profitiert man aber davon. Man kann sich gegenseitig bestätigen, rückversichern, korrigieren.

Hier, bei diesem Buch nun stand ich alleine mit meinen Fragen da: Was macht meine Werkstattarbeit, meine Herangehensweise an journalistische Projekte mit Schülern und anderen Teilnehmern eigentlich aus? Was sind die – sagen wir mal – drei Hauptbestandteile dessen, was ich tue? Und wie kann ich diese dann auch noch so darstellen, dass Sie, die Leserinnen und Leser, genug davon profitieren, um in der Folge zumindest Elemente des Beschriebenen im eigenen Deutschunterricht einsetzen zu können?

Antworten auf die drei Fragen habe ich gefunden. Am Ende dieser Einleitung werden sie beantwortet.

Ich berichte von der Beschwernis deswegen so ausführlich, weil diese Situation, die anfängliche Unsicherheit, in meinem Beruf als Journalist und Autor so symptomatisch und wiederkehrend ist: Da schneit ein Auftrag ins Haus, und sobald es nach der anfänglichen Euphorie an die Umsetzung geht, muss man erst mal ein paar grundsätzliche Fragen klären. Wir werden später noch einmal auf diese Situation zurückkommen, wenn wir uns mit Reportagethemen beschäftigen und dem Verfassen von Essays.

Vorher aber will ich Ihnen verraten, was Sie auf den folgenden Seiten erwartet und was sie nicht erwartet. Beginnen wir mit all dem, was dieses Buch *nicht* ist:

- Eine Anleitung dafür, wie Sie Journalisten ausbilden oder selbst einer werden.
- Ein Lexikon für journalistische Formen, das Ihnen für jede Textform eine handliche Definition bietet, samt einer Unterrichtsvorlage.
- Eine wie auch immer geartete wissenschaftliche Abhandlung – meine Expertise entspringt dem alltäglichen Tun meiner Reporter- und Redaktionsarbeit. Wissenschaftliche Methoden liegen mir fern. Gleichwohl versuche ich, Quellen zu nennen, soweit sie identifizierbar und mir bekannt sind. Jedoch sei mir in diesem Zusammenhang der Hinweis gestattet, dass im Journalismus die mündliche Tradierung von Regeln, Inhalten und Formen eine wichtige Rolle

spielt. Zumindest zu meiner Zeit hat man dieses Handwerk beim Tun gelernt, es sollte mich wundern, wenn diejenigen, die mich ausbildeten, zu diesem Zweck jemals ein Buch zur Hand genommen haben sollten, abgesehen vom Rechtschreib-Duden.

Tenor und Inhalt dieses Buches aber sind:

- Detailliert und begründet wird dargestellt, wie journalistische Themen innerhalb des regulären Deutschunterrichts verwendet werden können.
- Das Hauptinteresse bei der Beschäftigung mit journalistischen Texten gilt hier nicht so sehr dem Erlernen von Textformen, sondern der Frage, welchen Nutzen die Texte für Schüler bringen und wie eine Schulklasse damit sinnvoll arbeiten kann.
- Journalistisches Handwerkszeug wird so weit vermittelt, wie es für die Arbeit an der Schule auch sinnvoll eingesetzt werden kann. Zum Beispiel geht es bei der Recherche nicht um investigative „Undercover"-Methoden, sondern um das eigenständige und korrekte Sammeln von Information.

Zum Umgang mit diesem Buch gestatten Sie mir noch zwei Bemerkungen: Ich war und bin immer darum bemüht, meine Vorgehensweise so weit aufzuschlüsseln, dass sie nachvollzogen und nachgeahmt werden kann. Jedoch steckt dahinter ein Gesamtkonzept. Deshalb habe ich keine Anleitung geschrieben, die man an einer beliebigen Seite aufschlagen kann, um dort eine Übung vorzufinden, die kurz im Unterricht eingesetzt werden kann. Um sinnvoll mit den von mir entwickelten beziehungsweise vorgeschlagenen Methoden arbeiten zu können, werden Sie dieses Buch zunächst bis zum Schluss durchlesen müssen.

Selbst dann wird sich Ihr Unterricht nicht sofort grundlegend ändern. Einzelne Übungen funktionieren sofort, andere nicht. Manchmal liegt es an der Altersstufe der Schüler, manchmal gibt es nicht einmal einen ersichtlichen Grund. Vieles muss zunächst ausprobiert, verworfen, bestätigt, für die persönliche und die Schulsituation angepasst werden. Dies erfordert Geduld und manchmal sogar die Bereitschaft, Rückschläge hinzunehmen.

Das ist normal. Ich selbst arbeite nun seit mehr als zwölf Jahren journalistisch mit Jugendlichen und Erwachsenen. In unzähligen Kontexten habe ich Workshops durchgeführt, zu verschiedenen Themen und über verschiedene Zeiträume hinweg. Kern des Ganzen waren die Angebote des Literaturhauses in Stuttgart. Diese fanden zunächst als freie Werkstätten statt, mit Jugendlichen zwischen 15 und 21 Jahren, die sich freiwillig anmeldeten und ihre Freizeit opferten, um sich mit literarischem Schreiben zu beschäftigen. Der nächste Schritt bedeutete eine krasse Umstellung: Fünf Jahre arbeiteten meine Kollegen und ich zusammen mit Lehrern unterschiedlicher Schulen im regulären Deutschunterricht. Plötzlich war ich mit Jugendlichen konfrontiert, die per Schulpflicht zur Anwesenheit gezwungen waren. Ein solcher Zwang ist beileibe kein Garant für gute Laune und Enthusiasmus, das dürfte bekannt sein. Entsprechend kreativ musste ich sein, um meine Methoden auch für ein Publikum nutzbar und attraktiv zu gestalten, das sich weder mich noch die Form freiwillig ausgesucht hätte. Dennoch bin ich optimistisch und überzeugt davon, dass in dieser Zeit nicht nur die Jugendlichen eine Menge gelernt haben, sondern – das weiß ich – ich auch.

Über diese lange Zeit habe ich mir die Übungen, Methoden und einzelnen Bausteine bis hin zu kompletten Curricula erarbeitet. Meine Erfahrung ist groß genug, um mittlerweile recht genau zu wissen, in welchem Moment ich welche Herangehensweise einsetzen kann. Ich kann auch ganz spontan Änderungen an einem Konzept vornehmen.

Jetzt haben Sie mit all Ihrer Erfahrung und Ihrem Wissen über das Unterrichten dieses Buch in der Hand. Sie kennen Ihre Schüler, Sie kennen die Möglichkeiten und Unwägbarkeiten des Deutschunterrichts. Und vielleicht haben Sie den Wunsch, zumindest ein bisschen Veränderung oder, wie man so schön sagt, „etwas frischen Wind" in die Sache zu bringen. Sehr viel mehr als diesen Wunsch benötigen Sie für den Anfang nicht. Vielleicht wird das, was Sie lesen, etwas in Gang setzen, Sie inspirieren oder sogar zum Nachahmen animieren. Es würde mich freuen.

Damit wäre ich Ihnen immer noch die Antwort auf die erste meiner Eingangsfragen schuldig: Was sind die drei elementaren Bestandteile meiner journalistischen Schreibwerkstätten?

- Ich gehe niemals mit einer fertigen Textform in ein Klassenzimmer. Stattdessen gebe ich den Schülern eine Vorstellung von dem, was diese Textform bewirken soll. Wenn sie aus ihrer Intuition heraus etwas geschrieben haben, sehen wir uns gemeinsam an, ob dies den Ansprüchen gerecht wird.
- Die Form ordnet sich den sprachlichen und thematischen Wünschen und Möglichkeiten der Schüler unter. Ein Text, ganz egal ob es sich um eine Reportage, einen Essay oder einen Kommentar handelt, soll als Raum der Möglichkeit, nicht als System der Einschränkung verstanden werden. Dies gilt im Übrigen auch für die Sprache überhaupt.
- Ein Text ist niemals das Ergebnis eines einmaligen und kurzen Schreibvorgangs, sondern geht aus einem Prozess hervor. Diese Tatsache, die in allen Kontexten des Arbeitens in Zeitungsredaktionen, Verlagen und Wirtschaftsunternehmen selbstverständlich ist, war in der Schule lange Zeit gänzlich vergessen und wird auch heute noch vernachlässigt. Mein Konzept und sämtliche davon abgeleiteten Projekte bauen darauf auf und möchten auch das Prozessverständnis von Textarbeit im Klassenzimmer verankern.

Sollten Sie übrigens den Band „Erzählendes Schreiben" aus dieser Reihe lesen oder bereits gelesen haben und auf einige Parallelen oder wiederkehrende Elemente stoßen, so wundern Sie sich bitte nicht. Abgesehen davon, dass man die gemeinsame Autorschaft nicht verbergen kann, liegt es aufgrund vieler Parallelen durchaus auch thematisch in der Natur der Sache.

Meiner Meinung nach ist die Herangehensweise an erzählende und an journalistische Texte so unterschiedlich nicht, zumindest wenn man es mit Textformen aus dem Grenzbereich zu tun hat, wie etwa Reportage, Essay und Glosse. Im einen Fall mögen Geschichte und Personal der Imagination entspringen, im anderen das Ergebnis ernster und intensiver Recherche sein. Doch der Umgang mit dem Material, das Herausarbeiten von Geschichten und Erzählsträngen, die sprachliche Verfeinerung – all das bleibt sich gleich. Vielleicht ist dies der Grund, weshalb so viele Schriftsteller und Journalisten ausgerechnet im Grenzbereich dieser beschriebenen Textformen arbeiten.

Nun habe ich viel von mir geschrieben, ein wenig auch von Ihnen. Bevor es richtig los geht, möchte ich noch auf einige Menschen hinweisen, ohne die dieses Buch überhaupt oder zumindest in dieser Form nicht möglich gewesen wäre.

An erster Stelle steht Erwin Krottenthaler, stellvertretender Leiter des Stuttgarter Literaturhauses, und dort unter anderem verantwortlich für das Programm literarischer Schreibwerkstätten. Er hat die Konzepte kontinuierlich weiterentwickelt und weitergedacht und war immer ein paar Schritte voraus, selbst dann, wenn er dafür anfangs zweifelndes Staunen erntete. „Eine journalistische Schreibwerkstatt im Deutschunterricht, das kann doch niemals gutgehen", habe nicht nur ich noch vor acht Jahren gedacht. Man sieht, was daraus geworden ist. Erwin Krottenthaler stand und steht übrigens auch initiativ hinter der Gründung des ersten Literaturpädagogischen Zentrums in Deutschland.

Als ich 2001 oder 2002 zum ersten Mal eine Schreibwerkstatt für Reportagen durchführte, war ich nicht alleine, sondern arbeitete im Team mit meinem Kollegen Elmar König. Zusammen haben wir die ersten Konzepte und das erste Curriculum entwickelt. Während der Schulprojekte des Literaturhauses arbeitete ich später im Tandem mit Katharina Dargan, Lehrerin am Eberhard-Ludwigs-Gymnasium in Stuttgart.

Über die Jahre hat mich Yves Noir als Experte für Fotografie begleitet und viele interne Fortbildungen für meine Werkstattteilnehmer durchgeführt. Was Sie in diesem Buch über Fotografie lesen, geht mehr oder weniger alles auf seinen Einfluss zurück. Ein ganz besonderer Dank geht an meine Kollegin Ulrike Wörner, mit der ich gemeinsam viele literarische Schreibwerkstätten durchgeführt und auch mein Sprach- und Textverständnis geschult habe. Dies war und ist unerlässlich für meine Arbeit.

Als Ansprechpartner in den Redaktionen möchte ich Karsten Kröger (bigFM) und Tobias Köhler (Stuttgarter Zeitung) danken, deren Türen mir immer offenstehen, ob es nun um Kollegenhilfe oder Besuchergruppen geht.

Und schließlich wären da noch die Personen, die dabei geholfen haben, diesen Text in eine lesbare und vor allem korrekte Form zu bringen: meine Frau Eva Muschel und das Lektorat des Klett Kallmeyer Verlages.

Jetzt ist aber endgültig Schluss mit den Vorreden. Legen wir los. Ich wünsche Ihnen viel Spaß und Inspiration beim Lesen.

Stuttgart, Januar 2014 Tilman Rau

1 Ergebnis vor Theorie

Schüler lassen sich gerne mal überfordern.
Vorausgesetzt, sie werden nicht benotet

1.1 Es geht los

Con algo hay que empezar – so war das erste Kapitel jenes Buchs überschrieben, mit dem ich Spanisch lernte, deutsch übersetzt: *Mit irgendetwas muss man beginnen.* Das ist eine ebenso banale wie wahre Feststellung, die das Buch dann auch sofort einlöste, in Form einer Geschichte über einen Señor, der in seine Lieblingskneipe kommt, eine Tabakpfeife stopft und (*como siempre!*) Kaffee mit Zucker bestellt. Spannend war das nicht. Aber immerhin hielt der Text das Versprechen der Überschrift: Er fing mit *irgendetwas* an. Auch wir müssen hier mit etwas beginnen. Jedoch erlaube ich mir, das *Irgend* zu streichen und durch etwas *Bestimmtes* zu ersetzen, und zwar mit der Praxis. Ich bin ein Freund der Praxis. Ich bin sogar ein Fan der Praxis. Warum? Weil mein erster ernsthafter Kontakt mit dem Journalismus ebenfalls ein praktischer war. Als nämlich zu Studienzeiten ein WG-Mitbewohner beim Abendessen sagte: „Ich brauche dringend deine Hilfe. Wir suchen noch Schreiber für die Zeitung unseres französischen Filmfestivals. Filmkritiken, Interviews, Berichte und so." Ich entgegnete: „Ich habe im Leben noch keine Filmkritik geschrieben." Der Mitbewohner blieb unbeeindruckt: „Du studierst doch Literatur. Das reicht. Im Übrigen machen bei dieser Zeitung nur Anfänger mit und es ist ja nur für zehn Tage."

Das Gespräch ging noch eine ganze Weile hin und her, doch inhaltlich passierte nichts Wichtiges mehr. Am Ende ließ ich mich überreden und schloss mich der Redaktion des Festivalmagazins an. Das war 1996. Was geschah? Ich schrieb eine ganze Reihe von Texten – Interviews, Rezensionen, Berichte, Reportagen. Ich tat dies aus dem Bauch heraus, ohne Vorlage, frei nach dem Motto: „Genauere Anweisungen haben die mir nicht gegeben, also dürfen sie sich nachher auch nicht beschweren." Weltberühmte Texte sind dabei nicht entstanden, aber ordentliche. Sie waren gut genug, um in diesem recht spartanisch gehaltenen Festivalmagazin abgedruckt zu werden. Sie waren sogar gut genug, um mir für die nächsten paar Jahre einen festen Platz in der Redaktion der Festivalzeitung zu sichern und eines Tages eine Zeitungsredakteurin auf mich aufmerksam zu machen, die mich einlud, hin und wieder für ihre Zeitung zu schreiben.

Weshalb erzähle ich das? Um ein bisschen mit meinen Errungenschaften der Vergangenheit anzugeben? Na klar, ganz ohne Aufschneiderei geht's nicht. Doch viel wichtiger ist ein anderer Punkt: Ich habe damals ganz bewusst darauf verzichtet, massenweise Zeitungen und Lexika in die Hand zu nehmen und nach Anleitungen zu suchen, wie genau eine Filmkritik auszusehen hat. Ich kannte mich gut genug, um zu wissen: Würde ich das tun, würde ich mir einen Hemmschuh anziehen. Denn mit all den Profis und ihren hohen Anforderungen würde ich ohnehin nicht mithalten können.

Wie gesagt, stattdessen ließ ich mich von meinem Bauch leiten. Und von dem, was mir bei der Redaktionskonferenz aufgetragen wurde sowie von der Frage, was die Leserschaft eines Festivalmagazins wohl von mir erwartete. Bei einer Filmkritik, überlegte ich, geht es wohl darum, ein bisschen was über den Inhalt des Films zu erzählen und die Frage zu beantworten, ob es sich lohnt, sich diesen Film anzusehen. Von einem Interview mit einer Regisseurin würde man sich vermutlich versprechen, ein wenig über das Leben dieser Frau und natürlich über ihre Arbeit zu erfahren. Mittlerweile weiß ich, dass kaum eine Publikation eine dermaßen homogene Leserschaft aufweist, wie ich sie mir zurechtlegte. Doch für die Zwecke dieses Buches ist der Ansatz gar nicht verkehrt. Denn die Leserschaft von Schülertexten ist auch meist sehr homogen – genauer gesagt müssen sie meist nur *einen* Leser bedienen, den Lehrer[1] nämlich.

Warum erzähle ich das? Weil meine eigenen journalistischen Anfänge Pate standen, als ich das erste Mal gebeten wurde, eine Schreibwerkstatt für Jugendliche zu leiten. Dies geschah im Jahr 2001. Die Anfrage kam vom eben erst gegründeten Stuttgarter Literaturhaus.

Wieder war ich mit einer Aufgabe konfrontiert, die mich insoweit überforderte, als ich auf keinerlei Erfahrung zurückgreifen konnte. Immerhin war ich diesmal nicht alleine, denn die Schreibwerkstatt sollte ich zusammen mit meinem Kollegen Elmar König leiten. Schnell waren wir uns einig: Was bei uns funktioniert hat, kann so falsch nicht sein. Also werfen wir die Teilnehmer erst einmal ins kalte Wasser, dann sehen wir weiter. Damit war jene Übung begründet, mit der ich die meisten meiner journalistischen Werkstätten auch heute noch beginne: die Spontanreportage.

1.2 Die Spontanreportage

Das Prinzip ist sehr einfach: Gemeinsam mit der Gruppe oder Klasse gehe ich an den Ort des Geschehens. Dort angekommen, ziehen die Schüler alleine oder in Kleingruppen zur Recherche los. Und ein paar Tage später liefert mir jeder eine fertige Reportage ab. Fast ohne Vorgeplänkel und nur mit einem Minimum an Arbeitsanweisungen ausgestattet.

1.2.1 Die Arbeitsanweisungen

Ganz ohne Rüstzeug geht es nicht. Die Schüler müssen wissen, was ungefähr von ihnen erwartet wird. Aber ich versuche, inhaltliche Vorgaben auf ein notwendiges Minimum zu beschränken. Folgende Fragen werden geklärt:

- Wo wird die Übungsreportage stattfinden?
- Wie funktioniert die Recherche vor Ort?
- Was soll der daraufhin entstehende Text bezwecken?
- Wie lang soll dieser Text sein?

1 Zur besseren Lesbarkeit dieses Buches wird durchgängig auf Geschlechterdubletten verzichtet. Soweit nicht ausdrücklich anders gemeint, schließt die männliche Form immer beide Geschlechter ein.

1.2.2 Der Ort

Wenn man mit einer Gruppe in Klassenstärke unterwegs ist, eignen sich nur solche Orte, an denen sich die Schüler verteilen können, und zwar unauffällig. Besonders geeignet sind Märkte (ob in Hallen oder auf Außenflächen), Volksfeste, große Einkaufszentren, Zoos oder Freizeitparks. Bei den Erwägungen sollten folgende Faktoren eine Rolle spielen:

- Jahreszeit und Wetter: Bei Regen kommen eigentlich nur Markthallen und Einkaufszentren in Frage.
- Wochentag und Tageszeit: An einem Dienstagvormittag um 8 Uhr mag ein Zoo nicht sonderlich überlaufen sein (Vorteil), andererseits dürfte es da schwer sein, Interviewpartner zu finden (Nachteil). Dagegen sollte man auf Märkten die Mittagszeit meiden, weil eilige Einkäufer für gewöhnlich keine Interviews geben wollen. Da hat man bei den Schlenderern meist mehr Glück, die man am Vormittag oder am frühen Nachmittag antrifft.
- Hausrecht: Grundsätzlich muss zunächst eine Erlaubnis eingeholt werden. Mit Zoos kann man manchmal über Vergünstigungen oder kostenlosen Eintritt verhandeln, die Leitung eines Einkaufszentrums will sicherstellen, dass der normale Betrieb nicht gestört wird. Selbst bei einem Markt sollte man sich vorher die Erlaubnis holen – meistens geschieht dies über die Stadtverwaltung.

Schüler einer 11. Klasse bei der Recherche auf dem Stuttgarter Volksfest.

1.2.3 Die Recherche

Die Reaktion der Schüler ist meist: „Was sollen wir dann dort tun?" „Was müssen wir mitnehmen?" „Müssen wir alleine gehen oder dürfen wir auch zu zweit?" „Wir sollen da mit Fremden reden? Das traue ich mich nicht."
Ich ernte mit der Ankündigung einer Spontanreportage meist Reaktionen zwischen nervös und panisch. Und setze ein *Schön der Reihe nach!* dagegen.[2]

„Was müssen wir mitnehmen?"

- Kugelschreiber.
- Notizpapier, am besten in handlichem Format, sodass man auch im Stehen gut schreiben kann.
- Digicam oder fototaugliches Handy.
- Zu Hause bleiben hingegen sperrige Schulranzen und Taschen.

„Was sollen wir denn dort tun?"

- Alles notieren. Ich wiederhole: ALLES notieren. Von Wetter, Datum und Uhrzeit über die architektonischen Gegebenheiten bis hin zu Gerüchen, Geräuschen und dem, was dem Auge begegnet.
- Dazu muss man die Sinne öffnen und sich ganz auf die Rolle des Schauenden, Hörenden, Riechenden, Lauschenden beschränken.
- Den eigenen Sinnen vertrauen. Was mir auffällt oder als besonders bemerkenswert erscheint, ist vielleicht auch für meine Leser interessant.
- Unsichtbar werden. Wer für die Umgebung sichtbar ist, verändert diese Umgebung. Das will der Reporter aber nicht. Er will alles so wahrnehmen, wie es sich jedem Besucher zeigt.
- Interviews führen: Mit Besuchern und mit Menschen, die dort arbeiten. Möglichst viel darüber in Erfahrung bringen, was sie dort tun, seit wann und weshalb sie dies tun, was Normalität ist und wo es Besonderheiten gibt – und vor allem, wie sie persönlich dazu stehen.
- Die vollen Namen der Gesprächspartner notieren, dazu wenn möglich Alter, Wohnort, Beruf. Namen im Zweifelsfall buchstabieren oder direkt von der betreffenden Person aufs Notizpapier schreiben lassen.
- Fotografieren, und zwar ebenfalls ausdrücklich alles. Zwar liegt der Schwerpunkt der Aufgabe eindeutig im Textlichen, doch die Schüler sollen sich auch die Zeit für ein paar Bilder nehmen.[3]

---

2 Die im Folgenden dargestellten Punkte sind auf einem Handout zusammengefasst, das Sie im Download-Bereich (1) zu diesem Buch finden. Es hat sich bewährt, dieses Handout an die Schüler auszugeben, sie rückversichern sich damit gerne während der Recherche. Wichtig ist jedoch, über jeden einzelnen Punkt vorher ausführlich im Plenum zu sprechen.

3 Bei der Auswahl und Darstellung der Motive sollen sich die Schüler ebenfalls von ihrem Instinkt oder ihrem Gefühl leiten lassen. Mit einigen Grundsätzen journalistischer Fotografie beschäftigen wir uns in Kapitel 6.2.1 noch ausführlicher.

„Müssen wir alleine gehen oder dürfen wir auch zu zweit?"

- Natürlich dürfen die Schüler auch zu zweit recherchieren. Größer darf die Gruppe aber nicht werden. Dies ist keine Schikane, sondern hat Gründe. Für eine Person ist es leicht, sich unauffällig zu bewegen. Zu zweit ist es schwierig. Zu dritt oder gar zu viert unmöglich.
- Hinzu kommt, dass potenzielle Gesprächspartner sich eher verunsichert fühlen, wenn eine ganze Gruppe zielstrebig auf sie zukommt. Die Bereitschaft, Interviews zu geben, sinkt mit zunehmender Verunsicherung.
- Umso wichtiger ist es, Verhaltensregeln einzuhalten: Man nähert sich freundlich aber bestimmt, man stellt sich als Schüler vor, der an einem Reportagenprojekt teilnimmt. Man stellt das Thema der Reportage vor und bittet, einige Fragen stellen zu dürfen.[4]
- Ist man zu zweit, sollte man sich vorher auf eine Rollenverteilung festlegen. Einer redet, einer schreibt mit. Mindestens sollte man sich nicht gegenseitig ins Wort fallen.
- Auch wenn die Recherche in Teams vonstattengeht, verfasst jeder einen eigenständigen Text. Dies gilt nicht nur für diese erste, spontane Reportage, sondern (vor allem) für alle späteren Texte innerhalb des Projekts.

„Wir sollen mit Fremden reden? Das traue ich mich nicht."

Dazu gibt es nicht viel zu sagen, außer: „Doch, das schaffst du schon."
In den Jahren meiner Werkstatttätigkeit ist noch kein Schüler daran gescheitert. Vielleicht ist die Art und Weise, wie ich mit der Frage umgehe, dafür mitverantwortlich. Ich leugne einerseits nicht, dass es für einen von Natur aus schüchternen Menschen eine besondere Herausforderung darstellt, wildfremde Passanten anzusprechen. Auch ich musste mich in meiner Anfangszeit als Journalist überwinden. Andererseits lasse ich diesen Einwand nicht als Ausrede gelten, sondern verweise darauf, dass der Reporter während seiner Tätigkeit in eine Rolle schlüpft. Und nur als dieser Reporter, nicht als die hinter ihm stehende Privatperson, geht er auf seine Ansprechpartner zu.[5]

4 Eine Randbemerkung von jemandem, der vor allem zu Beginn seiner Berufslaufbahn viele Erfahrungen mit Umfragen sammeln durfte: Menschen gehen nicht auf den Markt, um Interviewfragen zu beantworten. Sie sind auf Einkaufen eingestellt, vielleicht schwirrt ihnen noch eine Diskussion vom Frühstückstisch oder etwas anderes im Kopf herum. Man darf sich also nicht wundern, wenn sie auf die Frage „Wie schätzen Sie die politische Situation in Nahost ein?" nicht sofort eine Antwort wissen oder mit einem „Oh je" die Flucht ergreifen. Deshalb bleiben unerfahrene Journalisten am besten nahe an der Situation. Das heißt, sie befragen entweder Menschen, die sich auf das Gespräch einstellen konnten oder sie beschränken sich auf das Hier und Jetzt: in der Markthalle werden Fragen zum Einkauf oder zur Arbeit in der Markthalle beantwortet, im Zoo geht es um den Zoobesuch oder die Arbeit im Zoo usw.

5 Dies steht scheinbar im Widerspruch zu einigem von dem, was im Laufe dieses Buches noch dargestellt werden wird. Zum Beispiel, dass die Persönlichkeit des Autors auch bei journalistischen Texten sehr wohl wichtig sei. Für mich ist die Überwindung von Schüchternheit kein Akt der Verleugnung von Persönlichkeit. Vielmehr provoziere ich Kommunikation mit der Umwelt. Auch bei ersten Textversuchen müssen oft Schüchternheit und Angst abgebaut werden.

Schüler einer 8. Klasse beim Interview während einer Spontanreportage in der Stuttgarter Markthalle

1.2.4 Der Text

Am Ende der Recherche haben die Schüler im besten Fall eine Menge vollgekritzelter Seiten und ein paar Dutzend Fotos auf Handys und Digicams. Jetzt wird es ernst: Aus dem gesammelten Material sollen Reportagen entstehen.
Wie ich bereits weiter oben dargestellt habe, bekommen die Schüler nur sehr grundsätzliche Angaben über Art und Form des Textes.

- Länge: 120 Zeitungszeilen à 40 Zeichen, also insgesamt 4.800 Zeichen (inklusive Leerzeichen).[6]
- Anliegen: Der Leser soll einen lebendigen Eindruck von dem Ort der Reportage bekommen. Er soll beim Lesen das Gefühl haben, selbst dort zu sein bzw. sich gut vorstellen zu können, wie es dort aussieht, riecht und wie es sich anhört. Er soll ein Bild von den geografischen bzw. architektonischen Gegebenheiten bekommen und von den Menschen, die dort arbeiten, dort hinkommen oder sonstwie dort anzutreffen sind.
- Wesentliches: Keinem Reporter wird es jemals gelingen, einen Ort wie einen Marktplatz, ein Schützenfest, einen Rummel bzw. eine Kirmes oder einen Zoo in 120 Zeilen (flankiert durch zwei oder drei Fotos) in seiner Gänze abzubilden. Dies muss man den Schülern zu diesem Zeitpunkt nicht unbedingt sa-

6 Diese Art von Längenangabe wird allen Übungen in diesem Buch zugrunde gelegt. Das mache ich auch in der Schule so: Wenn ich von Textlänge spreche, spreche ich immer von Zeitungszeilen mit 40 Zeichen inklusive Leerzeichen.

gen, kann es aber tun, vor allem, wenn man etwas Druck herausnehmen will.
- Form: Der Text ist digital abzuliefern, ohne Formatierung (d. h. weder in Spalten noch mit Silbentrennung). Fotos, falls vorhanden, werden separat geschickt.
- Termin: Der Abgabetermin für die Spontanreportagen liegt innerhalb einer Woche.

1.2.5 Die Zumutung und das Versprechen

Einige der üblichen Erwiderungen von Schülern habe ich bereits zitiert. Aus meiner Arbeit mit Lehrern weiß ich jedoch, dass auch auf dieser Seite mitunter einige Skepsis herrscht. Die Reportage wird als große, fremde Form empfunden; der praktische Einstieg als Büchse der Pandora, die man lieber nicht öffnet:

Unsere Schüler lernen nicht das Schreiben mit zehn Fingern. Also kann ich ihnen nicht zumuten, die Texte digital abzuliefern.
Die meisten der Jugendlichen wissen mit der Tastatur sehr gut umzugehen. Inzwischen werden Mails und *Facebook*-Beiträge zwar immer häufiger am Smartphone verfasst, doch habe ich die Beobachtung gemacht, dass an PC-Tastaturen teilweise auch mit zwei Fingern eine beeindruckende Tippgeschwindigkeit vorgelegt wird.

Die Schüler haben einen straffen Zeitplan. Sie können unmöglich innerhalb einer Woche eine Reportage abliefern.
Man tut weder den Schülern noch sich selbst einen Gefallen, wenn man diese Frist verlängert. Je mehr Zeit zwischen dem Ereignis und dem Schreiben liegt, desto vager wird die Erinnerung. Wenn man außerdem schon bei der Recherche weiß, dass man zügig einen Text abliefern muss, werden die Informationen im Kopf automatisch anders verarbeitet. Terminstress wirkt darüberhinaus im besten Falle entkrampfend. Dann nämlich, wenn der Schüler trotzig reagiert: „Na gut, wenn ich schon so wenig Zeit bekomme, dann soll der sich eben mit dem zufrieden geben, was ich ihm in dieser wenigen Zeit abliefern kann." Schön! Denn mehr benötigen wir gar nicht.

Die Schüler sind es gewohnt, mit Vorlagen zu arbeiten. Ich möchte mit ihnen lieber erst einmal ein oder zwei Reportagen aus der Süddeutschen Zeitung besprechen, bevor ich sie in die Praxis schicke.
Bloß nicht! Welchen Sinn soll es haben, Schülern die Werke von Profis vorzulegen, die vielleicht seit Jahrzehnten ihr Geld mit dieser Art von Text verdienen, und ihnen dann zuzurufen: „Und jetzt du!" Im besten Fall versteht der Schüler dies als Einschüchterung. Im schlechtesten versucht er, die Vorlage eins zu eins zu kopieren.

Es erscheint mir etwas viel verlangt, gleich eine komplette Reportage abliefern zu lassen. Lieber teile ich den Arbeitsauftrag: eine kleine Beschreibung eines Marktstandes, ein Interview und ein Hintergrundbericht. Am Schluss setzen wir alles zusammen und haben dann ebenfalls eine Reportage.
Ja. Und aller Voraussicht nach eine langweilige dazu. Man sollte eine Reportage keinesfalls mit einer Patchworkdecke verwechseln. Letztere mag ihre besondere Anziehungskraft aus dem Wechselspiel verschiedener Muster und Farben erhalten. Einer Reportage wiederum steht gut zu Gesicht, wenn sie aus einem Guss geschrieben ist. Natürlich kann man auch innerhalb eines solchen Textes mit Widersprüchen und Brüchen arbeiten. Wenn man sich hierbei jedoch nicht allein auf Zufallstreffer verlassen will, sollte man eine gewisse Sicherheit im Umgang mit dieser Textform mitbringen.

Ich glaube, dass Schüler sich im Prinzip ganz gerne mal überfordern lassen. Das merkt man, wenn man eine einfache Zauberformel ausspricht: „Das Ergebnis der Spontanreportage wird nicht benotet." Um dieses Versprechen nicht wie einen Freibrief fürs Nichtstun aussehen zu lassen, füge ich dann hinzu, dass es sich bei der Übung um die Generalprobe für ein eigenes, großes Reportageprojekt handelt, das wir im Anschluss durchführen und das dann sehr wohl bewertet werde. Wer sich also von Beginn an beteilige, könne wertvolle Erfahrungen sammeln, die sich positiv auf die eigentliche Aufgabe auswirken.

Man sollte nicht glauben, wie viel Druck eine solche Ankündigung aus der Sache nehmen und wie sie die Bereitschaft steigern kann, etwas Neues auszuprobieren. In den mehr als zehn Jahren, die ich diese Projekte bereits durchführe, haben weit über 95 Prozent der Schüler die Stadtreportagen in der gewünschten Form und im vorgegebenen Zeitrahmen abgegeben. Wie es dabei um die Qualität bestellt war, steht auf einem anderen Blatt. Die Schüler hatten ja, abgesehen von meinen vagen Vorgaben, keine Maßstäbe, an denen sie sich orientieren konnten. Dieser Frage wollen wir uns gemeinsam im nächsten Schritt widmen, der Sichtung der ersten Ergebnisse.

1.3 Erste Ergebnisse

1.3.1 Sichtung im Klassenplenum

Die qualitative Beurteilung dessen, was als Stadtreportage abgeliefert wurde, folgt in einer Unterrichtseinheit, die wiederum nicht allzu weit vom Abgabetermin der Texte entfernt ist. Hier gilt dasselbe wie bei der Texterstellung, je größer der Abstand, desto weniger präsent ist das Geschriebene.[7]

7 Selbst wenn sich der Text rekapitulieren lässt, gerät der Schreibprozess in Vergessenheit. Weshalb habe ich den Satz so geschrieben und nicht anders? Eine solche Frage lässt sich oft nach einigen Wochen nicht mehr nachvollziehen. Zumal Schüler meistens ohnehin keine druckreifen Begründungen für ihre Wort- oder Themenwahl vorweisen können.

Nachdem alle Reportagen eingetroffen sind, mache ich im Plenum folgende Ankündigung: „In der nächsten Unterrichtseinheit besprechen wir exemplarisch drei der Spontanreportagen. Wer möchte dafür seinen Text zur Diskussion stellen?" In einer Schulklasse mit 30 Schülern gibt es durchschnittlich zwei bis drei Schüler, die ihre Texte ausdrücklich nicht öffentlich besprochen haben wollen. So jedenfalls meine Erfahrung. Der Anreiz aber, es doch zu tun, liegt auf der Hand: Wer seinen Text zur Gruppendiskussion zur Verfügung stellt, wird detailliert Rückmeldung über jeden relevanten Aspekt dieses Textes erhalten, über alles, was darin und daran gut oder weniger gut funktioniert. Und dies ohne Risiko, weil schließlich keine Benotung stattfindet. Eine solche Chance, hinter das selbst Geschriebene zu blicken und so die Möglichkeiten für das nächste (dann benotete) Projekt zu verbessern, lässt sich kaum jemand entgehen.

Welche Texte schlussendlich zur Diskussion gestellt werden, kann man auf zweierlei Arten bestimmen:

1. Man lässt das Los entscheiden.
2. Man wählt die Texte aus, die besonders viele der Aspekte beinhalten, die man zeigen oder behandeln möchte.

Bei der richtigen Auswahl wird man vermutlich alle wichtigen Aspekte der Reportage zeigen und behandeln können. Diese sind wiederkehrend. Das heißt, all diejenigen Schüler, deren Texte in der großen Diskussionsrunde nicht zum Zug kamen, werden die meisten ihrer eigenen Fragen beantwortet finden und außerdem vieles wiedererkennen, was auch auf ihre Texte zutrifft.
Zu diesen Aspekten gehören meistens[8]:

- Perspektive: Soll eine Reportage aus der Ich-Perspektive geschrieben sein oder widerspricht dies dem Neutralitätsanspruch des Journalismus?
- Zeit: Ist der Text im Präsens oder im Präteritum verfasst? Kann man zwischen den Zeiten wechseln?
- Fazit: Muss am Schluss des Textes ein Fazit gezogen werden?
- Zitate: Baut man die geführten Interviews komplett ein oder kann man sie in Form von Ausschnitten einfließen lassen?
- Hintergrundinformation: Wie bringe ich die zusätzlichen Fakten unter, die ich im Internet zum Thema recherchiert habe, z. B. bei *Wikipedia*, in Büchern usw.?

Ein Wort noch zur Diskussionskultur. Meiner Erfahrung nach haben die meisten Schulklassen eigene Regeln für Plenumsdiskussionen. In vielen Klassenzimmern hängen sie sogar in Posterform an der Wand. Darauf stehen dann Dinge wie „Wir lassen den Anderen zu Ende reden, bevor wir selbst anfangen" oder „Jeder Beitrag beginnt mit einem positiven Aspekt, bevor man Kritik äußert". In solche eingespielten Diskussionsabläufe greife ich nicht ein, sondern behalte sie bei. Allerdings ergänze ich sie um eine persönliche Note.

8 Die folgende Liste beinhaltet Fragen, die von Schülerseite gestellt wurden.

Ich erzähle, dass es für Journalisten und Schriftsteller zum Alltag gehört, dass andere Menschen ihre Kommentare zu den Texten abgeben und manchmal ziemlich deutliche Kritik daran üben. Journalisten sind genauso eitel wie andere Menschen auch, manchmal sogar eine Spur eitler. Deshalb wollen sie, dass man mag, was sie schreiben. Wenn ein Text jedoch nicht nur Jubel hervorruft, sondern für verbesserungswürdig erachtet wird, sei es von einem Kollegen, einem Vorgesetzten oder gar dem Leser, so ist man erst einmal maßlos enttäuscht. Manchmal sogar regelrecht sauer. Dies ändert sich auch nach zehn oder zwanzig Berufsjahren nicht. Manchmal reagiere ich richtig beleidigt, wenn ein Kollege auf einen Text von mir nicht euphorisch reagiert, sondern mir erzählt, dass ich noch viel daran arbeiten muss. Es kann sogar sein, dass ich bis zum nächsten Tag schmolle. Und plötzlich stelle ich fest, dass mein Kritiker nicht unrecht hatte. Während die Verletzung (und manchmal sogar Wut) langsam abklingt, mache ich mir bereits Gedanken über eine Verbesserung des Textes.

Es geht mir also, genau wie allen anderen Profis, nicht viel besser als den Schülern. Diesen Punkt versuche ich der ganzen Klasse einzubläuen, bevor es mit der Diskussion losgeht. Sie sollen begreifen, dass es normal ist, Angst zu haben, wenn ein Produkt, mit dem man sich viel Mühe gegeben hat, auf dem Prüfstand steht. Sie sollen auch begreifen, dass es normal ist, wenn man im ersten Moment verletzt und abweisend auf Kritik reagiert. Ich glaube, mit dem Wissen, dass ich sozusagen manchmal ein Leidensgenosse bin, und das, obwohl ich mit Texten mein Geld verdiene, fällt es ihnen weitaus leichter, sich auf eine Diskussion einzulassen, die manchmal ans Eingemachte geht.

Übrigens gibt es noch eine weitere Methode, den Schülern den (selbst-)kritischen Umgang mit ihrem Werk zu erleichtern: Respekt für die Texte zeigen. Ich habe es mir zur Angewohnheit werden lassen, vor einer Plenumsdiskussion alle Schülertexte sehr sorgfältig zu lesen. Dies versetzt mich in die Lage, frei aus den Texten zu zitieren oder Beispiele aus ihnen zu benennen, wenn dies während der Diskussion passend erscheint. Dafür führe ich keine Liste. Ich lerne die Texte auch nicht auswendig. Aber ich kenne sie so gut, dass einzelne Passagen oder Inhalte abrufbar sind. Die Schüler merken das sehr schnell und sie nehmen es mehr als wohlwollend zur Kenntnis. Das ist vielleicht nur eine Gefühlssache oder eine Nuance, doch ich denke, dass man diesen Unterschied in der Unterrichtsatmosphäre spürt. Die Klasse fühlt sich respektiert, wenn da vorne jemand steht, der die Texte so gut gelesen hat, dass er aus ihnen zitieren kann – und der versucht, die Gedanken herauszuarbeiten, die hinter bestimmten Absätzen und Formulierungen gestanden haben.

1.3.2 Wertvolle Einsichten

Die Diskussion der exemplarischen Ergebnisse bietet einen hervorragenden Rahmen, ganz nebenbei über Technisches zu sprechen. Hier lasse ich nach Möglichkeit die Schüler nach ihrem Tempo aus dem Nähkästchen plaudern, ohne dies zu forcieren, es sei denn gegebenenfalls mit einer kleinen Nachfrage. Zum Beispiel kann man, wenn es um die Zitate geht, schon mal ein wenig nachbohren: „Welche Erfahrung habt ihr denn generell mit den Interviews gemacht?"

Wenn Erfahrungen und Probleme zur Sprache kommen, gebe ich dem Frust und der Enttäuschung einen gewissen Raum, lenke aber möglichst bald die Aufmerksamkeit auf die Frage, was der Schüler beim nächsten Mal anders machen würde.

Interviews

Erfahrungen und Aussagen der Schüler:

- Nur die Wenigsten wollten auf Fragen antworten, viele hoben abwehrend die Hände und gingen fluchtartig davon.
- Erst als ich vor der Person stand, habe ich gemerkt, dass ich gar nicht weiß, was ich sie fragen soll.
- Manche haben gar nicht auf die Fragen geantwortet, sondern mir eine Viertelstunde lang ihre Lebensgeschichte erzählt.
- Wenn ich Antworten bekam, konnte ich gar nicht so schnell mitschreiben, wie mein Gesprächspartner gesprochen hat. Außerdem war es ungemütlich immer im Stehen zu schreiben.
- Viele wollten ihren Namen nicht nennen.

Mögliches Fazit:
Bei der nächsten Reportage bereite ich mich vor. Ich schreibe ein paar Fragen auf und informiere mein Gegenüber kurz über mein Thema. Es ist besser jemanden zu interviewen, der vorher Bescheid weiß.

Schreiben

Erfahrungen und Aussagen der Schüler:

- Eigentlich hat mich das Thema nicht sonderlich interessiert.
- Ich hatte zehn Seiten Notizen und wusste überhaupt nicht, wo ich mit dem Schreiben anfangen soll. Und am Ende habe ich gar nicht alles unterbringen können.
- Manchmal hab ich mir während des Interviews Stichpunkte aufgeschrieben. Und fünf Tage später wusste ich den genauen Wortlaut nicht mehr. Da hab ich den Rest einfach dazuerfunden.

Mögliches Fazit:
Die nächste Reportage möchte ich zu einem Thema machen, das mich selbst interessiert. Ich muss mich gleich nach den Interviews hinsetzen, solange ich mich noch daran erinnern kann, was mein Gesprächspartner genau gesagt hat.

Fotos

Erfahrungen und Aussagen der Schüler:

- Es war unmöglich, gleichzeitig zu fotografieren und zu schreiben.
- Die meisten Leute wollten nicht, dass ich sie fotografiere.
- Viele der Bilder sind nichts geworden, weil ich sie in aller Eile gemacht habe.

Mögliches Fazit:
Beim nächsten Mal sollte ich schon vorher besprechen, ob ich Fotos machen darf. Außerdem werde ich eins nach dem anderen machen.

Die meisten dieser Eindrücke haben mit Verbesserungspotenzial zu tun, was durchaus beabsichtigt ist. Jedoch machen die Schüler bei ihren ersten Gehversuchen als Reporter auch positive und durchaus erstaunliche Erfahrungen:

- Von Erwachsenen auf einer thematischen Ebene ernstgenommen und respektiert werden, wenn man es geschafft hat, einen Passanten zu einem Kurzinterview zu überreden.
- Nicht selten kommt es vor, dass Interviewpartner im Verlauf eines netten Interviews Persönliches erzählen, so als hätten sie darauf gewartet, endlich einen Ansprechpartner zu finden. Es kann einen Vierzehnjährigen schon mal überfordern, mit einem solchen Redeschwall und dem damit zusammenhängenden Einblick konfrontiert zu werden. Passive Gemüter lassen die Erzählung über sich ergehen und wischen sich danach seufzend den Schweiß von der Stirn. Die forscheren Schüler unterbrechen mit ein paar Worten des Bedauerns und führen zurück zum eigentlichen Thema oder entschuldigen sich damit, nicht genügend Zeit für diese Ausführungen zu haben.
- Informationen, die während einer spontanen (wie auch bei einer von langer Hand geplanten) Reportage gesammelt werden, sind exklusiv. Schüler werden sich dieser Exklusivität relativ schnell bewusst. Entsprechend stolz sind sie auf ihre Ergebnisse.

Ganz gleich, ob es sich um positive oder negative Erfahrungen handelt – der Zweck der Spontanreportage ist klar, denke ich. Die *eigene* Erfahrung der Schüler ist für die weitere Arbeit im Projekt unersetzlich. Man kann fünf Merkblätter zum Interview ausgeben und dreimal im Unterricht eindringlich darauf hinweisen, wie wichtig eine gute Gesprächsvorbereitung ist. Doch nichts macht den Schülern die Notwendigkeiten so wirksam klar wie diese erste Erfahrung unter Realbedingungen und ohne Benotung.

1.3.3 Gemeinsame Annäherung

Stück für Stück, mit jedem Text, der besprochen wird, mit jeder Frage, die wir diskutieren und auf die wir schließlich eine Antwort finden (oder auch nicht), nähern wir uns gemeinsam der Form der Reportage an. Was will sie, was kann sie, was darf sie, aus welchen Elementen besteht sie? Wie gesagt, inhaltlich werden wir uns in einem späteren Kapitel ausführlich mit diesem Thema beschäftigen.

Hier sei nur so viel gesagt: Ich spreche absichtlich von einer „Annäherung" an die Form, nicht von der „Definition"[9].

Nun ist der Zeitpunkt gekommen, an dem ich Fremdtexte in den Unterricht einbringe. Exemplarische Reportagen, die ich möglichst aktuell auswähle. Aber auch Reportagen, die ich selbst geschrieben habe.[10] So rücke ich die Bandbreite dieser Textform ins Bewusstsein. Im Raum stehen nun Profitexte neben den Texten der Schüler. Erste Übungsreportagen, die zwar viele Fragen und Problemfelder aufgeworfen haben, die aber auch zeigen, dass Potenzial da ist, dass man es nicht mit Zauberwerken zu tun hat, vor denen man sich fürchten muss.

1.3.4 Auszüge aus ersten Reportagen

Einige der Fragestellungen, die zu den ersten Reportagen auftauchen, sollen im Folgenden kurz illustriert werden, und zwar anhand von Schülertexten. Hierbei handelt es sich um Texte aus einer 8. Gymnasialklasse, mit der ich 2010 eine Spontanreportage in der Stuttgarter Markthalle durchführte. Alle Textausschnitte sind also aufgrund derselben Recherche entstanden, die Schüler waren zwischen vierzehn und fünfzehn Jahre alt.

Grundsätzlich geraten erste Reportagen dieser Altersgruppe eher zu kurz als zu lang, selbst dann, wenn man sehr präzise Längenvorgaben macht.[11] Nichtsdestotrotz eignen sich die Texte nicht, hier vollständig abgedruckt zu werden. Ich beschränke mich daher auf einige Ausschnitte, die meiner Meinung nach besonders aussagekräftig sind oder bemerkenswerte Eigenschaften aufweisen.

Es handelt sich um Erstversionen. Wie bei Profitexten auch, gibt es Rechtschreibungs- und Grammatikfehler. Ich habe sie nicht entfernt, um die Authentizität zu wahren, nicht um die Autoren bloßzustellen. Allerdings habe ich die Namen der befragten Personen geändert. Bei den Anmerkungen handelt es sich in

9 Schüler müssen sich in meinem Unterricht daran gewöhnen, keine eindeutigen Antworten zu bekommen. „Das weiß ich nicht"; „Das lässt sich nicht eindeutig beantworten"; „Das kann man so oder auch so sehen" – mit dieser Art von Erwiderung können nicht alle auf Anhieb umgehen. In vielerlei Hinsicht wäre aber im Zusammenhang mit Textformen jede andere Antwort eine Lüge. Und schon ist man mittendrin in einem dieser schrecklichen Lehrerdilemmata: Wie kann der sich da vorne hinstellen, meine Texte benoten und doch gleichzeitig behaupten, für das Meiste gebe es keine Eindeutigkeit?
Nun, hier habe ich wiederum eine eindeutige Antwort parat. Ich vergebe keine Bewertung (oder Note) dafür, dass jemand sich unter irgendein festgelegtes Prinzip, unter eine thematische Vorgabe unterwirft. Ich vergebe meine Noten für Konsistenz. Aber dazu kommen wir später noch ausführlicher.

10 Die meisten von Ihnen werden auf eigene veröffentlichte Reportagen nicht zurückgreifen können. Für den Fortgang ist dies auch nicht entscheidend. Für mich ist das mehr ein symbolischer als ein inhaltlicher Akt. Ich stelle damit auch meine Texte zur Disposition, erlaube Fragen und Kritik. Auf diese Weise kann ich Denkprozesse aufzeigen, die hinter meinen eigenen Reportagen stehen. Und ich kann zeigen, dass auch meine Texte Schwächen haben.

11 Dies ist umso mehr ein Grund, auf Längenvorgaben zu beharren, eben weil sie beim ersten Mal nicht eingehalten werden. Das psychologische Moment: Bei jeder Konkretisierung, bei jeder zusätzlichen Beschreibung, die dem Schüler bei der Manöverkritik empfohlen wird, ist die Forderung nach mehr Ausführlichkeit immanent. In Kapitel 8 werde ich unter *Regelwerke* noch einmal darauf eingehen.

etwa um die Punkte, die ich mir notiert und die ich den Schülern rückgemeldet hatte.[12]

Beispiel 1: Antonia

Der Markthalle auf der Spur

Hinter dem altem Schloss, in der Stadtmitte liegt die Markthalle. 1864 stand hier schon ein Gemüsemarkt mit 400 Verkaufsständen. Im Zweitem Weltkrieg wurde dieser leider zerstört jedoch wieder aufgebaut. Die Markthalle besitzt heute ca. 45 Verkaufsstände und ist 3.000 Quadratmeter groß. Im zweitem Stock befinden sich ein kleines Café und ein Einrichtungsladen der sich über den ganzen Bereich ausdehnt. Die Markthalle besaß einen Gleisanschluss der Stuttgarter Straßenbahn. Heute sieht man nur noch gepflasterten Teer an der Stelle.

Wenn man das alte, schöne Gebäude betritt, kommt einem der Geruch von frischem Brot und Fleisch entgegen. Ein paar Menschen mit Körben oder Taschen stehen an Ständen oder laufen mit schnellen Schritten aus der Markthalle. Es ist erstaunlich leer.

(...)

Im Lebensmittelangebot steht die Markthalle in gewissem Sinne in Konkurrenz zur Bauernmarkthalle, zum Wochenmarkt vor dem Stuttgarter Rathaus und den Märkten in den verschiedenen Stuttgarter Vierteln und Vororten. Nach dem Besuch hatten wir den Eindruck, dass alleine durch die Lage, den Stil des Gebäudes und die Tradition die Markthalle noch einige Zeit bestehen bleiben wird, selbst wenn die Kunden von Jahr zu Jahr geringer werden sollten.

(...)

Anmerkungen zu Antonias Text:

- Die Überschrift hängt nicht nur sprachlich schief, sie gibt inhaltlich auch nichts aus dem Text wieder.
- Die historischen Fakten klingen lexikalisch und sollten, wenn überhaupt, später eingebaut werden, nicht zu Beginn.
- Unter Zahlen wie 3000 Quadratmeter können sich die meisten Leser nicht viel vorstellen. Hier lieber mit Vergleichen arbeiten.
- Schön ist die sonstige Beschreibung des Gebäudes, inklusive der Schienenreste, damit könnte man auch einsteigen. Auch die ersten Eindrücke sind schön dargestellt.
- Warum ist es „erstaunlich" leer, warum hat die Autorin mit mehr Gedränge gerechnet, ist bald Weihnachten oder Mittagessen?

12 Bei allen Texten bekommt jeder Schüler von mir eine ausführliche Rückmeldung, was natürlich hauptsächlich für diejenigen Schüler wichtig ist, deren Text nicht im Klassenplenum besprochen wurde. Der Rückmeldung kommt besonders in der Spontansituation der ersten Reportage eine große Bedeutung zu, da sie Unsicherheiten ausräumen kann.

- Gut ist die Einordnung der Markthalle in das gesamte Marktangebot der Stadt.
- Der Schluss ist aus der Luft gegriffen und spekulativ. Weshalb sollten die Kunden von Jahr zu Jahr „geringer" werden? Davon ist im Text vorher nicht die Rede, deshalb steht die Aussage, dass die Markthalle „noch einige Zeit besteht", auf tönernen Füßen.
- Das „Wir", das hier so unvermittelt auftaucht, greift keine bereits eingeführte Erzählinstanz auf.

Beispiel 2: Nico

Ich betrete die Markthalle über ein großes, eisernes Tor. Ich komme in einen großen Saal; vollgestopft mit Ständen. Durch die engen Gänge schlendern gemütlich Passanten, unterhalten sich freundschaftlich mit Verkäufern oder lesen die großen Tafeln mit Werbung für die Produkte. Ausnahmslos alle werben mit naturnaher Herstellung oder besonderen Herkunftgebieten. Hier herrscht kein geschäftiger, zielstrebiger Trubel wie in einem Discounter-Markt. Wer hier herkommt muss nicht unbedingt etwas zu essen kaufen, sondern schlendert einfach mal umher und schaut sich die riesige Warenvielfalt an; nicht unbedingt um etwas zu kaufen. Auch ich wandere nun langsam durch die Gänge, schau mir mal eine große Auswahl selbstgemachter Marmelade, mal dort besonders gute Antipasti an. So nähere ich mich langsam dem hinteren Teil der Halle. Von dort gehe ich über eine Treppe neben einem Brunnen aus grünem Stein zu der höher gelegenen Galerie. Mir direkt gegenüber befindet sich dort auch eine kleine Bar mit Erfrischungen. Aufgrund mangelnder Mittel lasse ich diese sofort rechts neben mir liegen und wende Mich einer Möbel, Schmuckstücke, Einrichtung, kurz alles was das Hertz begehrt Abteilung zu. Hier ist alles in braun gehalten. Große Geweihe schmücken die Wand und überall wo möglich scheinen verschnörkelte, goldene Muster angebracht worden zu sein. Schnell dränge ich mich durch hauptsächlich älteren Kunden über eine stinkende Naturkosmetik Abteilung durch. In der Gartenabteilung atme ich erstmals tief durch und schaue mich dann um.
(...)

Anmerkungen zu Nicos Text:

- Der Text verzichtet völlig auf eine Überschrift.
- Gut: Der Leser wird an der Hand genommen und ins Geschehen eingeführt, dadurch entsteht ein bildlicher textlicher Rundgang.
- Das Ich im Text hat allerdings noch nicht seine Rechtfertigung gefunden. Würde man umformulieren und dabei auf dieses Ich verzichten, ginge keine relevante Information oder Atmosphäre verloren. Abgesehen davon tritt das Ich durch geschmackliche Aussagen in Erscheinung, die keine Rückschlüsse zulassen. Denn das Ich und seine Geschmackswelt ist dem Leser nicht bekannt, ansonsten fehlt jede Begründung (Beispiel: „stinkende Naturkosmetik Abteilung").

Beispiel 3: Tobias

(...)

Läuft man durch die Markthalle, so entdeckt man die verschiedensten Stände: Es gibt Obst- und Gemüsestände, einen Blumenstand , viele ausländische Stände aus Ländern und Gegenden aller Welt und noch viel mehr; aber es gibt auch einen Bäcker und einzelne Bars.

Ziemlich zentral in der Markthalle befindet sich der „Schwyzer Stand". An dem zweiseitig aufgebauten Stand findet man die verschiedensten Sorten von Tee, sowohl offen als auch abgepackt, Müsli, Reis, Nüsse und Mandeln und vieles mehr, was uns die freundliche Verkäuferin auch bestätigt. Fiona Eberhard ist 39 Jahre alt und erzählt über ihren „Schwyzer Stand": „Der Stand ist ein Familienbetrieb, der von unserer Familie schon seit 16 Jahren betrieben wird. Wir verkaufen hauptsächlich Trockenfrüchte, Teigwaren und Gewürze." Auf die Frage, wo die Ware her sei, antwortet Frau Eberhard: „Unsere Ware ist von Apothekerqualität." Anschließend fügt sie hinzu, dass ihr Stand in der Regel wie die ganze Markthalle zwischen 8 Uhr und 18.30 Uhr durchgehend geöffnet hat. Das Interview muss dann aber beendet werden, denn eine ältere Dame kommt und möchte gerne einkaufen. Diese ältere Dame ist, wie es sich nach kurzer Zeit herausstellt, eine Stammkundin. Nach einigem Zögern, ob sie für so etwas nicht schon zu alt ist, berichtet sie, dass sie in der Markthalle und speziell beim diesem Stand immer einkaufe. Die Ware würde zwar etwas mehr kosten als im Supermarkt, sei aber dafür viel besser. Deshalb würde sie eben weniger kaufen. Ich finde es richtig, ein solches Familienunternehmen zu unterstützen.

Geht man weiter durch die Markthalle, dann bemerkt man, dass es unzählige ausländische Stände gibt, aus Italien, Spanien oder auch sogar aus dem Iran oder aus Indien.

(...)

Anmerkungen zu Tobias' Text:

- Dieser Text zeigt, dass der Verzicht auf das Ich nicht in jedem Fall zu einer stilistischen Aufwertung führt, handwerklich und perspektivisch sehr wohl.
- Der kurze erste und der kurze letzte hier gezeigte Abschnitt sind – im Vergleich – redundant, bzw. wiederholen sich. Wenn man den Gesamttext des Schülers und seine sprachlichen Fähigkeiten zugrunde legt, handelt es sich schlicht um holprige Übergänge zwischen sehr guten Passagen.
- Sehr gut sind die eingebauten Zitate, wenn man auch das Thema „Interview" nicht so ausdrücklich thematisieren muss.

Beispiel 4: Marilena

(...)

Der Stand ist durch das Glassdach gut beleuchtet. Der Laden wird seit August 2009 von Herrn Ludwig in Mithilfe von zwei freundlichen Verkäuferinnen geleitet. Denen macht die Arbeit an dem Stand besonders Spaß, weil sie so exotische Süßwaren, wie z. B. Rosenbonbons verkaufen. Auch eine besondere Spezialität sind "Marron Classeé" das sind glasierte Maronen, Esskastanien genannt. Der Stand bekommt ständig neue Kunden, wie sich bei einer Kundenbefragung ergab. Auch die Marmelade ist besonders beliebt. Die Ware kommt aus dem 30 m entfernten, gleichnamigen Laden. Die Verkäuferinnen holen diese dort morgens um ca. 9 Uhr ab. Anschließend verkaufen sie die Köstlichkeiten dann bis halb sieben, danach ist endlich Feierabend.

(...)

Die Waren kommen vom Großhändler. Der Verkauf macht allen Beteiligten wegen des tollen Ambientes besonders Spaß. Am Stand nimmt man viele exotische Gerüche war. Es gibt außer den genannten Ständen noch viel andere Sachen: Blumen, Gewürze, Fisch, schwäbische, indische, pakistanische und griechische Spezialitäten, ein Bäcker und ein Metzger. Die Markthalle ist einen Besuch wert für alle, die mal was ganz anderes ausprobieren wollen oder einfach Lust auf gute Qualität und Genuss haben.

Anmerkungen zu Marilenas Text:

- Der Text ist überall dort gut, wo es um Beschreibungen und Aufzählungen geht. Sie sind ausführlich und anschaulich.
- Die Meinung der Autorin dringt mehr als einmal durch. Von den „freundlichen" Verkäuferinnen über das „tolle" Ambiente, bis zum Feierabend, der „endlich" erreicht ist. Hier wäre zumindest eine Begründung für die Aussagen angebracht.
- Der letzte Satz könnte einer Werbung entstammen.
- Das Resümee am Ende ist nicht notwendig.
- Behauptungen sollten illustriert, Informationen, die von den Befragten stammen, als solche gekennzeichnet sein, als Zitat oder zumindest unter Quellenangabe.
- Hinter der Formulierung „wie sich bei einer Kundenbefragung ergab" steht eine Befragung von ein paar Besuchern der Markthalle. Dies ist jedoch keine empirische Beobachtung und sollte im Text auch nicht so verpackt werden.

1.3.5 Typisches für Reportagen

Hier noch einmal zusammengefasst einige Punkte, auf die ich bei den ersten Reportagen immer genau achte und die ich in der Plenumsdiskussion auch immer zur Sprache bringe, am besten illustriert mit einem Text.

Historische Einstiege: Sind bei Reportagen möglich, lesen sich aber oft langweilig, besonders wenn sie angelesenes Wissen abbilden. Wenn schon historische Fakten, dann sollte man sie im Text einbauen oder einen Infokasten beifügen.

Überschriften: Die Texte tragen anfangs immer Titel wie „Reportage über die Markthalle" oder „9. Oktober 2010 in der Markthalle". Überschriften sind ein schwieriges Thema, dem man sich, wenn genügend Zeit vorhanden ist, bei der Erstbesprechung speziell widmen kann.

Euphorie: Das Erlebnis, freundlich und respektvoll und als vollwertiger Gesprächspartner behandelt worden zu sein, lässt Schüler manchmal euphorisch werden. Dies spiegelt sich in den Texten dann als Begeisterung für den beschriebenen Gegenstand wider. Von einem Werbetext ist die Reportage dann manchmal kaum zu unterscheiden.

Behauptungen: Wenn man eine Behauptung aufstellt, muss man begründen oder illustrieren, wie sie zustande kam. Ich kann also nicht den Angestellten eines Betriebs Begeisterung andichten, ohne entweder ihre natürliche Fröhlichkeit zu beschreiben oder sie mit Aussagen zu zitieren, die die Behauptung stützen.

Wertungen: Vorsicht vor Wertungen. Dazu gehören Attribute wie „freundlich", „toll", „hässlich", „langweilig" und „cool" ebenso wie Aussagen, die ein „leider", „endlich" und ähnliche Wörter enthalten.

Perspektive: Die Person des Journalisten nimmt großen Einfluss auf den Text und seine Inhalte. Dies fängt schon bei der Auswahl von Fakten und Eindrücken an, die es in die Reportage schaffen. Ob allerdings auch ein „Ich" explizit auftauchen muss, ist abzuwägen. Verwerflich ist es nicht, auch nicht unüblich – es muss lediglich begründet sein.

Resümee: Angestachelt durch ihre Aufsatzerfahrungen verspüren viele Schüler den unwiderstehlichen Drang, am Schluss noch einmal zu resümieren. Dabei entstehen nicht selten Sätze, die so auch in einer Werbebroschüre gedruckt werden könnten. Es spricht grundsätzlich nichts dagegen, den Ort, Gegenstand oder die Person der Reportage aus irgendwelchen Gründen toll oder furchtbar zu finden. Es ist aber gerade Aufgabe der Reportage, den Leser zu seinem eigenen Resümee zu führen, ohne ihn am Ende zu gängeln oder, freundlicher ausgedrückt, mit der Nase darauf zu stoßen.

Zeit: Die Reportage soll Unmittelbarkeit herstellen, soll den Leser an den Ort des Geschehens oder ganz nah an die Person bringen, um die es geht. Sprachlich ist die Verwendung des Präsens eine der einfachsten Formen, um diese Nähe herzustellen. Ungeübten Schreibern sei deshalb dieses Tempus empfohlen.

Zitate: Im Umgang mit Zitaten sind Schüler ungeübt. Aus welcher praktischen Erfahrung heraus sollten sie auch Vorkenntnisse mitbringen? In ersten Reportagen kommt es daher oft vor, dass auf direkte Zitate völlig verzichtet wird. Das Einbauen in einen Fließtext muss geübt werden. Allerdings wird gerne nacherzählt (ohne Kennzeichnung) oder die indirekte Rede verwendet. Gerne und oft tauchen auch Formulierungen auf wie „Auf meine Frage, wie viel ...".

Alles in allem bieten diese ersten Ergebnisse, die ohne allzu großen Aufwand und ohne große Vorarbeit entstanden sind, unzählige Anknüpfungspunkte. Meistens sind Interesse und zumindest ein gewisser Ehrgeiz bei den Schülern geweckt, es bei der nächsten Reportage besser zu machen.

2 Reportage im Unterricht

Textform mit unbegrenzten Freiheiten in Sprache, Thema und Perspektive

2.1 Redaktionsalltag

Die anfängliche Spontanreportage gehört zum Standardrepertoir meiner Schreibwerkstätten. So wie die Reportage als Form auch einen ganz zentralen Raum einnimmt in meinem Kanon journalistischer Formen.

Die Gründe dafür sind vielfältig. Offen gestanden hatten sie zu Beginn nicht das Geringste mit pädagogischen Konzepten zu tun. Anfangs waren sie lediglich ein Aufhänger, um die journalistische Ausrichtung im Angebot der literarischen Werkstätten im Literaturhaus zu verorten. Hier ging es schließlich um „Literatur" im weitesten Sinne, und damit bot sich die Reportage als historisch gewachsene Form, die durchaus literarische Züge trägt, an. Es stellte sich jedoch schnell heraus, dass ausgerechnet diese Textform, die gerne als *Königsdisziplin des Journalismus* bezeichnet wird, für Jugendliche einen idealen Einstieg darstellt. Weshalb? Weil sie sprachlich, perspektivisch und thematisch quasi unbegrenzte Freiheiten bietet. Was die Reportage auf der einen Seite zur Paradeform macht, in der die Edelfedern ihre Meisterschaft unter Beweis stellen können, macht sie auf der anderen Seite zu einem leicht zugänglichen Einstiegsmedium in den Journalismus.

Über die Jahre bin ich der ursprünglich ausgewählten Form also immer treu geblieben. Mehr noch, mit jeder neuen praktischen Erfahrung und mit jeder theoretischen Überlegung hat sich meine Überzeugung verfestigt, mit der Reportage die ideale Form für die Arbeit mit Schülern gefunden zu haben.

Viel von dieser Freiheit durften die Schüler zu Beginn nicht genießen, weil ich das Thema vorgeschrieben habe und alle dieses Thema bearbeiten mussten. Nun aber treten wir in eine neue Phase ein: Die Schüler sollen sich jeweils ein eigenes Thema suchen, eine selbstständige (Vor-)Recherche durchführen, eine Reportage verfassen und diesen Text am Ende redaktionell überarbeiten.

Wir werden also gemeinsam den gesamten Entstehungsprozess eines journalistischen Textes durchlaufen und damit die Arbeitsweise einer Redaktion nachvollziehen, wenn auch in erheblich verlangsamter Form. Im Folgenden werde ich den Prozess Schritt für Schritt beschreiben. Von der Themenfindung, über die erste Recherche, die Vorbereitung des Interviews, die Vor-Ort-Recherche bis hin zum fertigen Text. Hauptbezugspunkt ist die Reportage. Die einzelnen Schritte lassen sich aber auch auf andere Text- und Arbeitsformen übertragen. Die Recherche etwa kann der Stoffsammlung eines Referats oder einer Jahresarbeit dienen, Interview- und Kommunikationssituationen sind beliebig übertragbar.

Außerdem geht es nicht in erster Linie darum, eine Checkliste mit verschiedenen Handlungsanweisungen abzuklappern, sondern nachzuvollziehen, welche Prinzipien dem journalistischen Denken, Handeln und Schreiben zugrunde liegen. Jedem Abschnitt, sprich Arbeitsschritt, sind Übungen beigefügt. Die wenigsten davon lassen sich isoliert anwenden, das heißt ohne den größeren Zusammenhang eines eigenständigen journalistischen Projekts der Schüler. Das liegt daran, dass diese kleinteiligen Übungen oftmals nichts bringen. Sie führen nämlich zu einem Stückwerk, dessen größerer Sinn sich nicht erschließt und das keine rechte Lust bei den Schülern weckt.

2.2 Themen

2.2.1 Vorbemerkung

Gleich die erste Frage, die sich einem Journalisten stellt, hat es in sich. Weil sie täglich wiederkehrt und weil sie beantwortet werden muss, bevor überhaupt etwas anderes in Gang gesetzt werden kann. In der Zeitung heißt die Frage: Worüber schreiben wir? Im Radio oder Fernsehen analog: Worüber sprechen, was zeigen wir? Die tägliche Seitenzahl ist vorgegeben und variiert nur wenig; im Radio und Fernsehen sind entsprechend die Sendeplätze zu füllen. *Irgendetwas* muss da hin! Und schon sind wir wieder beim Anfang und dem Wunsch, dieses Irgendetwas durch etwas *Bestimmtes* zu ersetzen. Aber der Reihe nach.

Was steht in der Zeitung? Weshalb steht es in der Zeitung? Gemeinsam mit den Schülern gehe ich diesen beiden Fragen nach: Was hat es aus eurer Sicht verdient, in die Zeitung zu kommen? Oder, falls ihr manchmal oder sogar regelmäßig eine Zeitung lest, was steht da drin?[13] Am ehesten bekomme ich nützliche Antworten wie „Etwas Neues" oder „Etwas Spannendes". Mit geschickten Nachfragen kommt man noch ein Stück tiefer:

Ich: Was war denn die letzte Meldung, die ihr gelesen habt?
Schüler: Wie da die Straßenbahn mit dem Auto zusammengestoßen ist.
Ich: In welcher Zeitung hast du das gelesen?
Schüler: Na hier in der Zeitung.
Ich: Meinst du, das stand auch in einer italienischen Zeitung?
Schüler: Nein.
Ich: Warum?
Schüler: Interessiert niemand.
Ich: Und wenn bei dem Zusammenstoß zwanzig Menschen getötet worden wären?
Schüler: Dann ja.

Dieser Dialog hat genau so natürlich nie stattgefunden, so ähnlich aber bereits ein paar Dutzend Mal. Ich habe darin mit dem Schüler gleich zwei Themenprinzipien diskutiert, und zwar Lokalität und Relevanz (auch wenn dieser letzte Wert der bei Weitem schwammigste ist, wie wir noch gleich sehen werden).

13 Sollte das Prinzip Zeitung bei den Schülern in Gänze unbekannt sein, tut man sich an dieser Stelle mitunter schwer. Denn dann wird ins Blaue geraten – und den Nutzen von solchen Ratestunden halte ich für sehr gering. Alternativ kann man zur Bearbeitung der Frage einige Zeitungen mitbringen und als Anschauungsmaterial verteilen. Es hängt von der Klasse ab.

2.2.2 Themenkriterien

Was ich auf diese Weise gemeinsam mit den Schülern nach und nach identifiziere, sind die Themenkriterien (2), diejenigen Kategorien also, nach denen Redaktionen ihre Inhalte auswählen. Folgende Themenkriterien lege ich zugrunde:

Aktualität: Die Leitfrage schlechthin in allen Redaktionen, die nachrichtlich arbeiten: Ist das neu? Und wenn es nicht vollkommen neu ist, gibt es dann wenigstens einen Aspekt, den wir als brandaktuell verkaufen können?

Heute spricht man vom „News-Charakter" einer Meldung. Und gerade wo man ein so schönes neues Wort dafür gefunden hat, treibt das Prinzip so manche Zeitung in den Wahnsinn. Denn die audiovisuellen Medien sind immer einen Tick schneller, ob sie nun terrestrisch oder per Breitband verbreitet werden. Gegen die „Breaking News" oder die „Eilmeldung", die tausendfach auf Bildschirme poppen, hat die Schlagzeile einer Zeitung keine Chance, wenn man bedenkt, dass im günstigsten Fall immer noch drei bis fünf Stunden zwischen der Schlussredaktion und dem Einwerfen in die Briefkästen vergangen sind. Trotzdem, die Aktualität bleibt eine wichtige Größe.

Lokalität: Wie im Dialog mit dem Schüler so schön beschrieben, erzeugt die Nähe zu einem Geschehen ein gewisses Interesse daran. Hier haben wir es mit einer geografischen Nähe zu tun, dem Lebensraum meiner Leser also. Und bei denen funktioniert das Prinzip in vielerlei Hinsicht. Dazu folgende Beispiele:

- In der Stadt ist am Nachmittag etwas geschehen. Unzählige Polizei- und Feuerwehrautos waren unterwegs, überall Blaulicht, der gesamte Bereich um den Hauptbahnhof war abgesperrt. Ich will wissen, was hinter der Aufregung steckt. Wo informiere ich mich am wahrscheinlichsten? Vermutlich auf der Homepage meiner Lokalzeitung oder am nächsten Morgen direkt aus dieser Zeitung. Auf diese Weise erfahre ich, dass der ganze Trubel der Tatsache zu verdanken ist, dass bei Bauarbeiten eine Gasleitung beschädigt und damit Alarm ausgelöst wurde. Meine Neugierde ist befriedigt.
- Ich schlage morgens die Zeitung auf und lese von einem Gasleitungsleck in der Nähe des Hauptbahnhofs und von einem davon ausgelösten Großeinsatz von Polizei und Feuerwehr. Zwar habe ich selbst nichts davon mitbekommen, interessiere mich aber brennend dafür, weil ich schließlich keine zwei Kilometer vom Ort des Geschehens entfernt wohne und wissen will, was in meiner Umgebung passiert.
- Im Lokalteil meiner Zeitung begegnen mir ständig Personen, Orte, Vereine und Ereignisse, die mir vertraut oder zumindest bekannt sind. Weil sie ein Stück meiner Lebenswirklichkeit sind, interessiere ich mich automatisch für sie.

Für viele regionale Zeitungen stellt die Lokalität mittlerweile das wichtigste Aushängeschild dar.

Relevanz: Hier widmen wir uns dem sprichwörtlichen Sack Reis, der irgendwo auf der Welt umfällt – es muss ja nicht immer China sein. Wichtig ist alleine die Erkenntnis: Nicht über alles muss deshalb berichtet werden, weil es neu ist oder gleich um die Ecke geschieht. Aber was ist denn nun wichtig genug, um Druck- oder Sendeplatz zu verdienen? Darüber gehen die Meinungen weit auseinander. In einer Redaktion, in der ich einige Jahre gearbeitet habe, rief der Chefredakteur das „Prinzip der drei Ts" aus. Sie standen für „Tote, Titten, Tiere". Ich habe überlegt, ob ich mich um eine weniger drastische Ausdrucksweise bemühen soll, dann aber davon Abstand genommen. Weil dieses Prinzip die Denkweise mancher Redaktionen ganz gut zeigt. Gedruckt und gesendet wird das, was am meisten Aufmerksamkeit erzeugt. Relevanz wird dann mit Markttauglichkeit gleichgesetzt. Eine solche Gewichtung wird heutzutage gerne dem sogenannten „Boulevard" zugeschrieben, was zwar etwas schief ist, sich aber mehr und mehr durchsetzt. Gegenbeispiele gibt es genügend. Publikationen, die sich auf die Fahnen geschrieben haben, nur solche Themen aufzunehmen, die ihrem politischen oder kulturellen Anspruch genügen.

Klar ist, Relevanz ist ein dehnbarer Begriff, der so viele Interpretationen zulässt wie Stimmen an der Diskussion darüber beteiligt sind. Wo immer er jedoch Verwendung findet, ist er mit Wertung verbunden. Und meistens auch mit dem avisierten Publikum. Was uns auf direktem Wege zum nächsten Punkt bringt.

Publikumsinteresse: Eigentlich ist der Ausdruck irreführend. Denn für gewöhnlich fasst man unter diesem Punkt Spezialinteressen zusammen und meint damit vor allem solche Angebote, die sich an ein auf wenige Merkmale zugeschnittenes Publikum richten. Fachzeitschriften sind damit ebenso gemeint wie Blogs oder Internetseiten sowie Radio- oder Fernsehsendungen für ein begrenztes Publikum.

Die Rechnung ist einfach: Je konturierter das Profil einer solchen Publikation, desto limitierter die potenzielle Leserschaft. Das kann wirtschaftlich gesehen durchaus ein Nachteil sein, weil das theoretische Reichweitenwachstum auf eine bereits definierte maximale Zahl begrenzt ist. Eine Zeitschrift für Briefmarken werden eben maximal jene zwei Prozent der Bevölkerung kaufen und lesen, die sich in ihrer Freizeit mit Briefmarken beschäftigen.

Vorteile ergeben sich dabei aber aus der starken Bindung, die ein solches Publikum mit einer Publikation einzugehen bereit ist. Und Themen lassen sich in epischer Breite behandeln, Wiederholungen und Redundanzen verursachen nicht so schnell Überdruss oder Langeweile.

Neben diesem speziellen Interesse gibt es so etwas wie ein allgemeines menschliches Interesse. Darunter verstehe ich die uns allen eigene Neugier auf die eigene Spezies. Unabhängig von Unterschieden in Alter, Religion, Herkunft und Geschlecht ziehen uns Geschichten von anderen Menschen in ihren Bann, solange sie nur gut erzählt sind. Ob uns die Protagonisten dieser Geschichten nun gefallen oder uns abstoßen, ob wir uns wünschen, ihnen persönlich zu begegnen, ob wir sie bemitleiden oder ihnen in Gedanken unsere Verachtung oder Bewunderung übermitteln, spielt dabei überhaupt keine Rolle.

Besonders spannend ist dieses Phänomen dann zu beobachten, wenn man es mit Tieren zu tun hat. Diese werden dann ebenfalls vermenschlicht, um ihre Geschichte erzählen zu können. Diese Technik, die man in literarischer Hinsicht aus Parabeln kennt, findet in journalistischen Texten vielfach Verwendung; man denke u. a. nur an die Berichterstattung über den Eisbären Knut aus dem Zoologischen Garten in Berlin im Jahre 2007.

Eine Wertung über das damalige Medienspektakel Knut will ich hier nicht abgeben. Festzuhalten bleibt aus journalistischer Sicht lediglich die Feststellung, dass Menschen auf Eigenheiten ihrer Spezies reagieren. Sie nutzen Geschichten von anderen Menschen (oder von vermenschlichten Tieren und Pflanzen), um sich selbst zu definieren, einzuordnen oder abzugrenzen.

Sie stellen darüber hinaus eine emotionale Verbindung zu dem oder den Protagonisten einer Geschichte her. Das erlaubt ihnen, auch abstrakte Themen über das Maß des reinen Faktenwissens hinaus zu erfassen. Eine Finanzkrise, die zunächst einmal ein fremdartiges Phänomen ist, wird durch die Darstellung eines oder mehrerer Menschen, die unmittelbar von ihr betroffen sind, konkret. Ein Flugzeugunglück oder eine Hungerkatastrophe sind schlimme Dinge, das wissen wir. So richtig fühlen können wir es aber erst, wenn uns Familienangehörige oder vom Hunger Betroffene direkt vorgestellt werden.

Hierin liegt die besondere Stärke der Reportage, weil sie genau dies tut – aus dem Großen, Allgemeinen das Kleine, Besondere herauspicken. Die Reportage bringt uns dem Geschehen auf dem Wochenmarkt nahe, indem sie uns Verkäufer und Kunden zeigt und beide erzählen lässt. Die Reportage stellt uns einen Mann vor, der bis vor drei Jahren als Börsenmakler sechzehn Stunden gearbeitet und vierzigtausend Euro im Monat verdient hat und jetzt in einer Gartensiedlung wohnt, von dem Geld lebt, das er mit Gitarrespielen in der Fußgängerzone verdient und sein Gemüse selbst anbaut. Die Reportage führt uns in die Katakomben eines Museums, wo ein Mitarbeiter damit beschäftigt ist, die Exponate für die nächste Ausstellung vorzubereiten. Es gibt prinzipiell keinen Ort, an den der Reporter nicht gehen kann, keine Geschichte, die in der Reportage nicht ihren Platz finden würde.

Einfluss auf Lebenswirklichkeiten: Nein, wir sind nicht in der Esoterikecke angekommen. Dieser etwas gestelzte Ausdruck verweist lediglich auf Themen, die erst auf den zweiten Blick oder nur durch eine hergestellte Verbindung für die Leser interessant sind.

Zur Veranschaulichung greife ich ein Thema aus der Luft: Ein Ozeanforscher stellt fest, dass sich die Meeresströmung im Atlantik in den letzten fünfzehn Jahren um zwei Stundenkilometer verlangsamt hat. Abgesehen von ein paar Wissenschaftsinteressierten würde sich für diese Meldung vermutlich erst einmal niemand begeistern. Hat der Ozeanforscher jedoch als Ursache eine Erwärmung des Meeres ausgemacht, die wiederum auf eine menschengemachte Klimaerwärmung zurückgeht, wird ein Thema daraus, das alle angeht und vermutlich eine größere Zahl von Lesern findet. Erst recht, wenn sich die Meeresströmungen umgekehrt wiederum auf das Klima auswirken und diese Veränderungen für den Menschen spürbar sind. Dieses Phänomen tritt übrigens nicht nur bei geografisch weit entfernten Themen auf, sondern auch bei politischen Entscheidungen, die zunächst einmal niemanden zu interessieren scheinen. Sobald sich aber herausstellt, dass man in mehr oder weniger naher Zukunft von dieser Entscheidung sehr wohl betroffen sein wird, wendet sich das Blatt.

Das alles kann sich jetzt wie ein sehr pessimistisches oder zynisches Statement lesen: Der Mensch als ein egozentrisches Wesen, das nur dann hinter dem Ofen hervorkriecht, wenn es selbst etwas zu erwarten oder zu befürchten hat. Ich würde nicht so weit gehen, darin eine negative Eigenschaft auszumachen. Ich halte es eher für eine notwendige Selektion; nach irgendwelchen Maßstäben muss man die tägliche Informationsflut ja in „wichtig" und „unwichtig" aufteilen.

Ich fasse noch einmal zusammen: Wir haben fünf Themenkriterien für die redaktionelle Arbeit oder für die Leserentscheidung für ein Thema identifiziert: Aktualität, Lokalität, Relevanz, Publikumsinteresse und Einfluss auf die Lebenswirklichkeit. Für den Reporter selbst gibt es dabei ein paar Hilfsfragen, auf die er seine Themenideen abklopfen und dann entscheiden kann, ob er sie in die Redaktionskonferenz beziehungsweise gegenüber seinem Chefredakteur einbringt:

- Für welche Redaktion arbeite ich?
- Für welche Publikation arbeite ich?
- Für welche Zielgruppe arbeite ich?
- Was ist aktuell?
- *Wie relevant ist mein Thema?* Welche Auswirkungen hat das Beschriebene? Wie hoch ist die Breitenwirkung? Wie stark sind meinungsbildende und Meinung verbreitende Faktoren vertreten?
- *Wie symptomatisch ist ein Thema?* Besteht Übertragbarkeit auf andere Bereiche? Hat das Thema sogar beispielhaften Charakter à Signalcharakter? Kommt dem Thema Trendfunktion zu?
- *Was ist neu?* Ist mein Thema eine einmalige oder eine wiederkehrende Angelegenheit? Wie originell ist meine Herangehensweise? Wie exklusiv habe ich das Thema? Verliert das Thema an Wert, wenn es nicht jetzt gedruckt oder gesendet wird, sondern später?

In der täglichen Arbeit klappert man nicht für jedes Thema die gesamte Liste ab. Es geht eher darum, bestimmte Entscheidungen zu verargumentieren, ob innerhalb der Redaktion oder nach außen hin. Journalisten stehen mit ihrer Arbeit per

Definition unter ständiger Beobachtung, und zwar bei ihren Kollegen ebenso wie bei ihren Lesern.

2.2.3 Zähe Themenfindung

Wenn ich mit Schülern arbeite, behandle ich die Liste mit den Themenkriterien zwar, aber ich lege sie unserer Arbeit zunächst nicht zugrunde. Stattdessen wird sie stark verkürzt und modifiziert. Am Ende läuft es dann auf folgende Anweisung hinaus.

Arbeitsgrundlage für die Themenfindung:

Wir nehmen an, dass wir eine Publikation machen, deren Zielgruppe mit uns identisch ist. Das heißt, wir orientieren uns an dem, was wir selbst interessant finden, weil wir davon ausgehen können, dass unsere Leser dies auch tun.

Als ich zum ersten Mal als externer Dozent für journalistisches Schreiben in einer Schulklasse auf diese Weise die grenzenlose Freiheit ausgerufen habe, erwartete ich einen Sturm der Begeisterung, der über mich hereinbrechen würde: *Endlich einmal das machen dürfen, was uns interessiert, wie toll!*

Ich hatte mich geirrt. Das wurde mir bereits nach wenigen Sekunden bewusst, als ich in verunsicherte bis entsetzte Gesichter blickte. Mittlerweile weiß ich, dass die meisten Schüler eine solche Aufforderung nicht als Möglichkeit sehen, sondern als eine Aufgabe, die sie zu erfüllen haben wie jede andere Aufgabe auch. Nur dass ihnen in diesem Fall die Anhaltspunkte fehlen, weil sie so eben nie zuvor gearbeitet haben. Manche wittern gar eine Falle.

Meistens läuft es zunächst auf eine Befragung hinaus, um den Schülern langsam zu vermitteln, was gemeint ist.

Ich: Nenn doch mal ein Beispiel für eine interessante Reportage.
Schüler 1: Ich? Keine Ahnung. Was soll das sein, eine interessante Reportage?
Ich: Eine Reportage über ein Thema, das dich interessiert. Was findest du spannend?
Schüler 1: Keine Ahnung.
Ich: Womit beschäftigst du dich in deiner Freizeit?
Schüler 1: Chillen und so.
Ich: Sonst noch jemand? Was tut ihr, wenn ihr nicht in der Schule seid? Was findet ihr spannend?
Schülerin 2: Fingernägel.
Schüler 3: Computerspiele.

Das sind doch schon mal Ansatzpunkte. Und auch wenn man nun „Klischee, Klischee" rufen und milde lächeln könnte, versuche ich, eben dies nicht zu tun. Ich nehme die Aussagen der Schüler ernst, ganz gleich, ob sie mir oberflächlich oder wenig originell erscheinen.

Einen Innovationspreis wollen wir für den Anfang nicht gewinnen, sondern Wege finden, uns die persönlichen Interessen der Schüler zunutze zu machen, um mit der Form der Reportage zu arbeiten. Etwas konkreter müssen wir aber schon werden. Deshalb erörtere ich mit den Schülern, wie man aus den Themenbereichen Chillen, Fingernägel und Computerspiele jeweils drei Themen generieren kann, die realistisch umsetzbar sind. Um das Prinzip zu zeigen, wird dieser Part im Unterricht sehr ausführlich behandelt. Die Fragen sind Leitfragen für den Beginn der Recherche und geben bereits eine inhaltliche Richtung vor.

Thema Chillen

- Wo in unserer Stadt treffen sich Jugendliche am Nachmittag / am Abend / am Wochenende?
- Wie chillen Erwachsene, wie chillen Jugendliche? Wie kann man diese beiden Chillgruppen vergleichen?
- Kann man auch zuviel chillen? Portrait eines Jugendlichen, der vor lauter Chillen vergessen hat, dass er noch das eine oder andere zu tun hat, und jetzt ohne Abschluss / Ausbildung dasteht.

Thema Fingernägel

- Ein Tag in einem Nagelstudio. Beobachtungen, Eindrücke, Interviews mit Kundinnen und einer Betreiberin.
- Wie wird man eigentlich Fingernagel-Designerin? Ein Blick über die Schulter einer Lernenden.
- Noch länger, noch bunter – Nagelstudios an jeder Ecke. Warum sind Fingernägel so wichtig geworden? Einem Phänomen auf der Spur.

Thema Computerspiele

- Besuch bei Computerspielprogrammierern. Von der Idee bis zum fertigen Spiel, wie funktioniert das alles?
- Eindrücke von einer LAN-Party oder von einem öffentlichen Wettkampf. Sehen so die Sportereignisse der Zukunft aus?
- Wenn Spielen zur Sucht wird. Besuch in einer Beratungsstelle oder in einer Selbsthilfegruppe.

Sicher sind das nicht die Themen, die man sich als ehrgeiziger Lehrer oder Dozent vorstellt, wenn man mit einer Klasse an Reportagen arbeitet. Aber es sind sehr realistische Themen, vor allem was ihre Umsetzung anbelangt.

Nach dem dargestellten Muster könnte man auch mit jedem anderen Thema verfahren. Wir werden dies in aller Ausführlichkeit durchexerzieren. Denn die Themenfindung ist bei der Arbeit mit Schülern von zentraler Bedeutung. Wenn bereits hier Stagnation auftritt oder die Diskussion an einem toten Punkt ankommt, wird sich dies fortsetzen. Dann ist bei der praktischen Umsetzung nicht mit einer plötzlichen Dynamik zu rechnen.

2.2.4 Themenquellen

Es mag sich zunächst einmal widersinnig anhören: Schüler benötigen sehr viel Hilfestellung und viele Ideen bei der Suche nach ihren individuellen Themen.[14] Es ist nicht schlecht, wenn man zumindest einige Hinweise gibt, wo sie suchen können. Wo kommen Themen also her?

Persönliches Interesse: Das haben wir gerade bereits beschrieben. Schüler leiten aus ihren Hobbys oder aus den Dingen, die sie in ihrer Freizeit tun, ein verwertbares Thema ab. Es müssen ja nicht immer Fingernägel sein. Es gibt Schüler, die verbringen jede freie Minute damit, Lichtprojektionen für Gebäude zu entwerfen oder einen Beweis für die Riemannsche Vermutung[15] zu finden.

Variation von Zeitungstexten: Das klingt zwar gar nicht originell und auch sehr nach Kopistentum, ist aber in der Medienlandschaft eine Massenmethode. Ein Redakteur hat in einer anderen Zeitung oder im Internet etwas gelesen, im Fernsehen eine Sendung gesehen oder im Radio einen Beitrag gehört. Und nun schlägt er in der Redaktionskonferenz (mit oder ohne Nennung seiner Ideenquelle) vor, so etwas könne man doch auch mal machen. *Ein Verein von „Star Wars" -Liebhabern, die sich bei ihren Treffen als Luke Skywalker, Boba Fett und C3PO verkleiden? So was gibt's doch bestimmt auch in unserer Nähe.* Und schon hat man etwas gefunden, mit dem man am nächsten Tag mindestens eine Drittel Seite füllen kann. Ergo: Der Journalist beschäftigt sich mit Medieninhalten nicht nur zum Vergnügen oder um sich zu informieren, sondern auch, um daraus ständig neue Themen zu generieren.

An dieser Stelle ein kleiner Einschub: Über Jahre hinweg gehörte in vielen Redaktionen des Landes die *Bild*-Zeitung zur täglichen Pflichtlektüre. Vermutlich ist dies teilweise immer noch so, wenn auch sicher nicht mehr in diesem Maße. Der Grund war ganz einfach: Einerseits versprachen sich die Chefredakteure eine Menge von thematischen Anknüpfungspunkten. Immerhin konnte und kann man der *Bild* eine diesbezügliche Kreativität nicht absprechen. Gleichzeitig herrschte eine fast panische Angst, etwas Wichtiges zu verpassen. Ein Thema zu ignorieren, das in der *Bild* vielleicht über Tage und Wochen hinweg breit ausgetreten wurde, galt vor allem in Medien, die dem Boulevard aufgeschlossen gegenüberstehen, als furchtbare Sünde. Schließlich, so die Meinung, wisse die

14 Auf den zweiten Blick ist es schon nicht mehr so paradox. Wenn ich nur daran denke, wie oft ich bei persönlichen Entscheidungen den Rat von Freunden erfrage. Da ergibt es durchaus Sinn, wenn Schüler, die mit dieser Arbeitsweise nicht vertraut sind, ein wenig Unterstützung benötigen, selbst (oder gerade) wenn sie sonst für sich in Anspruch nehmen, auch mal an etwas Eigenem arbeiten zu wollen.

15 Bei der „Riemannschen Vermutung" oder auch „Riemannschen Hypothese" handelt es sich um eines der großen mathematischen Probleme unserer Zeit. Insgesamt gibt es sieben dieser sogenannten „Millennium-Probleme" der Mathematik.

Bild-Zeitung, was die Menschen interessiert – und nicht auf diese Themen einzusteigen, bedeute Verzicht auf potenzielle Leser.

Hörensagen: Bei Laien eine gerne unterschätzte Themenquelle sind Freunde, Bekannte, selbst Fremde, die man im Bus oder in der Straßenbahn belauscht. Berühmte Einstiege wie *Hast du schon gehört* oder *Du wirst nicht glauben, was...* sollte beim Journalisten zu erhöhter Aufmerksamkeit führen. Oft genug verbirgt sich dahinter etwas, dem man genauer nachgehen und hinter dem sich womöglich ein Thema verbergen kann. Oder etwas, das man bereits wusste, stellt sich als ein Thema mit Gesprächswert heraus, das gerade in aller Munde ist.

Weniger ergiebig, als man sich dies wünschen würde, ist jedoch alles, das mit *Du bist doch Journalist, ich glaube, ich habe eine Geschichte für dich* beginnt. Dabei handelt es sich oft um dieselben Geschichten, die Anwälte nach Feierabend auf einer Party erzählt bekommen.

Umfeld: Nicht nur, was vom näheren und weiteren persönlichen Umfeld erzählt wird, sondern auch das, was dort geschieht, kann eine Themenquelle sein. Ob es sich um Beobachtungen in der Nachbarschaft (*Plötzlich machen überall kleine Sushi-Läden auf!*) oder im Freundeskreis (*Sämtliche Teenager begeistern sich neuerdings fürs Häkeln und für gehäkelte Mützen!*) handelt, der Alltag steckt voller Geschichten und Phänomene, die erzählt werden wollen.

Recherche-Nebenprodukt: Hierbei handelt es sich um einen Punkt, der eher bei Profis eine Rolle spielt, der Vollständigkeit halber sei er jedoch auch hier erwähnt. Es kommt vor, dass sich während einer Recherche zu einem Thema ein Aspekt auftut, der damit nichts zu tun hat, aber durchaus interessant erscheint. Möglicherweise zieht dies (zu einem späteren Zeitpunkt) eine ganz neue Recherche und einen ganz neuen Ansatz nach sich. Denkbar sind Bemerkungen, die ein Interviewpartner nebenbei fallen lässt oder Begriffe / Einrichtungen / Unternehmen / Aspekte, die einem ins Auge stechen. Die Übung besteht darin, diese interessanten Nebenprodukte als Themen zu erkennen. Für den Journalisten bedeutet es, die Augen nicht immer nur auf einen Punkt zu richten, sondern immer auch links und rechts zu schauen.

Fantasie: Tja, und dann hat man natürlich immer noch die Möglichkeit, sich ein Thema auszudenken, das vielleicht in dieser Form noch nie da war. Selbstverständlich ist dies kein Aufruf zum Kreativjournalismus nach der Manier von Tom Kummer, der Anfang des Jahrtausends mit fiktiven Interviews einen Medienskandal auslöste und sich selbst daraufhin als „Borderline-Journalist" bezeichnete. Es ist eher die Bereitschaft, auch mal quer zu denken und damit selbst Themen, die schon tausendfach von allen Medien breitgetreten wurden, zu neuem Glanz zu verhelfen.

Mein liebstes Beispiel ist eine Reportage des Journalisten Holger Gertz von der *Süddeutschen Zeitung*, die im Jahr 2008 im Magazin der Zeitung erschien. Gertz saß damals während des gesamten Münchner Oktoberfestes jeweils den ganzen Tag auf einem und demselben Platz in einem Bierzelt und erzählte anschließend, was ihm dabei alles wiederfuhr.[16] Wer nicht zum x-ten Mal lesen will, wie viele Prominente mit wem wie viele Maß Bier getrunken haben, wird hier eine willkommene Abwechslung finden.

Die Reportage fällt im Übrigen unter die Rubrik „Selbstversuch", die immer sehr ergiebig für kreative Ansätze ist, weil man die Regeln der Versuchsanordnung für gewöhnlich selbst bestimmen kann.

2.2.5 Der persönliche Themenkatalog

Die Schüler können versuchen, die beschriebenen Themenquellen anzuzapfen. Sollte jedoch schnelle Abhilfe notwendig sein oder den Schülern so gar nichts einfallen, hat man lieber ein paar Vorschläge zur Hand, bevor der Frust allzu groß wird.

Ich wurde durch jahrelange Teilnahme an Redaktionssitzungen in thematischer Denke geschult. Es bleibt einem mit der Zeit nichts anderes übrig, als automatisch das gesamte Umfeld auf Verwertbarkeit abzuklopfen. Jederzeit könnte ich fünf bis zehn mögliche Themen aus dem Ärmel schütteln, wenn man mir eine Stunde zum Überlegen lässt, werden es zwanzig.

Wer darin noch nicht so geübt ist, kann sich mit Vorarbeit behelfen. Ich empfehle einen persönlichen Katalog, der auf die Schüler und auf die eigene Stadt abgestimmt ist. Ist ein solcher Katalog einmal angelegt, kann man ihn beliebig (und wenn man ernsthaft daran arbeitet täglich) erweitern. Der Katalog sollte nicht nur die reinen Überschriften enthalten, sondern kann gerne schon einen Schritt weiter gehen und Recherchemöglichkeiten beziehungsweise Ansprechpartner aufführen. Doch zu diesem Punkt später mehr.

Folgende Kategorien sind in einem solchen Katalog denkbar (3):

Wiederkehrende Ereignisse:

- Feiertage wie Weihnachten, Ostern, Pfingsten → Warum feiert man diese Feste? Wie feiert man?
- Moderne Jahrestage wie Halloween und Valentinstag → Was steckt dahinter? Wie und wer begeht diese Tage hierzulande?
- Narrenzünfte/Fasnacht/Karneval → Ein ganzes Jahr Vorbereitung für ein paar Tage feiern? Was tun Karnevalisten im Juni?
- Sportliche Großereignisse wie Fußball-Weltmeisterschaften, Wimbledon und

16 SZ-Magazin 41/2008. Nachzulesen ist die Reportage auch im Internet unter: http://sz-magazin.sueddeutsche.de/texte/anzeigen/26624, recherchiert am 11.12.2013.

Olympische Spiele → Wie wird in Familien unterschiedlicher Nationen mitgefiebert und ferngesehen? Gibt es am Ort junge Sportler, die auf ein solches Ereignis in Jahren hintrainieren?

Beobachten und sammeln Sie selbst über Jahre hinweg die Berichterstattung in Form von Artikeln, Bildern, Zeitungsausgaben. Sie werden feststellen, welche Prinzipien sich wiederholen, welche Herangehensweisen variieren und welches System hinter der Arbeit der Redaktionen steckt.

Universelle Einrichtungen:

- Kommunale Institutionen und Gremien wie Rathäuser, Jugendgemeinderäte, Führerscheinstellen → Wie sieht ein normaler Arbeitstag eines Bürgermeisters aus? Welche Diskussionen werden in Jugendgremien geführt, welche Entscheidungen getroffen?
- Polizei, Feuerwehr und Rettungsdienste → Wie geht es in der Kommandozentrale der Feuerwehr zu, wie in der Notleitzentrale des Roten Kreuzes? Ein Tag auf einer Polizeischule.
- Vereine → Welche besonderen Interessens- und Hobbyverbände gibt es vor Ort?

Die grundlegenden Institutionen und Einrichtungen gibt es in jeder Stadt und Gemeinde, ganz gleich, wie klein sie ist. Beim zweiten Punkt sollte man zunächst abklären, was überhaupt möglich ist. Polizei und Feuerwehr lassen manchmal keine Zuschauer in ihre Räumlichkeiten oder nur bei Volljährigkeit – zumeist aus versicherungstechnischen Gründen. Auch Journalistenprofis müssen bei der Fahrt im Streifenwagen Verzichtserklärungen unterschreiben, bei Schülern verbietet sich das von vornherein. Bevor man also bei Schülern mit dem Vorschlag falsche Begehrlichkeiten weckt, sollte man sich informiert haben.

Hinter den Kulissen:

- Theater, Musical, Oper → Besuch beim Casting/bei den ersten Proben/bei der Hauptprobe/bei der Premiere. Was geschieht hinter der Bühne, während das Stück läuft?
- Fußball-, Eishockey-, Tennisarena → Damit ein Sportereignis möglichst reibungslos über die Bühne gehen kann, müssen viele Tätigkeiten schon weit vorher koordiniert werden und präzise aufeinander abgestimmt sein. Vom Würstchengriller über die Security bis zum Kartenabreißer müssen alle an ihrem Platz sein.
- Freizeitpark, Zoo → Achterbahnfans kreischen, Kinder posieren mit lebensgroßen Märchenfiguren, zwischendurch gibt es Schnitzel mit Pommes. Was für die einen Erholung vom Alltag ist, ist für die anderen knallharte Arbeit.
- Hotel → Was ist den Gästen eines Hotels besonders wichtig? Was sind die größten Katastrophen, die passieren können? Was unterscheidet ein 5-Sterne-Haus von einem preisgünstigen Autobahnmotel?

Meistens öffnen Kultur-, Sport- und Tourismusbetriebe ihre Türen gerne für solche Blicke hinter die Kulissen. Wichtig ist der Zeitpunkt. Bei einem Theater sollte man einen längeren Vorlauf einplanen, weil solche Besuche mit Schauspielern und anderen Beteiligten abgesprochen werden müssen. In anderen Fällen kann Volljährigkeit oder das schriftliche Einverständnis der Eltern vorausgesetzt sein.

Berufe:

- Über-die-Schulter-Schau → Wie arbeitet z. B. ein Bäckermeister, wie ein Schmuckdesigner? Teilnehmende Reportage über einen bestimmten Zeitraum, meist einen Tag, mit Beobachtungen und Interviews.
- Besuch in einem Ausbildungsbetrieb → Gezeigt werden praktische und theoretische Ausbildungsschritte von Berufsanwärtern durch einen Besuch in ihrer Berufsschule/Hochschule und einen Besuch in ihrem betrieblichen Arbeitsumfeld.
- Portrait mit Berufsschwerpunkt → Lebens- und Ausbildungsgeschichte einer Person, die einen bestimmten Beruf repräsentiert, begründet z. B. durch die besondere Herangehensweise oder eine gewisse (lokale) Prominenz.

Hier ist die Bandbreite groß und kann auch bewusst eingesetzt werden. Berufe wie Bäcker, Metzger oder Gemüsebauern versuchen, den Blick auf den Entstehungsprozess von etwas zu richten, mit dem wir täglich umgehen, meistens unbewusst. Dann wiederum gibt es Berufe, die selten, vom Aussterben bedroht, neu oder auf andere Weise besonders sind, wie ein Hufschmied oder ein App-Programmierer. In diese Kategorie würden auch die beiden oben beschriebenen Themenbereiche „Fingernägel" und „Computerspiele" passen.

Um die Schüler bei der Themensuche zu fokussieren, gebe ich ihnen manchmal auch ein weiteres Arbeitsblatt an die Hand, das sie auf die Arbeitsschritte konzentriert (4).

Selbstversuche:

- Medien → 24 Stunden Fernsehen nonstop oder zwei Wochen ohne Smartphone. Je nach Ausrichtung liegt der Anreiz in der Überfütterung oder im Verzicht.
- Ernährung → Eine Zeit vegan leben; als Nicht-Muslim den Ramadan mitbegehen; keine Fertiggerichte essen. Die Versuchsanordnungen ähneln denen der Medien-Selbstversuche.
- Verhalten → Als schüchterner Mensch jeden Tag mindestens zehn Fremde ansprechen oder als ein perfekter Kavalier allen Damen die Tür aufhalten und in den Mantel helfen.
- Kurs → Einen Chinesischkurs besuchen oder einen Kochkurs für Studenten. Hier schlüpft man in die Rolle eines Teilnehmers, vielleicht sogar, ohne sich als Reporter zu outen.

Das Feld der Möglichkeiten bei solchen Selbstversuchen ist unbegrenzt.

Fächerübergreifendes:

- Geschichte → Zeitzeugen (Interview oder Portrait); Besuch im Stadt- oder Staatsarchiv; Ausgrabungsstätten oder andere historische Plätze; Blick hinter die Kulissen oder in die Vorbereitung einer historischen Ausstellung; Berufsportrait eines Historikers / Interview
- Religion → Besuch von religiösen Veranstaltungen / Gottesdiensten / Festlichkeiten verschiedener Religionen; Geistliche und Gläubige → Interviews und Portraits; ethischen Fragen auf der Spur → Wann und unter welchen Umständen darf man lügen? Wann erreicht man in unterschiedlichen Glaubensgemeinschaften die Reife als volles Gemeindeglied?
- Sport → Jugendliche auf dem Weg zum Profisportler (Portrait / Interview); Vorstellung ungewöhnlicher Sportarten; Reportagen von Sportveranstaltungen
- Physik → Vorstellung von Berufen, die ganz konkret mit physikalischen Fragestellungen umgehen (Statiker, Ingenieure im Automobilbereich, Piloten)

Selbstverständlich sind journalistische Formen nicht auf den Deutschunterricht beschränkt. Tatsächlich bieten sich fächerübergreifende Themenstellungen immer wieder an. Ich habe zahlreiche Projekte mit Religions-, Ethik-, Physik- oder Geographielehrern durchgeführt und habe die vermeintliche Distanz zum Fach Deutsch als reizvolles Spannungsfeld empfunden.

Wie wenig sich Journalismus und andere Disziplinen beißen, sieht man schon an den Ressorts in Zeitungen und Zeitschriften. Deshalb wird, wer die Augen beim Lesen offenhält, der sehr reduzierten Liste fächerübergreifender Themen ohne Probleme eine Menge weiterer Punkte hinzufügen können.

Lokales:

- Touristische / kulturelle Besonderheiten → Kirchen, Naturphänomene (Wasserfälle, Moore). Werden besondere Führungen angeboten? Gibt es ausgewiesene Experten unter den Einwohnern?
- Geschichte und Legenden → Ereignisse aus den Weltkriegen oder aus Bauern- und Bürgerkriegen; unaufgeklärte Morde und Verbrechen. Mit Hilfe von Archiven (in seltenen Fällen Zeitzeugen oder Laienexperten) lassen sich manchmal spannende Geschichten rekonstruieren.
- Vereine, AGs, sonstige Gruppen mit speziellen Interessen → Thematisch findet sich hier die ganze Bandbreite von Dingen, mit denen sich Menschen hobbymäßig bis semiprofessionell beschäftigen, von der Vogelspinnenzucht bis zur Autorestaurierung.
- Dorfgemeinschaften, alternative Wohnkonzepte → Alternative Hof- und Dorfbewirtschaftungen, meistens mit ökologischem Schwerpunkt in ländlichen Gegenden; basisdemokratische, genossenschaftliche oder generationenübergreifende Hausgemeinschaften.
- Interessante Menschen → Hierunter fällt alles, womit sich eine gute Geschichte erzählen lässt. Ob es sich um die alte Dame handelt, die als Friedens-

aktivistin illegal in eine Kaserne eingestiegen ist, um ein Friedensbäumchen zu pflanzen und sich dafür eine einjährige Bewährungsstrafe eingehandelt hat. Oder um den Tüftler, der in seiner Freizeit den weltweit ersten Walnuss-Entsafter entwickelt hat.

Diese Rubrik ist mir besonders ans Herz gewachsen. Hintergrund sind Diskussionen, die ich sowohl mit Schülern als auch mit Lehrern besonders in ländlichen Gegenden bereits häufig hatte. „Bei uns ist nichts los, da gibt es keine Themen." So oder so ähnlich lautet die Entgegnung auf meine Aufforderung, Stoffe für Reportagen direkt vor der eigenen Haustür zu suchen. Ich mache mir mittlerweile einen Sport daraus, innerhalb weniger Stunden den Gegenbeweis anzutreten und mindestens zehn spannende Ansatzpunkte zu liefern. Dazu brauche ich nichts weiter als eine Internetverbindung.

Mit diesem Punkt sind wir dann auch wieder am Beginn dieses Kapitels angekommen. Die Themen sind reichlich vorhanden, es geht lediglich darum, sie zu erkennen.

2.2.6 Schülerthemen

Den ersten Rückschlag, den man erleben kann, wenn man mit Schülern nach Themen für ihre Reportagen sucht, habe ich bereits weiter oben beschrieben. Hat man diesen kritischen Punkt überwunden, kann jedoch noch weiteres Ungemach drohen. Die folgende Aufzählung beruht auf ständig wiederkehrenden Mustern und hat vor allem mit der Vermeidung von Aufwand bei der Phase der Recherche zu tun.

Aufwandvermeidung: *Ich suche mir mein Thema aus dem Internet, das meiste weiß ich ohnehin schon.* Netter Versuch. Diesem Schüler schlage ich vor, alles zu vergessen, was er über sein vermeintliches Spezialthema schon weiß und sich einen externen Ansprechpartner zu suchen, der ihm alles noch einmal von vorne erklären kann. Denn der Leser wird aller Wahrscheinlichkeit nach auch bei Null anfangen müssen.

Ich interviewe meine Oma über ihre Erlebnisse aus dem Zweiten Weltkrieg. Nicht zu empfehlen. Texte dieser Art habe ich zu Dutzenden gelesen, sie waren allesamt gähnend langweilig. Und das bestimmt nicht, weil die Großmütter nichts Interessantes zu berichten hätten. Es ist für einen ungeübten Schreiber schlichtweg unmöglich, die nötige Distanz zu einem Interviewpartner herzustellen, der einem zu nahe steht. Außerdem kommt es vor, dass man bereits mehrfach schon früher über diese Inhalte gesprochen hat und Wissen vorausgesetzt wird, das beim Leser nicht vorhanden ist. Die Warnung gilt auch für Konstellationen, die nicht ganz so eng sind. Beliebte Beispiele sind gute Bekannte der Eltern oder Eltern von Schulfreunden.

Ich mache einen Selbstversuch. Auf diese Weise muss ich kein Interview führen. Dies lässt sich nicht von der Hand weisen. Wer es absolut vermeiden will, mit Fremden zu sprechen, ist mit einem Selbstversuch möglicherweise gut beraten. Wer sich jedoch dadurch einen geringen Aufwand erhofft, wird enttäuscht werden. Zu einem guten Selbstversuch gehört nicht nur eine intensive Planung, sondern auch ein klar definierter Zeitraum für die Durchführung und akribische Notizen oder Audioprotokolle. Für einen Jugendlichen ist es nicht so einfach, mal kurz die Ernährung umzustellen oder vier Nächte am Stück nicht zu schlafen. Solche Pläne müssen mit den Erziehungsberechtigten, im Extremfall auch mit einem Arzt abgesprochen werden.

Ich gehe jeden Montag zum Capoeira.[17] *Ich mache meine Reportage über eine Trainingseinheit dort.* Meine Antwort: Kein Problem, das darfst du gerne machen, aber erst, wenn das nächste Spiel der Fußball-Nationalmannschaft durchgehend von einem Feldspieler auf dem Platz kommentiert wird und nicht mehr von einem Reporter auf der Tribüne. Teilnehmen oder reportieren, nur eines geht. Wenn eine solche Teilnahme im Rahmen eines Selbstversuchs stattfindet, ist dies schön und gut. Aber etwas, das man regelmäßig tut und bei dem man nur einmal aussetzt, um die Sportkollegen, die man in- und auswendig kennt, bei ihrem Tun zu beobachten – diese Methode ist zum Scheitern verurteilt. Freilich – es gibt solche Reportagetexte mit teilnehmender Beobachtung durch den Schreiber, aber das unterscheidet Laien von Profis: Profis bringen die nötige Distanz zum beschreibenden Gegenstand auf, Laien bleiben mit ihm emotional verhaftet.

Von all diesen Herangehensweisen rate ich dringend ab. Versuchen Sie auch dann nicht nachzugeben, wenn Schüler betteln oder insistieren. Die Ergebnisse bleiben in der überwiegenden Mehrzahl hinter allen Erwartungen zurück, selbst hinter denen der Schüler selbst. Verbieten kann man es nicht. Nur hoffen, dass sie auf die Erfahrung des Dozenten oder des Lehrers vertrauen. Hinterher sind sie dann meistens klüger. Aber da ich kein Freund des „Ich hab's dir doch gesagt" bin, will ich es nicht unbedingt darauf ankommen lassen.

Neben den Aufwandsvermeidern gibt es die große Gruppe von Schülern, die sich Gedanken zu ihren möglichen Themen machen und oftmals bei einer der Kategorien landen, die ich im Folgenden kurz umreiße:

Tiere: Ich weiß, es ist ein Klischee, aber zu 90 Prozent kommen Tierthemen tatsächlich von Mädchen. Immerhin bietet das Thema eine gewisse Vielfalt:
- Besuche in der Tierarztpraxis,
- Portrait eines Tierheims,
- unterwegs mit einem Hundetrainer oder Hundepsychologen,
- Besuch bei den Ausbildern von Blinden- oder Rettungshunden, Polizeipferden

17 Capoeira ist eine brasilianische Kampfkunst, bei der sich der Kampf mit Tanz vermischt. Bekanntheit und Beliebtheit haben in den letzten Jahren stark zugenommen.

- ein Tag im Zoo an der Seite eines Tierpflege-Auszubildenden.

Soziales: Dieser Themenkomplex ist eng verflochten mit der Größe einer Stadt oder Gemeinde und mit dem familiären / persönlichen Hintergrund der Schüler. Im ersten Fall geht es um die Sichtbarkeit sozialer Unterschiede und die entsprechenden Institutionen; Letzteres hat seinen Ursprung oft in religiösem oder ehrenamtlichem Engagement und Interesse:

- Arbeit und Alltag einer Tafel,
- Besuch der Redaktion einer Straßenzeitung und Begleitung eines der Verkäufer,
- Portrait einer Inklusions-Bildungseinrichtung oder Wohngemeinschaft,
- Lebensgeschichte eines Menschen, der auf der Straße lebt,
- Suppenküche im Winter,
- alternative Stadtführung aus der Sicht eines (ehemaligen) Obdachlosen.

In-Läden: Angesichts der Tatsache, dass Schüler einen Gutteil ihrer Zeit darauf verwenden, eine Persönlichkeit zu entwickeln und für sich austesten, wohin sie gehören und was sie gerne mögen, ist man hin und wieder mit der Konsumseite dieser Entwicklung konfrontiert. Für viele Schüler spielt es eine sehr große Rolle, in welchen Shops sie einkaufen und bei welchen Produkten und Läden sie für sich in Anspruch nehmen, zu den Mitentdeckern zu gehören. Dies findet sich manchmal in der Themenfindung wieder:

- Besuch in einem In-Fashion-Geschäft, Interviews des Verkaufspersonals,
- Portraits von Läden, in denen neue oder bei Jugendlichen neuerdings sehr beliebte Produkte verkauft werden → Cup-Cakes und Bubble-Tea, um nur zwei Beispiele der letzten Jahre zu nennen,
- exklusive und stark thematisierte Läden für bestimmte (Lifestyle-)Produkte → prominente Beispiele sind Apple- oder auch Hollister-Stores.

Wer jetzt wegen des letzten Punktes ein gönnerhaftes Lächeln aufsetzt und denkt, wie leicht Schüler sich doch von Moden und einem vermeintlich lebensveränderndem Besuch in einem gewöhnlichen Geschäft beeinflussen lassen, ist vielleicht ein bisschen voreilig. Ich habe gestandene Zeitungsredakteure bei der Neueröffnung eines Apple-Stores echte Freudentränen vergießen sehen und habe Lehrerinnen beobachtet, die sich nicht mehr einkriegen konnten angesichts der nackten Oberkörper gut gebauter Hollister-Verkäufer. Wir haben es hier mit einem gesellschaftlichen Massenphänomen zu tun, das man ernst nehmen muss – gerade als Thema für Reportagen. Zu Beginn meiner Arbeit mit Schülern hat mir das Gespür dafür gewisse Schwierigkeiten bereitet. Ich hatte mir eingebildet, vor allem solche Themen vermitteln zu können, die *meinen* Interessen gerecht werden und die *meine Neugier* wecken könnten. Schließlich habe ich jedoch eingesehen, darum geht es nicht: Es geht um Themen, die *Schüler* interessieren und neugierig machen.

2.2.7 Übungen

Bei allen hier im Kapitel vorgestellten Übungen zu den Themenbereichen gibt es solche, die man losgelöst von einem Reportageprojekt durchführen kann. Diese Übungen habe ich mit „Übung allgemein" gekennzeichnet. Entsprechend gibt es daneben die „Übungen zur Reportage". Sie würde ich, bei entsprechend vorhandenem Zeitbudget und im Hinblick auf das Ergebnis, vollständig empfehlen.

Übung allgemein: Themenkriterien bestimmen

Die Schüler erhalten eine Reihe von Zeitungsartikeln und müssen sie den oben beschriebenen Themenkriterien zuordnen (siehe Kapitel 2.2.2, 2). Dies kann tabellarisch geschehen oder auch in einer Liste.

Sinnvoll ist, eine große Bandbreite von Artikeln zu präsentieren, sowohl im Hinblick auf die Form als auch was die Kriterienzugehörigkeit anbelangt. Eine zeitlose Reportage kann neben einer aktuellen Meldung und einem lokalen Artikel stehen.

Ich habe die Erfahrung gemacht, dass die Themenkriterien für die Schüler nur sehr schwer zugänglich sind. Deshalb muss man sich darauf einstellen, sehr genau zu erklären, was gemeint ist, selbst wenn die Begriffe kurz vorher gefallen sind. Es hat eine Zeit gedauert, bis mir klar wurde, dass dies nichts mit der Begriffsstutzigkeit der Schüler zu tun hat, sondern damit, dass diese Kategorisierung einer rein redaktionellen Denkweise entspringt, die im normalen Alltag nicht vorkommt. Deshalb ist es auch ratsam, die Schüler in Zweiergruppen arbeiten zu lassen und die Einordnungen anschließend im Plenum zu diskutieren.

Interessant wird es dann, wenn sich herausstellt, dass sich manche Artikel nicht so einfach zuordnen lassen. Vor allem bei „Relevanz" und „Publikumsinteresse" kann man oft trefflich streiten. Gut so. In den Redaktionen tut man das nämlich auch.

Im Grunde ist diese Übung nicht erforderlich, um eine eigene Reportage zu planen und durchzuführen. Sie ist nur eine der Methoden, sich journalistische/redaktionelle Denk- und Argumentationsweisen einzuprägen und anzueignen. Dies hilft später dabei (auch in anderen Kontexten), das eigene Thema zu verorten und zu verargumentieren.

Übung allgemein: Lokal herunterbrechen

Interessante, bahnbrechende oder weltverändernde Ereignisse finden meist dort statt, wo man selbst nicht ist und auf die Schnelle auch nicht hinkommen kann. Stimmt's? Stimmt natürlich nicht. Kommt einem aber so vor, wenn man die Zeitung aufschlägt. Jeden Tag fallen auch in Berlin viele Reissäcke um. Nur gibt es dort eben viele Journalisten, die darauf warten, über irgendetwas schreiben zu können. Und eine Fußball-Weltmeisterschaft kann eben rein rechnerisch nicht sehr oft im eigenen Land stattfinden. Also behilft man sich mit dem *lokalen Herunterbrechen* von weit entfernten Themen von allgemeinem Interesse.

Die Schüler bekommen drei bis fünf dieser Themen – am besten tagesaktuell. Sie haben nun die Aufgabe, diese Themen in lokale Themen zu verwandeln.

Beispiele:
(Teilweise sind mögliche Themenwege bereits weiter oben in den Kapiteln 2.2.4 und 2.2.5 beschrieben, sie sollen hier der Vollständigkeit halber trotzdem aufgeführt werden. Die nähere Beschreibung der Umsetzung findet sich im folgenden Kapitel 2.3 „Recherchen")

1. Fußballweltmeisterschaften/Olympische Spiele
2. Kriegerische Konflikte/Bürgerkriege
3. Wirtschaftskrisen
4. Klima-/Wetterphänomene
5. Stars und Phänomene aus Musik, Film und Mode

Übung zur Reportage: Themenplanung

Der Arbeitsschritt Themenplanung ist unumgänglich und entscheidend. Bereits hier stellen die Schüler die Weichen für den weiteren Verlauf. Die Aufgabe lautet: *Finde drei verschiedene Themen für deine Reportage. Identifiziere daraus das Thema, das du gerne umsetzen willst.* Jedoch sollten auch die anderen beiden Themen wohl durchdacht sein, weil sie möglicherweise als Ersatz in Frage kommen, falls Thema Nummer Eins nicht umsetzbar ist, aus welchen Gründen auch immer.

So frei und einfach die Aufgabenstellung klingt, so weitreichend die Konsequenzen. Je konkreter das Thema geplant ist, je näher die Schüler dabei ihren wirklichen Interessen kommen, desto eher werden sie später bereit sein, Energie und Zeit in Recherche und Text zu investieren.

Deshalb ist es ratsam, sie nicht zu schnell mit einem vermeintlich guten und leicht durchführbaren Ergebnis von der Angel zu lassen, sondern mehrmals nachzubohren: *Ist dies wirklich das Thema, dem du deine Aufmerksamkeit widmen willst? Interessierst du dich tatsächlich dafür oder hast du nur den Eindruck, am wenigsten Aufwand damit zu haben?*

Was ein Schüler nicht einmal ahnen kann, ist, dass die Beschwernis einer Recherche, die etwas mehr Aufwand bedeutet (zum Beispiel einen Anruf und einen Besuch bei einem fremden Ansprechpartner), gering ist im Vergleich zur Frustration, die einen befallen kann, wenn man aus einem lieblos ausgewählten und geplanten Thema und entsprechend dürftigem Material einen mitreißenden Text erstellen soll.

Ich halte es für sinnvoll, diese Übung als Hausaufgabe zu geben. Die Schüler sollen sich selbst im Alltag aufmerksam beobachten und dabei diejenigen Dinge identifizieren, die sie am meisten interessieren. Anschließend sollten die Themen im Plenum besprochen werden, und zwar alle – auch wenn dies sehr viel Zeit in Anspruch nehmen und an manchen Punkten sehr zäh werden kann. Aber die Kommentare der Mitschüler, von „übelst geil" bis „lame" können wertvolle

Regulative sein. Dabei darf es ruhig etwas ruppig zur Sache gehen, das passiert nämlich bei Redaktionskonferenzen auch. Aber die Qualität eines Themas wird mitunter erst dann deutlich, wenn es sich gegen einige Angriffe gewehrt hat.

Meine eigene Rolle sehe ich bei solchen Diskussionen als moderierend und lenkend an. Wenn ich Potenzial sehe, versuche ich den Schüler bei seinem Thema zu halten, wenn ich ein Thema für aussichtslos erachte, soll der Schüler ebenfalls zu dieser Erkenntnis kommen.

Sollte dies einen manipulativen Eindruck erwecken oder sehr nach psychotherapeutischer Beratung aussehen, so stimme ich durchaus zu. So sieht Mentoring nun einmal aus.

Übung zur Reportage: Detail-Themenplanung

Hierbei handelt es sich um eine Fortsetzung der eben beschriebenen Aufgabe. Sie dient der Vertiefung und Konkretisierung eines Reportagevorhabens. Die Schüler bekommen einen vorgefertigten Fragebogen (5), der die folgenden Punkte enthält:

- Titel des Themas
- Wer sind die Ansprechpartner?
- Wo soll die Vor-Ort-Recherche stattfinden?
- Geplanter Inhalt
- Welche Information soll der Leser erhalten?
- Welche Themenkriterien werden erfüllt? (optional)
- Zwei Alternativthemen

Der Planungsbogen umfasst bei mir meist zwei DIN-A4-Seiten, um genügend Platz für Text zu bieten. Die Fragen sind prinzipiell selbsterklärend. Schwierigkeiten haben die Schüler mitunter bei der Unterscheidung der Fragen nach dem Inhalt und der Information, die der Leser aus dem Text zieht.

Was gemeint ist, lässt sich mit einem Beispiel erklären: Beim Portrait einer lokalen Nachwuchsband geht es inhaltlich um die Bandmitglieder, ihre Musik und vielleicht ihre Bühnenshow. Der Leser bekommt jedoch gleichzeitig einen Eindruck davon, wie viel Geduld, Opfer und Glück nötig sind, um im Musikbusiness zu bestehen oder auch nur einen Plattenvertrag zu bekommen. Selbst wenn dieser Punkt gar nicht ausdrücklich zur Sprache kommt, ergibt er sich implizit.

Natürlich können die Schüler so etwas nicht vorhersagen. Aber sie sollen sich zumindest Gedanken darüber gemacht haben, was so alles in ihrer Reportage vorkommen und was erzählt werden könnte. Ohnehin handelt es sich bei solchen Vorhaben immer um eine Prognose, um eine Themeneingrenzung. Dies gilt auch für Profis. In der Realität kommt meistens zumindest teilweise eine ganz andere Geschichte heraus als die, die man ursprünglich erdacht hat. Themen können sich während der Recherche zum Guten (Interessanten) wie auch zum Schlechten (Langweiligen/Banalen) entwickeln.

Nachdem jeder Schüler sein Themenblatt ausgefüllt hat, werden Kleingruppen à drei oder vier Schülern gebildet. Nacheinander werden die Themenvorhaben innerhalb der Gruppe vorgestellt und diskutiert, jeweils etwa zehn Minuten lang. Erneut soll sich jeder von einer potenziellen Leserschaft ein erstes Urteil über das Interesse am Thema abholen.

2.2.8 Beispiele

Fußballstadion – Hinter den Kulissen:
Fragestellung: Was passiert bei einem Fußballbundesliga-Heimspiel des VfB Stuttgart hinter den Kulissen? Wie bereiten sich die Verantwortlichen im Stadion vor, was muss organisiert werden, damit vom Stadionsprecher bis zum Würstchenverkäufer alle an ihrem Platz sind?
Methode: Begleitende Beobachtung und Interviews
Autorin: Melina, 11. Klasse Gymnasium

Unterwegs mit einem Bestattungsunternehmer
Fragestellung: Was gehört zum Beruf des Bestatters, wie geht man mit diesem Beruf und der täglichen Konfrontation mit dem Tod und der Trauer um die Toten um?
Methode: Begleitende Beobachtung und Interview
Autorin: Lena, 8. Klasse Gymnasium

Portrait einer Telefonseelsorge-Mitarbeiterin
Fragestellung: Mit welchen Problemen wird man als Mitarbeiter der Seelsorge konfrontiert, wie wird man dafür ausgebildet?
Methode: Besuch und Interview
Autorin: Nadine, 9. Klasse Hauptschule

Staatliche Münze Stuttgart
Fragestellung: Wie wird Geld geprägt, welche Sicherheitsvorkehrungen sind dafür nötig?
Methode: Besuch, Beobachtung, Interview
Autorin: Cornelia, 8. Klasse Gymnasium

DDR-Museum Pforzheim
Fragestellung: Welchen Repressalien waren die Bürger der DDR ausgesetzt und wie haben sie damit im Alltag gelebt?
Methode: Besuch, Beobachtung, Interview
Autor: Daniel, 10. Klasse Berufskolleg

Schokoladenlabor
Fragestellung: Wie werden neue Schokoladensorten entwickelt? Wer erfindet, wer testet, wer entscheidet, was auf den Markt kommt?
Methode: Besuch, Beobachtung, Interview
Autorin: Ecka, 8. Klasse Gymnasium

Heilfasten
Fragestellung: Wie fühlt es sich an, fünf Tage lang zu entschlacken, zu fasten und den Körper nach einer vorgegebenen Methode zu reinigen?
Methode: Selbstversuch
Autor: Maximilian, 11. Klasse Gymnasium

Diese Themen werden Ihnen noch einige Male begegnen, ich habe sie ausgewählt, um den Weg nachzuzeichnen, den ganz konkrete Ideen von der Entstehung über die Umsetzung bis zum fertigen (beziehungsweise überarbeiteten) Text gehen. Kriterien für die Auswahl gerade dieser Themen waren eine gewisse Bandbreite in Alter und Schulart.

2.3 Recherchen

2.3.1 Vorbemerkung

Wir befinden uns hier nicht beim *Spiegel* oder bei der *Washington Post*, wir wollen keine Skandale in der Dimension von *Watergate* oder der *Barschel-Affäre* aufdecken. Uns geht es auch nicht darum, im Stile Günter Wallraffs die Arbeitsmethoden bei *McDonald's* auszukundschaften. Entsprechend werden Sie auf den folgenden Seiten nicht in die große Kunst des investigativen Journalismus eingeführt.

Auf der anderen Seite soll einem Trend entgegengewirkt werden, der sich in den Schulalltag eingeschlichen hat: Inhalte schlicht aus *Wikipedia* oder anderen Onlineangeboten zu kopieren, ohne die geringste Ahnung zu haben, woher diese Inhalte stammen, geschweige denn, ihre Relevanz und ihre Zusammenhänge zu durchdringen.

Dabei will ich *Wikipedia* und andere User-gefütterten Internetseiten keineswegs als Teufelszeug abtun und den guten alten Brockhaus oder die Stadtbücherei als das Maß der Dinge (bzw. der Recherche) preisen. Die Onlineangebote finden in meiner Arbeit ebenso Verwendung wie vermutlich bei den meisten anderen Journalisten. Die Kunst besteht nur immer darin abzuwägen, in welchen Situationen und für welche Arbeitsschritte man darauf zurückgreift und wann aufwendigere Methoden anzuwenden sind. In diesem Kapitel möchte ich eine ungefähre Vorstellung davon vermitteln, wie diese Abwägung in der Praxis aussieht, welcher Methoden und Hilfsmittel man sich bedienen kann, welchen Nutzen man sich davon versprechen kann und welche Probleme von Seiten der Schüler dabei auftauchen können.

2.3.2 Quellen der Recherche

- Wo kann ich nachsehen?
- Wen kann ich fragen?
- Wo ist der Ort des Geschehens?

Damit wären dann auch schon die wichtigsten Fragen der Recherche und der Suche nach Quellen genannt. Damit hat es sich aber auch schon mit der Überschaubarkeit. Dem Journalisten stehen unzählige Wege, Mittel, Ansprechpartner und Quellen zur Verfügung. Die Kunst besteht nun darin, im jeweiligen Moment aus dieser Vielzahl von Möglichkeiten, die eine zielführende herauszufinden. In dem folgenden Abschnitt sind die wichtigsten Recherchemittel aufgeführt, die Journalisten an ihrem Arbeitsplatz bereithalten oder derer sie sich möglichst ohne großen Aufwand bedienen können sollten.

Telefonbücher, Behördenverzeichnisse: Wenn man lokale und regionale Ansprechpartner sucht, ist man mit den klassischen Hilfsmitteln ganz gut ausgestattet. Im normalen Telefonbuch oder in den *Gelben Seiten* finden sich alle Unternehmen, Behörden und sonstigen Einrichtungen, auf die man zurückgreifen kann. Manche Städte und Kreisverwaltungen bieten darüber hinaus Behördenverzeichnisse an, in denen bestimmte Ansprechpartner gleich mit Fachgebiet namentlich gelistet sind. Die Verzeichnisse sind auch online gut verfügbar.

Früher gehörte in allen Redaktionen das *Taschenbuch des Öffentlichen Lebens*, nach seinem Begründer meist kurz *Oeckl* genannt, zur Standardausrüstung. Darin sind alle wichtigen Akteure, Einrichtungen und Behörden des gesellschaftlichen Lebens Deutschlands (und mittlerweile auch Europas) aufgeführt, samt Kontaktdaten. Der *Oeckl* hat aber dank der beschriebenen Internetverzeichnisse an Bedeutung verloren. Als Druckversion kostet das laufend aktualisierte Buch weit über 100 Euro.

Personenverzeichnisse, Enzyklopädien, Almanache: Auch diese Sparte hat in Zeiten von *Wikipedia* und Co eklatant an Bedeutung verloren. Wer früher nach Biografien von Personen des öffentlichen Lebens suchte, kam um das *Munzinger-Archiv*, das als Loseblattsammlung ständig aktualisiert wurde, kaum herum. Aktuelles Weltgeschehen und Länderstatistiken holte man sich aus Jahrespublikationen wie *Fischer Weltalmanach* oder *Aktuell* des Harenberg-Verlags. Außerdem gehörten der *dtv-Brockhaus* oder *Meyers Taschenlexikon* zur Pflichtausstattung. All diese Publikationen sind mittlerweile verzichtbar geworden und stehen höchstens noch aus nostalgischen Gründen in den Regalen oder weil noch niemand dazu kam, das Abo zu kündigen.

Monografien, Fachliteratur: Wer sich intensiv und erschöpfend mit einem Thema beschäftigen will, kann dies natürlich in fast unbegrenztem Maße in Bibliotheken und Buchhandlungen tun. Vor übermäßigem Gebrauch mit Fachliteratur rate ich aber ab, vor allem bei der Arbeit mit Schülern. Die Gründe dafür werden später in diesem Kapitel erörtert werden.

Persönliches Archiv, Adressbuch, Ortskenntnis: Jeder Journalist legt sich im Laufe der Jahre ein persönliches Archiv an. Ganz automatisch wird man über die Jahre zum Experten für bestimmte Dinge, das schlägt sich dann in den eigenen Regalen, Ordnern und Schubladen nieder.

Musikjournalisten sammeln und archivieren CDs, Schallplatten, Kritiken und Künstlerbiografien. Lokaljournalisten bewahren Wahlkampfprospekte, Wahlergebnisse, wichtige Sitzungsprotokolle und Artikel aus dem Lokalteil auf.

Ein analoges Vorgehen kann ich Ihnen nur ans Herz legen. Sammeln Sie alles, was für Recherchen Ihrer Schüler wichtig werden könnte. Zeitungsartikel mit interessanten Themen, Namen von Experten, Politikern und Pressesprechern – notieren Sie Namen von Menschen mit ungewöhnlichen Hobbys oder bemerkenswerte Werdegänge ehemaliger Schüler.

Zusammen mit dem persönlichen Themenkatalog ergibt sich so ein reichhaltiger Fundus, auf den Sie während der Arbeit mit Ihren Schülern zurückgreifen können.

Wörterbücher, Sprachhilfen: Vergessen wird gerne, dass auch die Suche nach den richtigen Worten ein Teil der Recherche ist, ein sehr essenzieller sogar. Auf keinem Journalistenschreibtisch sollten deshalb einige grundlegende Bücher fehlen. Hier empfiehlt es sich ausnahmsweise noch, auf Printwerke zurückzugreifen (und dazu zähle ich mittlerweile auch CD-ROM-Ausgaben, weil sie auf dem Rechner offline zur Verfügung stehen). Hier sind die Wikis meiner Ansicht nach noch nicht ausgereift genug, und auch die Werkzeuge, die huckepack mit Textverarbeitungssoftware ausgeliefert werden, haben noch Verbesserungspotenzial, das werden alle bestätigen, die sich schon einmal mit dem Thesaurus von *Word* im Kreis gedreht haben.
Folgende Werke sollten immer griffbereit sein:

- Universalwörterbuch
- Synonymwörterbuch
- Stilwörterbuch
- Bildwörterbuch

In vielen Klassenzimmern, die ich besucht habe, gibt es kleine Bücherregale, in denen sich zumindest ein Rechtschreibwörterbuch findet. Spätestens bei der Textüberarbeitung bietet es sich an, den Schülern auch mal die anderen Wörterbücher vorzuführen. Vor allem das Bildwörterbuch stößt dabei immer wieder auf großes Interesse, weil es sich um eine Art von Wörterbuch handelt, die den meisten unbekannt ist.[18] Ansonsten scheint mir der Umgang mit der Rechtschreibung von Schülerseite oft sehr lax gehandhabt. Dabei haben Schüler mit den automatischen Korrekturhilfen ihrer Textverarbeitungsprogramme eigentlich ausgezeichnete Werkzeuge zur Hand, ohne großen Aufwand relativ viele Fehler aus einem Text zu tilgen. Nicht einmal diese einfache Methode, die nicht mehr als zweimaliges Knopfdrücken erfordert, wird regelmäßig genutzt. Ich habe keine Ahnung, ob es Faulheit, Unachtsamkeit oder mangelnder Respekt vor dem Produkt Text ist. Selbst auf vielfaches Nachfragen habe ich darauf noch keine befriedigende Antwort erhalten. Jedoch habe ich die Feststellung gemacht, dass man mit journalistischen Texten ordentlich Werbung für den Gebrauch dieser Hilfsmittel und sogar für eigene Korrekturanstrengungen machen kann. Das hat viel mit Plausibilität zu tun. Denn journalistische Textformen, ob Nachricht oder Reportage, sind von ihrer Natur her für die Veröffentlichung bestimmt. Es leuchtet Schülern recht rasch ein, dass dafür Rechtschreibung und Kommasetzung stimmen müssen.

Im Übrigen lassen sich auch hier persönliche Erfahrungen und Präferenzen zu einem nützlichen Werkzeug verarbeiten. Ich habe vor Jahren damit begonnen, eine Stilfibel zu führen. Darin sammle ich Wörter, Formulierungen und allgemeine Dinge, die mir im Zusammenhang mit Sprache aufgefallen sind, meistens in den Texten von Schülern, aber auch in meinen eigenen Texten. Unter den Rubriken der Stilfibel finden sich:

- Klischeeformulierungen: „da bleibt kein Auge trocken" – „für jeden Geschmack etwas dabei" – „himmelhoch jauchzend und zu Tode betrübt" → Diese Formulierungen sind so abgegriffen, dass ich sie, wenn möglich, aus allen Texten verbannt wissen will. Sie haben sich im Laufe der Zeit in Satzbausteine verwandelt. Und nichts wirkt in einem Text weniger individuell und elaboriert als Satzbausteine, es sei denn, sie werden ironisch gebrochen.
- Pathos: „… stimmt in das Jubellied der Verliebten ein …" – „… in die Welt der mittelalterlichen Klänge entführen …" – „beehren" → Auch wenn gegen bildhafte, starke und manchmal auch gewaltige Formulierungen nicht grundsätzlich etwas einzuwenden ist, überhand nehmen sollten sie nicht.
- Formales: Die unter dieser Rubrik zusammengefassten Punkte sind, wie sich jeder denken kann, vielfältig. Hier sei vor allem die Verwendung von Anführungszeichen hervorgehoben. Schüler tendieren dazu, sie entweder gar nicht zu verwenden (was leider oft gleichbedeutend ist mit dem Weglassen direkter Zitate, auch wenn sie während der Recherche ein Interview geführt haben) oder aber sehr verschwenderisch mit ihnen umzugehen. Besonders beliebt ist der Einsatz von Anführungszeichen bei Wörtern oder Formulierungen, die

18 Hier lohnt es sich, eine kleine Portion Geduld und Toleranz mitzubringen. Vor allem Siebt- bis Neuntklässler entdecken meist nach kürzester Zeit die Seiten, auf denen die menschliche Anatomie in Bild und Wort dargestellt ist. Hier heißt es nachsichtig sein und fünf Minuten abwarten, bis sich die Gemüter wieder einigermaßen beruhigt haben.

von den Schülern als besonders gewagt empfunden werden. Sie dienen dann als eine Art Absicherung, weil man sich sprachlich angreifbar gemacht hat.

- Ausrufezeichen: Ähnliches Maßhalten gilt bei Ausrufezeichen. Ich habe einige Schülertexte gelesen, deren Sätze grob geschätzt zur Hälfte mit Ausrufezeichen abschließen. Das Prinzip dahinter leuchtet mir ein. Die Schüler haben sehr viel Arbeit, Zeit und Mühe in ihre Reportage investiert. Jedem Satz wird im Kopf beim Formulieren noch einmal besondere Bedeutung und besonderer Nachdruck verliehen. Dies drückt sich dann in einem Satzzeichen aus. Ich gehöre sicher nicht zu den Puristen, die den Gebrauch von Ausrufezeichen per se für falsch und fragwürdig halten. Doch ich halte es in den meisten Fällen für unnötig. Abgesehen davon schwächt sich die Wirkung schon durch die häufige Wiederholung ab, der eigentliche Zweck kann also gar nicht erfüllt werden.

Die genannten drei Punkte sind nur ein winziger Ausschnitt aus meiner mittlerweile sehr umfangreichen Sammlung stilistischer Auffälligkeiten, Fallstricke und Unfälle. Mehr ins Detail gehen will ich nicht, und zwar mit gutem Grund. Wenn es um sprachliche Stilfragen geht, wird ohnehin jeder seine persönliche Meinung sowie seinen persönlichen Geschmack vertreten – und das ist auch gut so.

Ich halte es übrigens für wenig produktiv, stilistische Vorgaben zu machen, bevor die Schüler ihre Texte geschrieben haben. Was soll der Nutzen einer Art Checkliste sein, anhand derer die Schüler beim Schreiben sehen können, was sie am besten nicht schreiben sollen – was sie aber vermutlich ohnehin nicht geschrieben hätten. Außerdem kann es vorkommen, dass eine Formulierung an einer bestimmten Stelle passend ist, obwohl man sie grundsätzlich lieber auf eine Streichliste gesetzt hätte.

Es ist also besser, eine Stilfibel anhand der aktuell im Raum stehenden Texte jedes Mal aufs Neue zu erstellen. Das bedeutet zwar einen gewissen Zusatzaufwand, lohnt sich aber, weil Schüler (und übrigens auch Profiautoren) einsichtiger sind, wenn man am konkreten Beispiel diskutiert und nicht an einem entfernten Text, den man selbst nicht zu verantworten hat.

2.3.3 Phasen der Recherche

Zunächst einmal muss man sich vor Augen führen, was man mit der Recherche bezweckt. Da es sich dabei um ein sehr vielschichtiges Handwerk handelt, das in unterschiedlichen Phasen der Arbeit auf unterschiedliche Weise eingesetzt wird, sollen hier erst einmal die Begrifflichkeiten geklärt werden.

Erste Informationen: Basisrecherche

Auftrag: Ganz egal mit welchem Thema ich mich in meiner Reportage beschäftigen will, brauche ich zunächst einmal einen groben Überblick über dieses Thema. Womit habe ich es zu tun, in welchem größeren Kontext bewegt sich dieses

Thema? Hat das Thema einen wissenschaftlichen Hintergrund, sollte man wenigstens einigermaßen den Stand der Forschung kennen. Handelt es sich um ein kontroverses Thema, sollte man den Verlauf der öffentlichen Diskussion, die wichtigsten Argumente und ihre Vertreter vor Augen führen. Nicht zuletzt dient die Basisrecherche auch der Identifizierung von Experten, Ansprechpartnern, Firmen und Organisationen, an die man sich für weitere Informationen wenden kann.

Mittel: Hier bietet tatsächlich das Internet einen guten und schnellen Einstieg. Mit wenigen Klicks und Sucheingaben bei *Google* oder *Wikipedia* kann man sich einen Überblick verschaffen. Weiterhin bedient man sich Telefonbüchern sowie Behörden- und Expertenverzeichnissen.

Verwendung: Wohlgemerkt geht es in dieser Phase noch nicht darum, Material zu generieren, das man in dieser Form verwendet. Nach der Basisrecherche sollte man sich über folgende Punkte im Klaren sein:

- Welches sind die interessantesten Aspekte meines Themas?
- Unter welcher konkreten Fragestellung nähere ich mich diesem Thema an?
- Welche Personen will und kann ich befragen?
- Wo findet meine Vor-Ort-Recherche statt?
- Wie sieht mein Text am Ende aus?
- Welche Geschichte soll in diesem Text erzählt werden?

Erste Kontaktaufnahme

Auftrag: Bin ich bei der Stelle/bei dem Ansprechpartner, die bzw. den ich mir ausgesucht habe, an der richtigen Adresse für die Art von Recherche/Interview/Besuch, die ich mir vorgestellt habe? Ist der Ansprechpartner bereit, mit mir zu sprechen und oder mir einen Termin einzuräumen? Falls ja, kann ein Termin vereinbart und geklärt werden, was während dieses Termins besichtigt, besprochen und gegebenenfalls fotografiert werden kann?

Mittel: Für gewöhnlich finden solche Anfragen telefonisch statt. In seltenen Fällen, also wenn es sich um eine kleine Galerie handelt oder um eine Einrichtung um die Ecke, in der man jemanden kennt, kann man auch persönlich vorstellig werden. Letztere Methode ist jedoch mit Vorsicht zu genießen. Denn bei einem unangekündigten Besuch ist die Wahrscheinlichkeit, jemanden auf dem falschen Fuß zu erwischen, ungleich höher. Und da man in unserem Zusammenhang als Bittsteller kommt, nicht als ein Vertreter eines mächtigen Medienorgans, tut man gut daran, nicht mit der Tür ins Haus zu fallen.

Übrigens gilt: Alle Unternehmen, Organisationen und Einrichtungen ab einer bestimmten Größe unterhalten eine Stelle für Presse- und Öffentlichkeitsarbeit. Es ist unbedingt zu raten, sich bei Kontaktaufnahme zunächst an diese Stelle zu wenden. Dies hat zwei entscheidende Vorteile: Die Pressestelle weiß genau, welcher Ansprechpartner im Hause am besten geeignet ist, über das entsprechende Thema Auskunft zu geben, beziehungsweise sie übernimmt die Aufgabe, dies herauszufinden. Zweitens sitzen in der Pressestelle für gewöhnlich Mitarbeiter mit einer journalistischen Ausbildung. Viele haben darüber hinaus einmal selbst für eine Redaktion gearbeitet. Sie wissen, was man braucht, und wenn sie versprechen sich zu melden, hat man bessere Chancen, dass dies geschieht als wenn man über verschlungene Pfade mit einer Abteilung verbunden wurde, die eigentlich mit ganz anderen Problemen beschäftigt ist als damit, sich um den Kontakt mit Journalisten zu kümmern.

Bei bundesweit vertretenen Unternehmen kann dies dazu führen, dass man zunächst mit der Zentrale in München telefoniert, obwohl man in Hamburg lebt und dort auch die Niederlassung besuchen will. Große Unternehmen haben eine einheitliche Strategie im Umgang mit Presse und Öffentlichkeit. Da ein Filial- oder Regionalleiter auch die gesamte Struktur oder Marke repräsentiert, muss er ohnehin Rücksprache mit der Zentrale halten. Indem man gleich dort anfragt, erspart man sich und dem Gegenüber zusätzliches Hin und Her und signalisiert darüber hinaus, dass man Profi genug ist, um zu wissen, welche Wege zu gehen sind.

Verwendung: Waren die Kontaktaufnahme und die damit verbundene Vereinbarung eines Besuchs- und Interviewtermins erfolgreich, kann man sich daran machen, konkreter zu planen. Nun weiß man, mit wem man es zu tun hat und kann gegebenenfalls weitere Recherchen zu dieser Person anstellen. Man kann damit beginnen, ausgehend vom Ort und Gegenstand des Termins, detailliert Interview- und Leitfragen zu notieren.

Vor-Ort-Recherche

Auftrag: möglichst ausführliche und umfangreiche Informationen zusammentragen, Beobachtungen, Eindrücke, Aussagen – wenn möglich und gewünscht auch Fotos und Audio-Aufnahmen. Die genauen Handlungsanweisungen sind analog zu denen, die die Schüler während der Spontanreportage bekommen haben und die ich in Kapitel 1.2.3 bereits ausführlich beschrieben habe. Was jedoch diese Recherche hier von der ersten unterscheidet ist die Tatsache, dass man nun nicht mehr als anonymer Reporter zusammen mit vielen Kollegen unterwegs ist und in der Masse der Besucher vor Ort „unsichtbar" wird. Nun ist man auf eigene Vereinbarung und auf Einladung des Gastgebers da, wird in Empfang genommen und herumgeführt, setzt sich für ein Interview an einen Tisch und so weiter.

Was man jetzt versäumt zu erfragen, nachzusehen, zu fotografieren oder aufzunehmen, lässt sich möglicherweise nicht mehr nachholen. Deshalb sollte die Vor-Ort-Recherche möglichst akribisch und detailliert geplant werden. Ich empfehle, eine Checkliste anzulegen und sie vor Ort tatsächlich abzuhaken. Es hat nichts Ehrenrühriges, während einer Besichtigung oder eines Interviewtermins immer wieder einen prüfenden Blick auf die Unterlagen zu richten. Die Liste (6) sollte folgende Punkte enthalten:

- Beobachtungsvorhaben: Was will ich sehen, wonach will ich fragen?
- Volle Namen und Funktionen aller Personen, insbesonders Ansprechpartner, erfragen, mit denen ich während meines Besuchs zu tun habe. Bei Unklarheit immer nachfragen, sich die Namen gegebenenfalls buchstabieren oder gar aufschreiben lassen. Man kann auch nach Visitenkarten fragen.
- Gibt es vor Ort Informationsmaterial, zum Beispiel in Form von Broschüren, Merkblättern oder Ähnlichem?
- Eine vollständige Liste mit den Interviewfragen, die gestellt werden sollen.
- Eine vollständige Liste mit Fakten, Zahlen und Daten, die während der Basisrecherche gesammelt wurden und die ich vom Ansprechpartner bestätigt haben will.
- Was soll alles fotografiert werden? Falls es keine Erlaubnis zum Fotografieren gibt – gibt es Pressefotos, die man honorarfrei verwenden darf?

Mittel: Notizblock und Stift sollten in keinem Fall fehlen. Auch ein Fotoapparat (oder im Notfall ein fotofähiges Smartphone) gehören zur Grundausrüstung. Je nach Geschmack und Anforderung kann man darüber hinaus ein Diktiergerät verwenden.

Verwendung: Was man während der Vor-Ort-Recherche sammelt, ist das Material, mit dessen Hilfe man am Ende die Geschichte erzählt. Diese besondere Bedeutung und Wichtigkeit sollte man sich bei Planung und Durchführung vor Augen halten. Hier darf nichts schiefgehen. Ein Zuviel gibt es deshalb in dieser Phase nicht. Eine alte Reporter-Faustregel besagt, dass man später nur ungefähr zehn Prozent der gesammelten Informationen in einem Zeitungstext unterbringen kann. Welche zehn Prozent dies jedoch sind, kann man vor Ort noch nicht wissen.

Interview

Das Interview findet meist während der Vor-Ort-Recherche statt. Trotzdem sei es hier nur der Vollständigkeit halber erwähnt. Ausführlicher ist es im folgenden Kapitel 2.4 dargestellt.

Nachrecherche

Auftrag: Alle strittigen und unklaren Punkte aus der Basisrecherche und der Vor-Ort-Recherche noch einmal überprüfen. Dies betrifft insbesondere (Jahres-)Zahlen, Namen, Positionen und Zusammenhänge. Natürlich muss man nicht noch einmal akribisch alles durchgehen. An den Stellen, an denen man sich nicht mehr sicher ist, führt jedoch kein Weg daran vorbei und auch sonst kann die eine oder andere Stichprobe nicht schaden.

Mittel: Wie bei der Basisrecherche kann man hier in den meisten Fällen auf das Internet zurückgreifen. Schließlich geht es hier nur ums Verifizieren oder die Korrektur von Daten und Fakten, die man schon gesammelt hat. In seltenen Fällen kann es notwendig sein, noch einmal telefonisch Kontakt mit Ansprechpartnern oder Pressesprechern aufzunehmen.

Verwendung: Die etwaigen Korrekturen fließen direkt in den Text ein. Es lohnt sich also, nur diejenigen Fakten zu kontrollieren, die man auch definitiv verwenden will, ob nun direkt oder indirekt. Die Nachrecherche steht also meistens ganz am Ende des Produktionsprozesses.

2.3.4 Gründlichkeit ist alles. Wirklich?

Zugegeben, diese Überschrift ist nicht besonders originell. Wenn ich darin meiner Behauptung das Fragewort folgen lasse, kann es sich ja wohl nur um ein rhetorisches Konstrukt handeln. Inhaltlich darauf verzichten wollte ich dennoch nicht, weil mir die Aussage einfach zu wichtig ist. Wenn Sie ein journalistisches Lehrbuch zur Hand nehmen, werden sie meistens mit der Forderung nach einem Mehr an Recherche konfrontiert. Eingeleitet durch die Klage darüber, dass viele Journalisten verlernt hätten, wie Recherche überhaupt funktioniert.

> Tatsächlich spielt im Alltag der meisten Medienredakteure die Recherche keine so herausragende Rolle. In erster Linie müssen Agenturmeldungen und Pressecommuniqués bearbeitet sowie die Texte externer Mitarbeiter und Korrespondenten redigiert und aufpoliert werden. Vor allem bei Tageszeitungen und beim privaten Rundfunk erschöpft sich die redaktionelle Arbeit vielerorts in der Verarbeitung und Bewertung des Informationsinput; eher selten gilt sie der eigenständigen Informationsbeschaffung. (Haller 2000, S.17)

Wohlgemerkt stammt diese Aussage aus dem Jahr 2000. Da ging es den deutschen Radio- und Zeitungsredaktionen noch vergleichsweise gut, da war die Personaldecke einigermaßen lückenlos und das Blättersterben hatte noch nicht eingesetzt. Auch hatte sich das Internet zu dieser Zeit noch nicht in die letzten Redaktionswinkel vorgeschlichen. Es gab also durchaus noch Journalisten, die mit klassischen und altgedienten Mitteln sowie ebensolchen Methoden arbeiteten.

Irgendwie ist dieses (vielfach wiederholte) Lamento bis ins öffentliche Bewusstsein durchgesickert. Es kommt durchaus vor, dass ich bei Schulbesuchen von Lehrern angesprochen werde, ich solle die Schüler durchaus zur gründlichen Recherche auffordern und selbstverständlich stünde mir dazu auch die Schulbibliothek zur Verfügung und gegebenenfalls könne man einen gemeinsamen Ausflug in die Stadtbücherei unternehmen. Ich habe in den vielen Jahren, die ich nun journalistische Projekte durchführe, mit meinen Schülern oder sonstigen Teilnehmern niemals eine Bücherei betreten. Es sei denn, die Werkstatt selbst fand in einer solchen statt.

Mittlerweile habe ich den Eindruck gewonnen, es mit einem Missverständnis zu tun zu haben. Natürlich beklagen sich Haller und viele andere Autoren über zu wenig Recherche. Aber sie meinen dies nicht im Sinne einer mangelhaften Buch- oder Zeitschriftenrecherche. Insofern ist das Missverständnis vielleicht ein akademisches. Denn wer ein wie auch immer geartetes Studium durchlaufen hat, wird darauf eingeschworen, für jede These, die nicht aus der eigenen Feder stammt, eine Quelle und den dazugehörigen Autor anzugeben. Nach diesem Prinzip arbeiten Journalisten auch. Was die Recherche-Kritiker bemängeln, ist der zunehmende Second-Hand-Journalismus, d.h. das Sich-Aneignen von vermeintlichen Fakten, ohne sie einer vorherigen Prüfung zu unterziehen. Was vor 13 oder 15 Jahren bereits ein problematisches Phänomen war, hat mittlerweile ungeahnte Blüten getrieben, angestachelt – wie soll es auch anders sein – durch das Internet oder soziale Netzwerke und Dienste wie *Twitter, Wikipedia* und *Facebook*. Besonders spektakuläre Fälle werden, wenn sie denn auffliegen, mit viel Häme in der Öffentlichkeit diskutiert und kommentiert. So wie im Jahr 2009 der Namens-Wirrwarr um den damaligen Bundeswirtschaftsminister Karl-Theodor von und zu Guttenberg. Ein Fälscher hatte im *Wikipedia*-Eintrag „zu Guttenberg" den zehn korrekten Vornamen einen elften hinzugefügt. Was an sich noch nicht schlimm gewesen wäre, solche Scherze geschehen jeden Tag. Problematisch war nur, dass dieser falsche Name in zahllosen Artikeln über von und zu Guttenberg gelangte, weil Journalisten die Vornamenreihe einfach herauskopierten und in ihre Artikel einfügten. Unter den Blättern, die auf den Scherz hereinfielen, waren auch journalistische Flaggschiffe wie der *Spiegel*. Auch wenn die betroffenen Medien danach in einer Mischung aus Zerknirschung und Selbstironie Besserung gelobten, blieb ein schaler Nachgeschmack zurück. Wer weiß schon, wie viele ähnliche Patzer tagtäglich unter den Teppich gekehrt werden?[19]

In den Nachbereitungen dieser Fälle war, beispielsweise auch beim Spiegel, als eine Entschuldigung zu lesen, die Eile des Themas hätte es den verantwortlichen Autoren und Redakteuren nicht erlaubt, die Internet-Quellen zu prüfen. Tatsächlich wird dieses Argument mittlerweile gebetsmühlenartig wiederholt, wann immer etwas gründlich schiefläuft. Das Internet sei eben ein schnelles Medium, man könne es sich nicht leisten, als einzige Publikation auf bestimmte Themen zu verzichten, nur weil keine Zeit zur Recherche bleibe. Man müsse mitziehen, um zu überleben. Mein Einwand dazu: Was bringen uns überlebende Medien, die schlecht recherchiert und voller Fehler sind? Spinnern, Falschmeldungen und Werbeaktionen ist auf diese Weise Tür und Tor zum an ernsthaften Inhalten interessierten Publikum geöffnet. Dass es darüber hinaus nicht immer um den Faktor Zeit, sondern auch um Bequemlichkeit geht, habe ich selbst einmal erlebt. Ich erhielt von einer Zeitungsredaktion den Auftrag, einen Musikver-

19 Der Spiegel veröffentlichte eine Korrektur samt Entschuldigung: www.spiegel.de/politik/deutschland/in-eigener-sache-falscher-wilhelm-bei-minister-guttenberg-a-606912.html, recherchiert am 11.12.2013.
Die Süddeutsche Zeitung, der der Namens-Hoax in die Online-Ausgabe rutschte, hat sich später auch in glossierter Form mit dem Thema auseinandergesetzt: www.sueddeutsche.de/kultur/minister-guttenberg-falscher-vorname-die-welt-als-wilhelm-und-vorstellung-1.471072, recheriert am 11.12.2013.

lag in der Nähe von Stuttgart zu portraitieren. Dieser Verlag hatte sich auf kubanische Musik spezialisiert und eine seiner neuesten CD-Produktionen war für den Latin Grammy nominiert worden. Ein Besuchs- und Interviewtermin war bereits vereinbart worden, teilte mir die Redaktionssekretärin mit und nannte mir die Anzahl der Zeilen, die ich liefern sollte. Außerdem leitete sie mir die Mail mit der Pressemitteilung weiter, die der Verlag verschickt hatte.

Ich tat das, was ich meistens tue, wenn ein solcher Auftrag kommt und was vermutlich auch viele meiner Kollegen tun: Ich googelte. Dabei stieß ich auf ein gutes Dutzend von Veröffentlichungen und Meldungen anderer Zeitungen und sogar zwei Radioberichte. Da hatten also einige Redaktionen noch schneller reagiert und die Pressemitteilung entweder nachrichtlich verarbeitet oder aber Interviews mit dem Chef des Musikverlags geführt und portraitierende Reportagen geschrieben – wie ich das auch tun sollte. Eher zufällig geriet ich im Laufe meiner Recherche auf die offizielle Homepage des Latin Grammy. Nicht so sehr weil mich der Eifer gepackt hatte, sondern weil ich mich mit Latin-Musik und dieser Auszeichnung sehr wenig auskannte. Ich wollte nachschauen, in welchen Kategorien dieser Grammy verliehen wird und welches die anderen Künstler waren, die mit dem Stuttgarter Nominierten um den Preis konkurrierten. Als ich auch beim dritten Durchlauf der Nominiertenliste keine Spur fand von der Band, die bei meinem Interviewpartner unter Vertrag stand, dämmerte mir, dass ich es hier mit einem riesigen Irrtum zu tun hatte. Ein paar Telefonate mit der Redaktion und mit dem Musikverlag klärten die Situation schließlich auf: Das weltweit agierende Plattenlabel, das für den Vertrieb des Stuttgarter Verlags zuständig war, hatte diesem in einem englischsprachigen Fax mitgeteilt, man habe die besagte CD für die laufende Latin Grammy-Nominierung eingereicht. Der Verlagsleiter hatte diesen Vorschlag als Nominierung missverstanden und in seiner Euphorie sofort Pressemitteilungen verschickt.

Ich will mich damit nicht zum besten aller Rechercheure stilisieren. Jedoch ist dies ein weiteres Beispiel dafür, wie kleinste Versäumnisse bei der Recherche weitreichende Auswirkungen haben können. Dabei kann man durch sehr simple und naheliegende Handgriffe schon mal das Schlimmste verhindern. Im Falle von und zu Guttenbergs hätte ein Blick in das „Genealogische Handbuch des Adels" dem *Spiegel* die Peinlichkeit eines falschen Namens erspart. Und einige namhafte Medienbetriebe hätten keine voreiligen Artikel und Beiträge über einen deutschen Latin-Grammy-Anwärter veröffentlicht, wenn sie sich nur mal die offizielle Nominiertenliste angesehen hätten.

Recherche ist kritisch

So ist auch die Aussage von Haller zu verstehen: Vermeintliche Fakten, die in die Redaktion flattern, ob als Pressemitteilung oder als Internetlexikoneintrag, sollen nicht einfach als gegebene Größe genommen, sondern zumindest gegengeprüft werden, auch wenn dies ein wenig Zeit und Anstrengung kostet.

Recherche ist ehrlich

Der Journalist ist nicht nur dem Leser gegenüber zur Wahrheit angehalten, sondern auch sich selbst gegenüber. Dazu gehört, ein Thema auch mal aufzugeben, wenn man feststellt, dass alle Recherchewege in eine Sackgasse führen. So banal dies klingen mag, in der Realität kann es sehr schwierig und schmerzhaft sein, sich von etwas zu trennen, an dem man tage- oder wochenlang gearbeitet hat. Vielleicht ist ja nicht alles Material verloren, das dabei anfiel; manchmal bringt man Dinge in Erfahrung oder knüpft Kontakte, die einem an anderer Stelle dienlich sind.

Recherche ist offen

Dieses Prinzip ist eng mit dem vorherigen verwandt. Ebenso wie eine Recherche im Sande verlaufen kann, kann sie auch die Richtung wechseln. Wenn sich nämlich ein Aspekt, der nur am Rande auftauchte, plötzlich als viel interessanter erweist als das eigentliche Thema. Der Journalist sollte ein Gespür dafür haben und bei zielgerichteter Arbeit den Blick nach links und rechts nicht verschließen.

Recherche ist fair

Dies sollte sich von selbst verstehen. Wenn eine Recherche ein kontroverses Thema aufgreift, sei es nun eine politische Entscheidung oder die Aussage einer Person, darf nicht nur in eine Richtung ermittelt werden. Überall dort, wo verschiedene Meinungen im Spiel sind, sollen verschiedene Meinungen auch wiedergegeben werden.[20]

Recherche ist ausgewogen

Manchmal lässt sich die Ausgangsthese einer Recherche weder bestätigen noch widerlegen. In diesem Fall ist es journalistische Pflicht, dies auch so darzustellen. Auch Mehrdeutigkeit und Zweifel sind zulässige Ergebnisse eingehender Prüfung.

Recherche ist angemessen

Nicht jedes Thema und nicht jede Form erfordern denselben Rechercheaufwand. Wenn man einen Veranstaltungshinweis in Länge einer Kurznachricht abdrucken will, kann man getrost ohne Gegenprüfung arbeiten, es sei denn, etwas daran kommt einem sehr spanisch vor.

Als Faustregel kann gelten: Der Rechercheaufwand steigt proportional zur Länge des Textes, zur Position und zum explosiven Potenzial. Vor allem wenn

20 Dies heißt im Übrigen nicht, dass der Journalist nicht auch Stellung beziehen kann. Er soll das durchaus tun, dafür hat der Journalismus Formen wie Kommentare, Glossen, Rezensionen und sonstige Meinungsformen hervorgebracht. Nur ist es ein Unterschied, ob man diese Meinung an den Anfang einer Recherche stellt oder ob man der Recherche erlaubt, Einfluss auf eine Meinung zu nehmen, sie im Einzelfall bestärkt oder aber über den Haufen wirft.

die Publikation des Artikels die öffentliche Meinung zu einem Thema komplett umkrempelt, die finanzielle Handlungsfähigkeit eines Unternehmens anzweifelt oder illegale Machenschaften aufdeckt, sollte man lieber zweimal prüfen, bevor man in die Tasten greift.

Ein guter Journalist hat ein Gefühl dafür, welches Thema welcher Menge und Intensität an Recherche bedarf. Dieses Gefühl speist sich im besten Fall aus der Erfahrung und einem Bewusstsein für die Verantwortung dem Leser und dem Thema gegenüber.

Am Ende gibt es viele Wege, die eine Recherche nehmen kann. Die unvorhergesehenen können die spannendsten sein. Vieles ist jedoch meistens kleinteilige Fleißarbeit. Auf jeden Fall erkennt man eine gute Recherche daran, dass der Journalist am Ende sagen kann, die wichtigsten Bestandteile mit eigenen Augen gesehen und mit eigenen Ohren gehört zu haben.

2.3.5 Schüler und Recherche

Mit diesem Anliegen kehren wir jetzt ins Klassenzimmer zurück: Die Schüler sollen lernen, Informationen aus erster Hand zu sammeln. Sie sollen ihre Sinne und ihre eigene Persönlichkeit einsetzen, um Eindrücke, Antworten und Geschichten zu sammeln – auf eine Art und Weise, wie man all dies nicht aus Büchern bekommt.

Recherche heißt zu kommunizieren

Ich gehe davon aus, dass alle unsere Recherchen in offiziellen und offenen Bahnen verlaufen. Kein Hacken von Datenbanken, keine Treffen mit bezahlten Informanten in düsteren Hinterhöfen, kein Einschleusen in eine Rockerbande unter Verwendung einer falschen Identität. Alle realistisch durchführbaren Reportagevorhaben, mit Ausnahme der meisten Selbstversuche, verlangen Kontaktaufnahme. Der erste Kontakt findet, wie oben bereits beschrieben, meist telefonisch statt. Für Schüler stellt dies eine nicht zu unterschätzende Herausforderung dar. Sie müssen mit fremden Menschen telefonieren, dazu noch Erwachsenen; sie müssen sich vorstellen und ihr Anliegen schildern und dann auch noch um etwas bitten. Das ist sehr viel verlangt. Mehr als ich vor einigen Jahren gedacht hätte.

Junge Menschen, die damit aufgewachsen sind, ununterbrochen ein Telefon mit sich zu tragen, die die Welt nicht anders kennen als mit Handys, werden wohl kein Problem damit haben, ein paar Anrufe zu tätigen. Dachte ich. Das Gegenteil ist jedoch der Fall.

Eine Schulsozialarbeiterin, die eine meiner Fortbildungen besuchte, erzählte mir von einer Schülergruppe, mit der sie einen Bewerbungsworkshop durchführte. Die Aufgabe bestand darin, sich auf Bewerbungsgespräche für einen Ausbildungsplatz vorzubereiten und einen Termin dafür zu vereinbaren. Die potenziellen Arbeitgeber waren informiert, sowohl über den bevorstehenden Anruf als auch über den Terminwunsch. Der Anruf war also eine reine Formsache, allerdings eine, die zum Bewerbungspaket gehörte.

Die Schüler, ansonsten nicht um coole Sprüche verlegen und angeblich durch nichts zu erschrecken, standen in Flammen vor Aufregung und Nervosität. „Das kann ich nicht, niemals, ich kann da nicht anrufen, ich weiß nicht, was ich sagen soll, ich bekomme keinen Ton heraus." Das waren, in einem Satz zusammengefasst, ihre Aussagen zum bevorstehenden Anruf. Die Sozialarbeiterin ließ sie schließlich aufschreiben, was sie sagen wollten, damit sie in der Aufregung des Ernstfalls nicht ohne Worte sein würden. Mit dieser Hilfskonstruktion waren die Ergebnisse der Telefonkontakte schließlich zufriedenstellend bis verheerend. Am schlimmsten erwischte es einen Schüler, der während des Gesprächs in der Zeile seiner Notizen verrutschte und plötzlich merkte, dass das, was er sagte, nicht zu dem passte, was sein Gesprächspartner gefragt hatte. Seine Panikreaktion bestand darin, aufzulegen.

Ganz so verzweifelte Fälle habe ich noch nicht erlebt, mache aber auch immer wieder die Erfahrung, dass Telefongespräche mit Fremden ein echtes Problem darstellen. Ich brauchte eine Weile, bis mir klar wurde, woran dies liegt, beziehungsweise worin der Unterschied zu meiner Telefonsozialisation besteht. Ich wurde in einer Zeit groß, in der es in jedem Haushalt einen Telefonapparat gab. Dieser stand meist im Flur, weil man ihn da von überall hören konnte und weil er damit in keinem Wohnraum im Weg stand. Wenn es die Eltern gut gemeint hatten, reichte das Kabel bis zu einer Sitzgelegenheit. Wollte man einen Freund anrufen, musste man die Nummer dieses Familienanschlusses wählen. Die Wahrscheinlichkeit, einen Erwachsenen an der Strippe zu haben, war immens groß. So auch die Notwendigkeit, sein Anliegen gegenüber Erwachsenen vorzubringen, die man möglicherweise noch niemals gesehen hatte. Heute muss kein Jugendlicher mit fremden Erwachsenen sprechen. Wer einen Freund anruft, wählt noch nicht mal mehr dessen Nummer, sondern tippt auf den Namen in der Kontaktliste und lässt das Telefon den Rest erledigen. Man kommt immer direkt bei der Person heraus, die man sprechen möchte. Es ist durchaus möglich, dass ein Journalismusprojekt mit mir die erste Situation darstellt, in der ein Schüler sich in der Lage befindet, mit einem Fremden telefonieren zu müssen.

Recherche heißt, Geduld aufbringen zu müssen

Man muss sich darüber im Klaren sein, dass einige Recherchen viel Zeit in Anspruch nehmen. Und dabei ist nicht so sehr die Anzahl der Stunden gemeint, die man wirklich an einem Ort des Geschehens oder am Schreibtisch verbringt. Vielmehr dauern Anfragen und Kontakte mit möglichen Ansprech- und Interviewpartnern oft sehr lange. Nicht immer ist jemand erreichbar; manchmal wird nach dem ersten Telefonat noch eine schriftliche Anfrage per Mail verlangt, zusammen mit dem Hinweis, man werde sich dann melden – dies kann durchaus, wenn es überhaupt geschieht, zwei oder drei Wochen in Anspruch nehmen. Schüler, die solche langwierigen Prozesse nicht gewöhnt sind, reagieren leicht frustriert, die anfängliche Euphorie angesichts eines spannenden Themas ist dann sehr schnell verflogen. Auch kann es vorkommen, dass man ständig von einem Gesprächspartner zum anderen hin und her verwiesen wird, weil auch der anderen Seite nicht so klar ist, wer nun genau zuständig sein könnte. Je sensibler ein Thema, desto wahrscheinlicher sind solche Terminverzögerungen, und desto eher muss man damit rechnen, dass eine Recherche im Sande verläuft, weil man niemanden findet, der bereit ist, ein Interview zu geben und seine Türen für eine Reportage zu öffnen. Besonders prädestiniert dafür sind diese Bereiche:

- Medizinische Themen → Krankenhäuser, Therapiezentren
- Suchtthemen → Selbsthilfegruppen, Entzugskliniken
- Unternehmen mit hohem Geheimhaltungs- oder Forschungsgrad → Rüstungsindustrie, Pharmaunternehmen[21]
- Berufsgruppen mit hohem Schweigepflichtgrad → Anwälte, Notare, Ärzte, Psychotherapeuten

Wenn man das Risiko des Scheiterns in Kauf nimmt, kann man sich solcher Themen natürlich trotzdem annehmen. Die Chancen, auf diese Weise einen interessanten Text zu generieren, wenn es denn klappt, stehen gut. Schließlich müssen sich in den langwierigen Verhandlungen beide Seiten sehr genau darüber klar werden, was sie voneinander wollen beziehungsweise was sie einander anbieten. Unter den beispielhaften Schülerthemen, die im letzten Kapitel vorgestellt wurden und deren Rechercheverlauf am Ende dieses Kapitels vorgestellt wird, finden sich einige, die in den Sensibilitätsbereich fallen, zum Beispiel das Bestattungsunternehmen, die Telefonseelsorge, das Schokoladenforschungslabor und die Münzprägeanstalt.

Mit einem weiteren Beispiel, das ebenfalls aus der Praxis meiner Arbeit mit Schülern stammt, will ich illustrieren, wie viele Arbeits- und Kommunikationsschritte nötig sein können, um zum Ziel zu gelangen (oder zu der Überzeugung, dass man doch besser die Finger davon lässt). Im beschriebenen Fall wollte sich eine Schülerin (8. Klasse Gymnasium) mit Ess-Störungen beschäftigen, und zwar nicht theoretisch, sondern indem sie Betroffene zeigen und ihren Umgang mit der Krankheit und ihre Therapie beschreiben wollte. Um in Kontakt mit Betroffenen und Therapeuten zu kommen, wandte sie sich an eine Stuttgarter Klinik, die ein spezielles Therapiezentrum für Ess-Störungen unterhält.

1. Anruf in der Presseabteilung der Klinik. Darlegung des Reportageanliegens, des Projekts und Bitte um Weitervermittlung an einen Facharzt im Zentrum für Verhaltenstherapie der Klinik. Die Pressebeauftragte macht offenkundig Notizen und bittet am Ende des Gesprächs darum, die Anfrage auch noch schriftlich per Mail zu stellen. Diese könne man dann an einen Arzt zur näheren

21 Man kann sich oftmals nur wundern, welche Industriezweige besonders großer Geheimhaltung unterliegen. Eine der kuriosesten Reportagen dazu habe ich im Magazin der Süddeutschen Zeitung gelesen. Gegenstand: Klingen für Nassrasierer. Der Artikel ist online nachzulesen unter http://sz-magazin.sueddeutsche.de/texte/anzeigen/3499, recherchiert am 11.12.2013.

Information weiterleiten, wenn sich denn einer grundsätzlich bereit erklärte. Man werde das intern abklären und sich dann bei der Schülerin melden.

2. Vier Tage nachdem die Schülerin die Mail abgeschickt hat, erhält sie einen Rückruf der Pressestelle. Ein Arzt habe sich gefunden, der bereit sei, Auskunft zu geben. Außerdem sei eine Sozialarbeiterin bereit, ein Interview mit der Schülerin zu führen. Die Pressesprecherin diktiert der Schülerin Namen und Telefonnummern und schickt ihr eine Mail mit diesen Informationen.
3. Die Schülerin erreicht den Arzt erst zwei Tage später. Ja, man könne sich gerne zu einem Interview treffen, wie viel Zeit dies denn in Anspruch nehme, ob eine halbe Stunde wohl reiche? Die Schülerin hat noch nie ein solches ausführliches Interview geführt, sondern nur einige Kurzinterviews während einer Spontanreportage. Sie nimmt aber an, dass eine halbe Stunde reicht. Sie fragt, ob sie bei dem Termin auch mit Betroffenen reden könne. Der Arzt erwidert, dies gehe auf keinen Fall, davon sei bislang auch nicht die Rede gewesen. Die Schülerin (und damit ist sie in ihrer Altersgruppe ein echter Ausnahmefall) bleibt hartnäckig und verweist darauf, dass sie dies in der Mail bereits nachgefragt hatte und dass sie erstens strengste Anonymisierung vornehmen und zweitens den Text vor irgendeiner Form der Weitergabe oder gar Veröffentlichung zur Überprüfung vorlegen werde. Der Arzt sagt, das müsse man noch einmal mit der Pressestelle besprechen und bittet die Schülerin, sich noch einmal an die Pressestelle zu wenden. Er selbst werde dies auch noch einmal tun, um seinerseits dort Rücksprache zu halten.
4. Die Schülerin meldet sich erst am nächsten Vormittag telefonisch bei der Pressestelle, weil diese nur halbtags besetzt ist. Man sagt ihr, eigentlich seien solche Dinge nicht möglich. Wenn eine Patientin zur Therapie im Hause sei, könne man von einem akuten Krankheitsbild ausgehen – es sei kontraproduktiv, in dieser Situation einen fremden Externen ins Spiel zu bringen, erst recht, wenn es sich dabei um eine möglicherweise Gleichaltrige handle. Wieder ist die Schülerin erstaunlich unerschrocken und erklärt, Ess-Störungen seien ein großes Thema, auch unter ihren Mitschülerinnen. Vielleicht helfe eine solche Reportage ja einer Leserin dabei, den Mut zu finden, selbst Hilfe in einer Klinik oder Selbsthilfegruppe zu suchen. Die Pressesprecherin rät der Schülerin, sich an die Sozialarbeiterin zu wenden, deren Telefonnummer sie ja ebenfalls erhalten habe.
5. Die Sozialarbeiterin bestätigt, dass eine teilnehmende Beobachtung in einer klinischen Therapiesituation nicht möglich sei, erst recht nicht, wenn die Schülerin selbst noch minderjährig sei. Jedoch könne sie sich vorstellen, eine ambulante Patientin zu finden, die sich für ein Interview zur Verfügung stelle. Sie werde zunächst bei den Patientinnen herumfragen mit dem Versprechen, dass ihre Namen nicht genannt werden würden. Sollte sich eine von ihnen bereit erklären, müsse sie sich jedoch noch einmal beim Chefarzt rückversichern und auch noch einmal mit der Pressestelle sprechen. Sie melde sich dann bei der Schülerin, sobald alles geklärt und abgesprochen sei.

6. Fast zwei Wochen vergehen, bevor sie sich wieder bei der Schülerin meldet. Diese hat in der ersten Woche mehr oder weniger ununterbrochen neben dem Telefon gesessen und jeden Moment mit einem Rückruf gerechnet. Mittlerweile hat sie insgeheim mit dem Thema abgeschlossen. Sie ist ein wenig frustriert und macht sich bereits Gedanken über ein Alternativthema für ihre Reportage. Als das Telefon klingelt, denkt sie nicht einmal daran, dass es die Klinik sein könnte. Sie ist es aber, in Person der Sozialarbeiterin. Und nicht nur das – sie hat gute Nachrichten, eine Patientin hat sich tatsächlich bereit erklärt, ein Interview zu geben. Der Termin sei übermorgen am Nachmittag. Sie, die Sozialarbeiterin, werde beim Gespräch dabei sein und auch danach noch für Fragen zur Verfügung stehen. Und der Chefarzt könne dann ebenfalls noch eine halbe Stunde erübrigen. Nachdem die Schülerin den Termin zugesagt und aufgelegt hat, fällt ihr ein, dass sie übermorgen eigentlich schon einen anderen Termin hat. Den muss sie absagen. Außerdem gilt es nun, in der Kürze der Zeit Fragen für drei Interviews vorzubereiten.
7. Als die Schülerin zum vereinbarten Termin erscheint und sich in der Klinik zur richtigen Station durchgefragt hat, wird sie von der Sozialarbeiterin empfangen, die ihr gleich zur Begrüßung erklärt, dass die Patientin leider einen Rückzug gemacht habe. Bereits am Vortag habe sie angerufen und erklärt, sie habe sich doch anders entschieden und wolle das Interview lieber nicht geben. Man habe, fügt die Sozialarbeiterin hinzu, kurz überlegt, ob man der Schülerin diese Absage telefonisch mitteilen solle, sich dann aber dagegen entschieden. Schließlich blieben ja noch das Interview mit ihr und das mit dem Chefarzt, so habe sie am Ende genügend Material für ihre Reportage.
8. Der Schülerin bleibt am Ende das Material aus zwei Interviews, die eher zäh und unspektakulär verlaufen. Als Kern ihres Textes hatte sie sich die (Leidens-)Geschichte einer Betroffenen vorgestellt, angereichert mit den medizinischen und therapeutischen Hintergründen des Mediziners, gegebenenfalls auch der Sozialarbeiterin. Nun hat sie sehr allgemein gehaltene Aussagen und Fakten, keine Geschichte und keine Beispiele, keine sinnlichen Eindrücke, kein Gegenüber, das zu beschreiben dem Text so etwas wie Spannung verleihen würde. Mit dem Ergebnis ist sie unzufrieden, der Verlauf der Recherche hat sie frustriert, alles hinwerfen und ein neues Thema beginnen würde einen Energie- und Zeitaufwand bedeuten, den zu leisten sie weder Willens noch in der Lage ist.

Dieser Verlauf einer Recherche ist natürlich besonders frustrierend, weil die Schülerin bis zum Beginn des Vor-Ort-Termins davon ausging, ihr Thema wenigstens ansatzweise entsprechend ihrer Planung angehen zu können. Sie hat auch, von ihrer Seite her, alles richtig gemacht. Wie mit solchen Verläufen umzugehen ist, auch bei der Bewertung und Benotung, werde ich in einem späteren Kapitel erörtern.

Recherche heißt, sich aufs Wesentliche zu beschränken

Damit sind wir wieder bei der Situation aus dem letzten Kapitel: Sollen Schüler zur Recherche in eine Bibliothek gehen und sich einen Stapel Bücher zum Thema ausleihen? Ich finde nein. Was mich an der Reportage reizt und an anderen Projekten, die ich mit Schulklassen und Schülergruppen durchführe, ist, dass hier nicht Wissen aus Büchern abgerufen wird. Es geht darum, mit allen Sinnen ein Thema zu erfassen, das man sich selbst ausgesucht hat – und dieses Erfassen funktioniert nur außerhalb einer Bibliothek, nur außerhalb des Schulgebäudes oder des heimischen Arbeitszimmers.

Die Informationen, die man während einer sorgsam vorbereiteten und erfolgreich durchgeführten Recherche zusammengetragen hat, reichen für gewöhnlich aus, um den Lesern eine gute Geschichte zu erzählen. Man mag das eine oder andere Detail noch nachschlagen, um ganz sicher zu gehen oder eine Zusatzinformation liefern zu können. Doch mehr ist nicht notwendig, zumal es auch hier ein Zuviel gibt. Dann nämlich, wenn der Berg an Information dem Schüler über den Kopf wächst. Wie soll er nach dem Lesen von drei Büchern und einer Vor-Ort-Recherche noch entscheiden, was wirklich wichtig ist? Wer am Ende seines Studiums beim Schreiben einer Magister- oder Diplomarbeit jemals in die Situation gekommen ist, es mit einer nicht beherrschbaren Menge an Material zu tun zu haben, weiß, wovon ich spreche. Weshalb sollte man so etwas einem fünfzehnjährigen Schüler zumuten wollen? Und wie soll ein Schüler damit umgehen, seine eigene Meinung oder sein Interesse mit der Meinung und den Schwerpunkten eines Buchautoren zu messen?

Recherche heißt neugierig zu sein

Die Schüler sollen darauf brennen, etwas über ihr Thema zu erfahren. Das ist leider in der Praxis nicht immer der Fall. Spätestens hier stellt sich heraus, ob das Thema, für das man sich entschieden hat, ein guter Griff oder nur eine Notlösung war. Ich betone es noch einmal: Lassen Sie bei der Themenwahl nicht zu schnell locker, sondern drängen Sie die Schüler so lange, bis sie sich für etwas entschieden haben, das sie wirklich interessiert. Wer einmal selbst oder mit einer Schulklasse einen solchen Prozess durchlaufen hat, weiß, wovon ich spreche. Bis es soweit ist, müssen Sie mir einfach glauben.

Der Ursprung der Recherche ist Neugier. Alles andere, das ich in diesem Kapitel vorgestellt habe, sind nur davon abgeleitete Begriffe, Normen, Werkzeuge und Regeln.

2.3.6 Übungen zur Recherche

Darum soll es auch bei den Recherche-Übungen um das Wecken von Neugier gehen. Auch hier wieder gibt es zwei Arten von Übungen: Erstens, eine rein handwerkliche Informations-Schnitzeljagd, wenn man so will, und zweitens die Arbeit am Reportagethema.

Übung allgemein: Allgemeine Recherche

Die Schüler erhalten ein Aufgabenblatt, das sie abarbeiten müssen und das verschiedene Aufgaben zur Recherche enthält. Hierbei ist darauf zu achten, dass verschiedene Recherchewege beschritten werden müssen. Die Fragen sollten die Neugier der Schüler wecken können – oder die Antwort ist überraschend. Gehen Sie ähnlich vor wie bei der Themenfindung: Mischen Sie Aktuelles, Zielgruppenspezifisches und Regionales/Lokales und stellen Sie daraus ein individuell auf Ihre Klasse zugeschnittenes Übungsblatt zusammen.

Hier ein paar Beispiele:

- Internetrechercheaufgaben: Wie viele Einwohner hat ein bestimmtes Land, ein bestimmtes Bundesland (möglichst aktuelle Zahl und zum Vergleich Zahl von vor zehn Jahren)? Welche besondere Leistung hat Allan Alcorn berühmt gemacht?[22]
- Sprachbuchaufgaben: Nenne sieben Spezialwerkzeuge, die in einer Drechslerei verwendet werden.[23] Nenne fünf Synonyme von „Kontrolle".
- Interviewaufgaben: Wie viele Krankmeldungen gab es gestern in unserer Schule, sowohl von Lehrern als auch von Schülern? Welches war das beste und welches das schlechteste Schulzeugnis, das unser Rektor während seiner eigenen Schulzeit jemals hatte?

Ich denke, das reicht aus, um das Prinzip zu durchschauen. Man kann einen zeitlich begrenzten Wettstreit daraus machen und nach einer genau definierten Zeit einen Sieger ernennen, der die meisten Aufgaben richtig gelöst hat. Man kann die Schüler in Zweierteams arbeiten lassen oder in Gruppen (Zweierteams sind eher ein Garant dafür, dass sich auch jeder mit jeder Aufgabe beschäftigt hat und keine übermäßige Aufteilung stattfand). Auch hier sind die Variationsmöglichkeiten vielfältig. Wenn wie in der Beispielliste andere Personen betroffen sind (jeder kann sich ausrechnen, wie Sekretariat und Rektorat bestürmt werden mit Fragen nach Krankmeldungen oder Zeugnissen), sollte man die betreffenden Personen vorwarnen bzw. sicherstellen, dass sie zur nämlichen Zeit auch greifbar sind. Sonst handelt man sich höchstens frustrierte Reaktionen ein, und zwar von beiden Seiten.

Übung zur Reportage: Basisrecherche

Ausgehend von ihrer Themenplanung recherchieren die Schüler Ansprechpartner, Öffnungszeiten, allgemeine Informationen und Telefonnummern. Diese Recherche kann entweder gemeinsam stattfinden, zum Beispiel in einem Computerraum, in dem die Schüler Internetzugang haben, oder man gibt die Aufgabe als Hausaufgabe.

22 Allan Alcorn ist der Erfinder von „Pong", dem ersten Computerspiel überhaupt. Hätten Sie's gewusst?

23 Diese Aufgabe lässt sich prima mit einem Bildwörterbuch lösen. Da werden dann Antworten wie „Gewindestrehler", „Ausdrehhaken" und „Grabstichel" kommen. Bei der Gelegenheit lässt sich klären, was überhaupt eine Drechslerei ist.

Da vor dem telefonischen Erstkontakt immer die Möglichkeit besteht, dass aus einem Thema nichts wird, verlange ich grundsätzlich auch die Basisrecherche zu mindestens einem Ersatzthema, besser noch sind zwei Ersatzthemen.

Übung zur Reportage: Erste Kontaktaufnahme

Die Schüler bekommen die Aufgabe, einen Interview- und Besuchstermin zu vereinbaren. Dies geschieht meist zu Hause. In seltenen Fällen ist es nötig, ihnen dabei behilflich zu sein (siehe oben). Ebenfalls in seltenen Fällen kann der Erstkontakt auch persönlich stattfinden, mit oben genannten Einschränkungen und Nachteilen.

2.3.7 Beispiele

Fußballstadion – Hinter den Kulissen

Autorin: Melina, 11. Klasse Gymnasium

Basisrecherche: Melina hat sich zunächst einmal den Bundesligaspielplan des VfB Stuttgart für die laufende Saison angesehen. Für ihre Reportage kam nur ein Heimspiel in Frage. Außerdem wollte sie einen Spieltag wählen, an dem eine attraktive, sprich starke Mannschaft zu Gast ist, um aus einem möglichst ausverkauften Stadion berichten zu können. Sie ging davon aus, dass dies sowohl ihre eigene Motivation als auch das Interesse des Lesers vergrößern würde.

Erste Kontaktaufnahme: Es brauchte einige Anläufe, bis Melina grünes Licht hatte. Beim telefonischen Erstkontakt mit der Pressestelle des VfB wurde sie gebeten, zunächst einmal eine schriftliche Anfrage per Mail zu schicken und darin ihr Vorhaben und überhaupt den Anlass ihrer Reportage darzulegen. Nachdem diese Mail verschickt und noch etwas Zeit verstrichen war, hakte sie telefonisch nach. Schließlich bekam sie einen Termin, der allerdings sehr spät im Schuljahr stattfand und später lag als der Abgabetermin für die Reportagen.

Vor-Ort-Recherche: Melina musste sich einen gesamten Samstag Zeit nehmen. Sie war bereits am Vormittag im Stadion, wo die Vorbereitungen liefen und die Mitarbeiterbesprechungen stattfanden. Sie erhielt einen Tagesausweis, der ihr Zugang zu vielen Bereichen verschaffte, die der Öffentlichkeit für gewöhnlich verschlossen sind, darunter Stadionsprecherkabine, Sicherheitszentrale, VIP-Logen und Ordnerbereiche. Sie konnte sich dort eigenständig und frei bewegen, Interviews führen und Fotos machen, unter der Auflage, wenn es darauf ankäme, niemandem im Weg zu stehen.

Nachrecherche: Beim Schreiben fiel Melina auf, dass sie sich einige Zahlen und Namen nicht notiert hatte und noch einmal nachfragen musste. Dabei handelte es sich um die Anzahl der Zuschauer, die Kapazität der Logen und ähnliches.

Unterwegs mit einem Bestattungsunternehmer

Autorin: Lena, 8. Klasse Gymnasium

Basisrecherche: Über die Gelben Seiten informierte sich Lena über Bestattungsunternehmen, die nicht allzu weit von ihrem Elternhaus entfernt lagen. Außerdem stellte sie einige Recherchen über kulturelle Unterschiede beim Umgang mit Tod und Beerdigungen an.

Erste Kontaktaufnahme: Beim Abtelefonieren der Bestattungsunternehmer gab es mehrere Absagen und schließlich eine Zusage. Allerdings mit der Einschränkung, dass sie keine Fotos machen dürfe, auf denen irgendwelche Personen zu erkennen seien, ganz egal, ob es sich um Mitarbeiter oder um Kunden handle. Allerdings könne sie ihren Fotoapparat trotzdem mitbringen, man werde schon geeignete Motive finden.

Vor-Ort-Recherche: Lena fand sich, gemäß der Vereinbarung, an einem Wochentag während der Schulferien morgens in dem Bestattungsunternehmen ein. Dort wurde sie einem Mitarbeiter als Begleitung zugeteilt. Einige Zeit verbrachte sie in den Räumen des Bestattungsunternehmens, wo ihr Grundsätzliches über die Arbeit erzählt wurde. Sie konnte sogar, als „Praktikantin" vorgestellt und sich diskret am Rande haltend, zwei Gespräche mit Hinterbliebenen miterleben. Den Rest des Tages begleitete sie den Mitarbeiter vor allem im Außeneinsatz. Ein Verstorbener musste abgeholt werden, einer zum Krematorium und einer zum Flughafen gebracht werden. Während der Autofahrten und der Wartezeiten hatte sie Gelegenheit, ausführlich mit dem Mitarbeiter des Bestattungsunternehmens zu sprechen, über sich und seine Arbeit und darüber, wie er mit diesem Beruf umgeht. Fotos durfte Lena im Vorraum des Krematoriums machen, außerdem suchten sie und der Chef des Unternehmens gemeinsam weitere Motive aus.

Nachrecherche: Der Hauptteil des Textes handelte von den Erlebnissen und Beobachtungen des Tages sowie von dem Mitarbeiter, den Lena begleitet hatte. Zahlen und harte Fakten kamen kaum vor. Nachzuprüfen war lediglich der Name des Mitarbeiters, den Lena in ihrer Erstversion zweimal unterschiedlich schrieb und über dessen Schreibweise sie sich plötzlich unsicher war. Sie fragte nach und ließ sich bei der Gelegenheit vom Chef des Bestattungsinstitutes noch einmal bestätigen, dass der Name des Unternehmens genannt werden durfte.

Portrait einer Telefonseelsorge-Mitarbeiterin

Autorin: Nadine, 9. Klasse Hauptschule

Basisrecherche: Nadines Weg zu diesem Thema war typisch. Sie hatte eine schwierige Zeit durchlebt, in der ihr Verwandte und Freunde sehr geholfen hatten und fragte sich, wie man mit einer Krise fertig werden könne, wenn man auf diese Form der Unterstützung nicht zurückgreifen kann. In der Gruppendiskussion kam die Idee mit der Telefonseelsorge auf. Nadine zog über das Internet Erkundigungen über Organisationen in der Nähe ein, die Telefonseelsorge anboten.

Erste Kontaktaufnahme: Bei der Telefonseelsorge ist Diskretion oberstes Gebot. Deshalb bedurfte es einiger Zeit, Geduld und auch eines Eingreifens meinerseits, bis eine Anbieterorganisation sich bereit erklärte, als Ansprechpartner zur Verfügung zu stehen. Nach diesem grundsätzlichen Einverständnis musste dann intern noch ein Mitarbeiter gefunden werden, der sich den Fragen stellen wollte. Denn die Schülerin wünschte sich für ihre Reportage einen Interviewpartner, der aus der Praxis berichten konnte, was auf den Geschäftsführer nicht zutraf. Schließlich kam ein Rückruf – eine langjährige Mitarbeiterin wollte die Schülerin gerne treffen und schlug einen Termin vor.
Vor-Ort-Recherche: Das Gespräch fand in einem Café statt. Die Interviewpartnerin hatte sich dies gewünscht. Die Geschäftsräume der Organisation seien zu beengt und böten zwar einen guten Rahmen für Telefonate, aber nicht für Interviews. Für die Rechnung würde sie aufkommen, Nadine sei eingeladen. Es war ein sehr entspanntes Interview, wie Nadine später berichtete. Manchmal vergaß sie mitzuschreiben, ihr Gegenüber machte sie jedoch regelmäßig darauf aufmerksam.
Nachrecherche: Der Geschäftsführer hatte die Bedingung gestellt, den Text gegenlesen zu dürfen, bevor die Schülerin ihn aus den Händen gab. Als die Schülerin mich fragte, ob dies in Ordnung sei, riet ich ihr, diesem Wunsch nachzukommen. Bei solch sensiblen Themen geht es dabei um zweierlei: den Schutz der Privatsphäre der Klienten sowie die Einhaltung der Schweigepflicht. Und damit zusammenhängend ging es um den Ruf der Organisation, die unter anderem daran gemessen wird, wie vertraulich sie mit den sehr privaten Informationen und Problemen ihrer Klienten umgeht.

Staatliche Münze Stuttgart

Autorin: Cornelia, 8. Klasse Gymnasium
Basisrecherche: Cornelia hatte durch ihre Eltern von der Staatlichen Münze gehört, weil ein Bekannter dort arbeitete. Die größte deutsche Münzprägeanstalt direkt vor der Haustür zu haben, ohne dass jemand so recht davon wusste, schien Cornelia ein spannendes Thema zu sein. Also recherchierte sie einige Fakten zum deutschen Münzwesen, zum Übergang von DM zu Euro und zur Staatlichen Münze in Stuttgart speziell.
Erste Kontaktaufnahme: Cornelias Mutter half ihr dabei, Kontakt zur Pressestelle aufzunehmen, einen Termin zu vereinbaren und die Modalitäten eines Recherchebesuchs festzulegen. Auch wenn ich kein großer Freund von Elternkanälen bei der Recherche bin, hatte ich in diesem Fall keine Einwände. Es wäre sonst äußerst schwierig gewesen, einen Termin zu bekommen, vor allem so kurzfristig. Bei den Münzprägeanstalten handelt es sich um Hochsicherheitsbereiche. So wurde auch von Beginn an ganz dezidiert festgelegt, dass

1. es keine selbstgemachten Fotos geben, sondern dass die Staatliche Münze Pressefotos zur Verfügung stellen würde. Eine Kamera mitzuführen war während des Besuches nicht gestattet.
2. Cornelia nicht alle Bereiche würde betreten dürfen. Die hochsensiblen Räume, wo die Prägung selbst stattfindet und wo die Münzen auf den Abtransport warten, würden ihr verschlossen bleiben.
3. das Ergebnis zunächst einmal gegengelesen werden müsse. Gegebenenfalls würde man Korrekturen vornehmen oder die Streichung gewisser Passagen oder Aussagen verlangen.

Cornelia erklärte sich mit den Bedingungen einverstanden und fühlte sich dadurch in keinster Weise beeinträchtigt oder gegängelt. Sonderbarerweise übt diese Art von Vorgaben manchmal einen besonderen Reiz aus, weil sie ein Gefühl der Exklusivität und Spannung erzeugen.
Vor-Ort-Recherche: Cornelia durfte tatsächlich nur einen kleinen Ausschnitt der Räumlichkeiten der Staatlichen Münze sehen. Dafür erhielt sie dort eine exklusive Führung samt vieler Infos und Hintergründe. Am Ende führte sie ein Interview mit einer Pressesprecherin. Nach dem Besuch war sie zwar ein wenig enttäuscht, weil sie gerne noch mehr gesehen hätte, andererseits hatte das ganze Drumherum mit all den Schleusen und Schranken und Sicherheitsvorkehrungen sie auch beeindruckt.
Nachrecherche: Wie vorher vereinbart musste Cornelia den Text zunächst an die Pressestelle der Staatlichen Münze Stuttgart schicken. Dort wurden einige Korrekturen vorgenommen, da im Text sehr viele Zahlen vorkamen, von denen einige inkorrekt oder missverständlich wiedergegeben waren. Abgesehen davon blieb das meiste des Ursprungstextes bei dem Korrekturdurchlauf erhalten.

DDR-Museum Pforzheim

Autor: Daniel, 10. Klasse Berufskolleg
Basisrecherche: Daniel hatte durch Zufall erfahren, dass es im baden-württembergischen Pforzheim, nicht weit von seinem Wohnort entfernt, ein DDR-Museum gibt. Er hielt dies für einen der unwahrscheinlichsten Standorte für ein solches Museum, weil Pforzheim in keinem ihm bekannten Zusammenhang mit der früheren DDR stand. Im Geschichtsunterricht in der Schule hatte er einiges über die DDR erfahren, über ihre Repressalien gegenüber den Bürgern, über die Stasi und die Wiedervereinigung. Er selbst war zu Zeiten der Wiedervereinigung ein kleines Kind gewesen, für ihn war die DDR ein historisches Phänomen. Er informierte sich im Internet über Hintergründe und Öffnungszeiten des Museums.
Erste Kontaktaufnahme: Daniel telefonierte mit dem Gründer des Museums und erfuhr, dass er jederzeit willkommen sei und dass es einige Termine gebe, zu denen Zeitzeugen vor Ort seien, die ihm Interviews geben könnten. Allerdings müsste sich Daniel dafür an die Termine halten, die im Museum bereits feststünden. Eine separate Öffnungszeit beziehungsweise Einladung könne man nicht aussprechen, da das Museum vollständig ehrenamtlich organisiert und damit am Rande der Belastungsgrenze arbeite. Daniel ließ sich die möglichen Termine nennen und verabredete mit

seinem Gesprächspartner, zu welchem Termin er kommen würde.
Vor-Ort-Recherche: Daniel erschien zur regulären Öffnungszeit in dem Museum, das hauptsächlich von Schulklassen und anderen Gruppen besucht wird. Er nahm an einer Führung teil, anschließend sah er sich noch ein wenig eigenständig im Museum um. Für die Interviews hatte er Termine mit dem Museumsgründer Klaus Knabe und einem weiteren Mitarbeiter bekommen. Zwar hatte er dazu Fragen vorbereitet, die Gespräche entwickelten sich jedoch in eine etwas andere Richtung, als Daniel das gedacht hatte. Die beiden Männer, die in den 60er und 70er Jahren als DDR-Flüchtlinge nach Deutschland gekommen waren, erzählten ihre sehr persönlichen Erlebnisse und Lebensgeschichten, während Daniels Fragen sich mehr auf das Museum konzentriert hatten.
Nachrecherche: Eigentlich wollte Daniel nichts mehr an der ersten Version seines Textes verändern, ließ sich jedoch überreden, doch noch einmal beim Museumsgründer anzurufen und einen Faktencheck mit ihm durchzuführen.

Schokoladenlabor

Autorin: Ecka, 8. Klasse Gymnasium
Basisrecherche: Ecka hatte sich vorgenommen, eine Reportage über die Entwicklungsabteilung eines großen Schokoladenherstellers zu schreiben. Die Vorrecherche bestand in der Hauptsache darin, Kontaktdaten herauszufinden.
Erste Kontaktaufnahme: Eine Mitarbeiterin der Pressestelle machte Ecka sehr schnell klar, dass aus ihrer Idee nichts werden würde. Das Labor sei ein Hochsicherheitsbereich allerhöchster Geheimhaltungsstufe. Dort sei nicht nur Fotografie völlig ausgeschlossen, sondern auch der bloße Besuch. Man bot ihr stattdessen an, an einer für die breite Öffentlichkeit zugänglichen Betriebsführung teilzunehmen.
Nachdem Ecka ein paar Tage darüber nachgedacht hatte, entschied sie sich gegen die Teilnahme an dieser Betriebsführung und beschloss stattdessen, sich ein anderes Thema für ihre Reportage zu suchen.

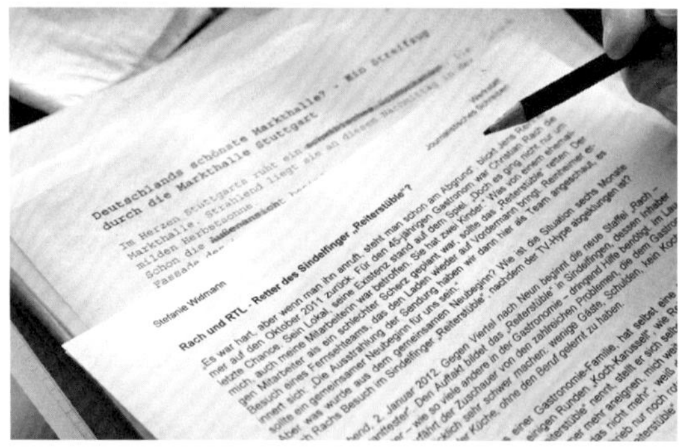

Überarbeitungen gehören zum Handwerkszeug der Arbeit mit Texten

Heilfasten

Autor: Maximilian, 11. Klasse Gymnasium

Basisrecherche: Den Begriff des Heilfastens kannte Maximilian vor allem aus dem Bekanntenkreis seiner Eltern, da er selbst oder seine eigenen Freunde sich bislang noch nicht damit beschäftigt hatten. Jedoch wollte er für seine Reportage einen Selbstversuch durchführen, Heilfasten erschien ihm prinzipiell reizvoll und außergewöhnlich.[24] Um einen aussagekräftigen Selbstversuch durchzuführen, musste er nach einer anerkannten oder zumindest verbrieften Methode vorgehen. Er verglich die verschiedenen Ansätze miteinander und entschied sich für eine Variante des Heilfastens nach Buchinger/Lützner.[25]

Erste Kontaktaufnahme: Da es sich nicht um ein Interview und einen Termin handelte, musste Maximilian keinen telefonischen Kontakt zu einem Ansprechpartner herstellen. Allerdings kam auch seine Reportagemethode nicht ganz ohne Absprachen mit anderen Personen aus. Zunächst einmal erkundigte Maximilian sich bei seinem Hausarzt, ob etwas dagegen spreche, den Selbstversuch in der geplanten Weise durchzuführen. Dann sprach er sein Vorhaben mit seiner Familie ab. Schließlich würde er während der Versuchsphase nicht in gewohnter Manier an den Mahlzeiten teilnehmen.

Vor-Ort-Recherche: Diese war in diesem Fall ein Versuchszeitraum, der sich mit Vorbereitungs- und Rückgewöhnungsphase über insgesamt acht Tage zog. Da Maximilian nicht wusste, wie er körperlich und stimmungsmäßig auf diesen Versuch reagieren würde, beschloss er, die Ferien dafür zu nutzen. Er hielt sich also an den Fasten-Plan, den er sich ausgesucht hatte und protokollierte sowohl seinen Fortschritt, die Reaktion seines Körpers, die Aussagen von Freunden und Familienangehörigen sowie seine Gedanken und Empfindungen.

Nachrecherche: Fand nicht statt.

Fast alle der dargestellten Reportageprojekte konnten also durchgeführt werden. Zwar mussten an der einen oder anderen Stelle Abstriche oder Modifikationen vorgenommen werden, einige Schüler mussten gewisse Bedingungen in Kauf nehmen. Doch abgesehen von der Ablehnung des Schokoladenherstellers und einigen ganz vereinzelten Fällen, habe ich es höchst selten erlebt, dass Reportagen an der mangelnden Bereitschaft der Ansprechpartner gescheitert wären, wenn man sie nur angemessen kontaktierte und ihnen schlüssig darlegte, welchen Hintergrund das jeweilige Projekt hatte.

24 Von diesen beiden Ärzten und ihrer Heilfastenmethode hatte ich bis dato noch nie etwas gehört und musste selbst recherchieren, was sich dahinter verbirgt. Dieser Mehraufwand gehört dazu, wenn man Schüler ihre Themen selbst aussuchen lässt.

25 Da es sich bei diesem Recherchevorhaben um eine körperliche (und möglicherweise auch psychische) Belastung handelte, war für mich die Volljährigkeit des Schülers mit entscheidend. Ansonsten hätte ich ihm zu einem anderen Thema geraten oder zumindest darauf bestanden, ein Gespräch mit den Eltern zu führen und sie zu bitten, sich ebenfalls beim Hausarzt rückzuversichern. Zu Letzterem habe ich auch Maximilian geraten; er kam diesem Ratschlag nach.

2.4 Interview

2.4.1 Vorbemerkung

Eigentlich könnte dieses Kapitel an einer anderen Stelle stehen. Bei den journalistischen Darstellungsformen zum Beispiel. Ebenso gut könnte es Teil des vorangegangenen Kapitels sein. Weil das Interview ein Mittel der Recherche ist, und zwar eines der häufigsten. Im redaktionellen Alltag werden fortwährend Interviews geführt, und seien sie noch so kurz und nur dazu gedacht, telefonisch eine kleine Information einzuholen oder sich einen Termin bestätigen zu lassen.

Wer keine Interviews führen kann, kann auch kein guter Journalist sein. Das mag sehr überspitzt klingen und in manchem Einzelfall auch angreifbar sein. Aber im Prinzip stimmt es. Am einen oder anderen Punkt muss man Fragen stellen, ist man auf Antworten angewiesen. Es ist wichtig zu wissen, wen man wann und vor allem wie fragen muss, um die Information zu bekommen, die man benötigt.

Trotz oder gerade wegen seiner Omnipräsenz ist das Interview eines jener Elemente, bei denen man sich als einzelner Journalist von der Masse abheben kann. So wie man sich durch die Sprache unterscheidbar machen kann (zumindest dort, wo es die Form zulässt), so kann man sich als besonderer Fragesteller hervortun. Ich habe in meinem Berufsleben einige Kollegen getroffen und auch beobachten dürfen, die es meisterhaft verstanden, Interviews zu führen. Was sie so unverwechselbar machte, hätte ich nicht sagen können. Am Ende bleibt, wie auch beim sprachlichen Stil, ein Körnchen Magie, das niemand erklären kann. Den Rest kann man aber lernen. Und es gehört Übung dazu, viel Übung. Interviews sind ein wenig wie Bühnenauftritte. Man bereitet sich vor, ohne diese Vorbereitung geht es nicht. Man versucht, jede Eventualität durchzuspielen. Doch da ist immer ein Rest Unsicherheit, eine Unwägbarkeit – die des Gegenübers nämlich. Ein Interviewpartner kann ebenso unberechenbar sein wie ein Publikum. Und oft entscheidet auf beiden Seiten der Bruchteil einer Sekunde – ob die Chemie stimmt, ob dieser Auftritt ein beiderseitiger Gewinn oder eine Qual für alle Beteiligten wird. Wer die entsprechende Erfahrung mitbringt und so gut wie jede Situation schon ein Dutzend Mal erlebt hat, lässt sich auch dann nicht völlig aus der Ruhe bringen, wenn es mal nicht so laufen will. Dann schafft man auch einem zähen und einsilbigen Gesprächspartner die paar Worte zu entlocken, die man braucht, um am Ende einen zufriedenstellenden Text zu schreiben. Selbst wenn man schweißnass den Ort des Gesprächs verlässt, weil der Andere einen hat auflaufen lassen, wird man nicht in die hoffnungslose Verzweiflung verfallen, die ein Anfänger durchzustehen hat, der Ähnliches erlebt.

Als ich noch relativ jung und sehr unerfahren war, hatte ich einen Interviewtermin mit einer jungen deutschen Hip-Hop-Band. Ich war mit den vier Musikern nachmittags in einem Stuttgarter Café verabredet. Sie kamen eine halbe Stunde zu spät, und ich merkte bereits nach zwei Minuten, dass dieses Gespräch in einer Katastrophe enden würde. Das tat es dann auch. Auf keine meiner Fragen bekam ich eine Antwort, mit der ich etwas hätte anfangen können. Im Gegenteil, die vier Jungs, die etwa in meinem Alter waren und jeder für sich genommen bestimmt ein interessanter Gesprächspartner, machten sich einen Sport daraus, sich mit dämlichen Antworten gegenseitig zu übertrumpfen und sich auf meine Kosten einen großen Spaß zu machen. Da wir weit und breit der einzig besetzte Tisch waren, gab es um uns auch niemanden, vor dem sie sich hätten blamiert fühlen können. Ich hingegen fühlte mich mit jeder Sekunde schlechter und hilfloser und wollte nichts weiter als aus dieser Situation fliehen. Als am nächsten Tag die Managerin der Band anrief (ich hatte noch kein Wort des Interviews zu Papier gebracht) und fragte, wie es gelaufen sei, antwortete ich (zögerlich zunächst, ich ging immer noch davon aus, der Schuldige dieser Misere zu sein), es sei nicht ganz in meinem Sinne verlaufen. Als ich auf ihr Drängen hin detaillierter erzählte, entschuldigte sie sich vielmals und vereinbarte einen neuen Termin.

Jeder Journalist kann Dutzende solcher Situationen aufzählen, die er selbst erlebt hat. Sie gehören zum Beruf. Wie gesagt, ab einem gewissen Professionalisierungsgrad lässt man sich nicht mehr allzu sehr davon verunsichern und weiß selbst ein gescheitertes Interview noch textlich zu nutzen. Dann ist man nur noch froh, wenn es nicht vor aller Augen stattfindet, wie das legendäre Interview von Klaus Kinski in der Talkshow *Je später der Abend* von Reinhard Münchenhagen im Jahr 1977 oder Katja Riemann im Interview mit Hinnerk Baumgarten in der NDR-Sendung *Das!* am 15.3. 2013.

Auf der anderen Seite aber gibt es die ausgebufften Medienprofis. Die Politiker, Schauspieler und Musiker, die bereits Hunderte von Interviews gegeben haben. Die wird man kaum noch überraschen mit Fragen, umgekehrt werden sie selbst kaum mit Antworten überraschen, weil sie sich nur aus Versatzstücken bedienen, die sie ständig verwenden.

Hier wäre wieder ein besonders begnadeter oder unerschrockener Interviewer notwendig, der eine solche Mediengestalt aus der Reserve lockt, oder der mutig genug ist, unorthodox mit dem gewonnenen Material umzugehen. Wer ein meisterhaftes Beispiel eines solchen Aufeinandertreffens zwischen PR-Profi und Journalistin lesen will, dem sei Rebecca Casatis Text über Leonardo DiCaprio aus dem Jahr 2010 zu empfehlen.[26]

Beide Arten von Erfahrung möchte ich den Schülern wenn möglich ersparen, weil sie beide gleichermaßen frustrierend und für den weiteren Verlauf, die Textkomposition, höchst schädlich sind. Aber für gewöhnlich haben wir es auch nicht mit Prominenten zu tun, auch wenn Schüler im ersten Moment meistens denken, Interviews seien nur dann interessant und erstrebenswert, wenn der Gesprächspartner ein weltweit gefeierter Star ist.

26 Sehr treffend hat sie dieses Treffen als „Versuch eines Interviews" betitelt, obwohl oberflächlich betrachtet ja genau dies stattgefunden hat: einer stellte Fragen, ein anderer gab Antworten. http://www.sueddeutsche.de/kultur/im-gespraech-leonardo-dicaprio-huhu-jemand-da-1.552905, recherchiert am 11.12.2013.

2.4.2 Arten und Fragen des Interviews

Im Alltag des Journalisten sind glamouröse Gespräche, ganz egal ob misslungen oder erfolgreich, die absolute Ausnahme. Da hat man es meistens mit Sekretären, Sachbearbeitern, Pressesprechern, Assistenten, Politikern, Gemeinderäten, Professoren oder Verbandsvertretern zu tun. Egal. Gespräch bleibt Gespräch. Sehr wohl unterscheiden sich die Interviews in ihrem Inhalt. Je nachdem, mit welcher Intention man jemanden befragt, ändern sich der Charakter der Fragen und der Charakter des Gesprächs. Walter von La Roche definiert drei Arten von Interviews: Interview zur Sache, Meinungs-Interview und Interview zur Person.[27]

- Interview zur Sache: Der Interviewer ist an Fakten interessiert. Beispielfragen: Wie viel Umsatz hat das Unternehmen im letzten Jahr gemacht? Mit welchen Maßnahmen will die Stadtverwaltung die Bedingungen für Nachwuchskünstler verbessern?
- Meinungs-Interview: Der Interviewer hat bereits Fakten gesammelt oder bezieht sich auf einen vorliegenden Sachverhalt. Er interessiert sich für die Position, die sein Gesprächspartner dazu einnimmt. Beispielfragen: Wie schätzen Sie die Erfolgsaussichten der aktuellen Regierungsmaßnahmen ein? Tendiert das Theater aus Ihrer Sicht momentan wieder zu traditionelleren Formen der Inszenierung?
- Interview zur Person: Der Interviewpartner soll portraitiert oder zumindest ein Aspekt seines Tuns oder seiner Persönlichkeit vorgestellt werden. Beispielfragen: Gab es ein einschneidendes Erlebnis, das zu dieser Entscheidung geführt hat? Hat sich diese Arbeit negativ auf Ihr Familienleben ausgewirkt?

Diese Unterscheidung ist mehr theoretischer als praktischer Natur. Auch La Roche weist darauf hin, dass ein Interview zur Person kaum ohne die Klärung einiger Fakten auskomme und ohne ein paar Meinungen, die erfragt und vertreten werden, wohl kaum Spannung erzeuge. Zur Veranschaulichung der Dimensionen, die in einem Interview erfragt werden können, ist die Unterteilung jedoch sehr nützlich. Bei der Arbeit mit Schülern ist es außerdem angebracht, die verschiedenen Arten von Fragen zu benennen beziehungsweise das Wissen darüber noch einmal aufzufrischen, falls dies bereits an anderer Stelle geschehen ist.

Geschlossene Fragen: Das sind Fragen, die nur mit „Ja", „Nein" und „Weiß nicht" zu beantworten sind. Diese Frage stellt man, wenn man eine klare Entscheidung für oder gegen etwas hören will. Beispiel: Gefällt es Ihnen hier? Eine Sonderform der geschlossenen Fragen beschränkt die möglichen Antworten auf eine vorgegebene Auswahl: Wollen Sie lieber das rosafarbene Schweinderl oder das blaue?

27 La Roche 2001, S. 141 ff.

Offene Fragen: Hier ist allein der Befragte für Art und Länge der Antwort zuständig. Offene Fragen werden gestellt, wenn man individuelle Antworten erhalten und wenn man den Befragten erzählen lassen will. Beispiel: Was hat Sie auf diese Idee gebracht? Wie fühlen Sie sich, wenn Sie heute hier stehen?

Ungeübte Gesprächspartner, die eine Interviewsituation als etwas Aufregendes oder sogar als etwas Unangenehmes empfinden, tendieren dazu, zumindest zu Beginn sehr kurze Antworten zu geben. Dann geht es darum, ihnen durch gezieltes Nachfragen mehr zu enlocken.

Interviewer: Wie hat es Ihnen dort gefallen?
Gesprächspartner: Super.
Interviewer: Was heißt das?
Gesprächspartner: Ich habe mich von Beginn an sehr wohl gefühlt.
Interviewer: Können Sie vielleicht eine typische Situation beschreiben?
Gesprächspartner: Besonders toll fand ich, dass wir alle gleich waren. Die erfahrenen Programmierer wurden ebenso behandelt wie wir Neulinge. Der Abteilungsleiter fragte bei den Meetings jeden Einzelnen nach seinem Lösungsvorschlag für das Problem. Er hat die Ideen von uns Neuen ernst genommen. Und wenn die Idee schlecht war, dann hat er das auch gesagt, egal ob man seit fünf Monaten oder seit fünfzehn Jahren dabei war.

Geduld und Beharrlichkeit zahlen sich aus. Sonst steht man am Ende möglicherweise mit einer Menge Informationen und Eindrücken da – und trotzdem fehlt dem Text das gewisse Etwas, weil er keine Zitate enthält. Umgekehrt verstehen es Medienprofis wunderbar, mit vielen Worten um den heißen Brei zu reden, wenn man mit einer geschlossenen Frage eine klare Aussage will. Manche Politiker sind darin unschlagbar.

Interviewer: Soll die Ortsumfahrung denn nun gebaut werden? Ja oder nein?
Gesprächspartner: Nun, so einfach kann man diese Frage nicht beantworten. Derzeit finden wir uns noch in der Findungsphase. Darin werden sämtliche Argumente auf den Tisch kommen. Wir prüfen gewissenhaft das Für und Wider. Erst dann treffen wir eine Entscheidung. Es geht ja nicht nur um wirtschaftliche, sondern auch um ökologische Aspekte. Und um die Lebensqualität der Bürger in unserer Stadt.
Interviewer: Die Abstimmung ist aber schon in drei Tagen. Und Ihre Fraktion hat auch mehrfach durchblicken lassen, für die Umfahrung zu stimmen. Nach heutigem Kenntnisstand – wie würden Sie abstimmen: Ja oder Nein?
Gesprächspartner: Sie werden von mir dazu keine Festlegung bekommen. Aber ich kann sagen, dass wir es uns nicht leicht machen werden. Am Ende werden wir für die Variante stimmen, die das bessere und nachhaltigere Konzept vorgelegt hat.

Beide Interviewausschnitte sind natürlich an den Haaren herbeigezogen und frei erfunden. Dennoch finden sie in der Realität massenhaft statt und auch das Prinzip wird klar – denke ich. Als Interviewer muss ich eine Vorstellung davon haben, was ich aus diesem Gespräch ziehen will. Möchte ich Aussagen, die etwas über einen Menschen verraten oder über die Sache, über die ich mich mit ihm unterhalte? Oder geht es mir um ein Bekenntnis für oder gegen einen bestimmten Gegenstand, um eine Zustimmung oder eine Ablehnung zu einer Meinung oder Entscheidung? Entsprechend dieser Zielsetzung muss ich meine Fragen vorbereiten und nicht eher locker lassen, bis ich eine Antwort darauf erhalten habe. Als strategische Grundregel gilt hierbei, dass man bei einem Interview nicht gleich mit der Tür ins Haus fällt, die wichtigsten Fragen also nicht gleich zu Beginn stellt, es sei denn, man will den Gesprächspartner kalt erwischen. Für unsere Zwecke kann ich mir jedoch kein Szenario vorstellen, in dem diese Strategie nützlich sein könnte.

Neben den beiden genannten Arten von Fragen gibt es noch eine Reihe von Unterformen, die in der journalistischen Literatur bzw. der Kommunikationswissenschaft immer wieder auftauchen: Suggestivfragen, Kontrollfragen, Provokationsfragen und so weiter. So sehr ins Detail gehe ich mit Schülern meistens nicht. Bei entsprechender Aufmerksamkeit und bei spürbarem Interesse für das Thema gehe ich mitunter auf Suggestivfragen ein. Auf solche Fragen also, die in sich auch eine Behauptung enthalten. Beispiel: Warum ist Ihnen eigentlich die Gesundheit Ihrer Angestellten egal? Auf diese Weise bringt man das Gegenüber in die Defensive. Je nachdem, wie aggressiv man die Gesprächsführung gestaltet und wie versiert man im Umgang mit solchen Mitteln ist, kann man dann dafür sorgen, dass diese Rollenverteilung für das gesamte Gespräch aufrecht erhalten bleibt. Ein Meister dieser Art von Gesprächsführung ist der amerikanische Dokumentarfilmer Michael Moore.[28]

2.4.3 Situationen des Interviews

Die wenigsten Interviews haben den Glamour einer Promitalkshow oder die Ungestörtheit eines Ateliers. Sie sind irgendwo eingebettet in den Arbeitsalltag sowohl des Journalisten als auch des Befragten. In der Praxis wird man mit allen Arten konfrontiert und muss Vor- und Nachteile kennen, um sich entsprechend darauf vorbereiten zu können sowie die Erwartungen entsprechend einzustellen.

Die folgende Einteilung stammt von mir selbst, ist sicherlich nicht vollständig und dient lediglich einem groben Überblick und der häufigsten Verwendung. In aller Regel gehe ich hier von nicht-öffentlichen Interviews aus. Freilich gibt es

28 Bekannt wurde Moore 1990 durch den kapitalismuskritischen Film *Roger & Me*. In jüngerer Zeit feierte er mit *Bowling for Columbine* und *Fahrenheit 9/11* Erfolge an den Kinokassen, die für Dokumentarfilme außergewöhnlich sind. Sein kompromissloser und zeitweise sehr suggestiver Stil hat Moore jedoch seit jeher auch Kritik eingebracht, selbst von Kollegen, die ihm politisch nahestehen.

auch Live-Interviewsituationen im Radio, Fernsehen und in Internetübertragungen – doch dabei handelt es sich um andere Herangehensweisen.[29]

Kurzer Fakten- oder Termincheck

Medium: Telefon, Mail oder persönlich
Gesprächspartner: Unbestimmt; Hauptsache, er kann Auskunft zum Gegenstand geben
Art des Interviews/Inhalt: Interview zur Sache → Abklärung von Terminen, Fakten, Zahlen, Namen; Rückversicherung oder Korrekturen von Inhalten aus Pressemeldungen, Pressemitteilungen, Pressekonferenzen, Internetseiten
Dauer: wenige Minuten
Verlauf und Strategie: sehr informell und meistens unvorbereitet. Man sollte wissen, was man fragen will. Auch sollte man nicht vergessen, sich den Namen und die Position des Auskunftsgebers zu notieren.

Kurzinterview

Medium: Telefon, Mail oder persönlich
Gesprächspartner: verfügbarer Ansprechpartner oder bestimmte Person
Art des Interviews/Inhalt: Interview zur Sache; Meinungsinterview → Position einer Person/einer Partei/einer Institution zu einem aktuellen Thema (gezielte Kurzumfrage); Vervollständigung einer Pressemitteilung bzw. Erzeugung von Einzigartigkeit durch exklusive Zitate, die andere Journalisten nicht haben.
Dauer: wenige Minuten bis eine Viertelstunde
Verlauf und Strategie: informell; die wichtigsten Punkte sollte man sich vorher notiert haben. Befragt man außerdem unterschiedliche Ansprechpartner zum selben Thema (zum Beispiel Fraktionsvorsitzende unterschiedlicher Parteien), sollte man auf Vergleichbarkeit achten. Solche Gespräche finden manchmal auch zwischen Tür und Angel statt, zum Beispiel bei Pressekonferenzen oder Veranstaltungen, wo es eigentlich um ein anderes Thema geht, wo man aber eine Person antrifft, die man befragen will. Hier gehört eine gewisse Unverschämtheit und Beharrlichkeit dazu.

Längeres Interview

Medium: Telefon, Mail oder persönlich
Gesprächspartner: bestimmte Person
Art des Interviews/Inhalt: Interview zur Sache; Meinungsinterview; Interview zur Person → Positionen, Meinungen und Hintergründe zu bestimmten Themen,

29 Ganz abgesehen davon, dass solche Gesprächssituationen meistens von einer ganzen Redaktion vorbereitet und betreut werden, arbeiten diese Medien dazu noch mit speziellen Kulissen, also Räumen, die sie entweder entsprechend vorbereiten oder gleich selbst aufbauen.
Was in dieser Auflistung ausgeklammert ist, ist die Umfrage. Auf sie gehe ich kurz in Kapitel 4.3 ein, wo es um das Interview als Textform geht.

das Schwerpunktthema steht meistens schon vorher fest, egal ob es sich um einen Sachverhalt oder um die Person selbst handelt. Hoher Exklusivitätsgrad, da solche Interviews zwar öffentlich geführt werden können, aber unter Ausschluss anderer Journalisten.
Dauer: eine Viertel- bis Dreiviertelstunde
Verlauf und Strategie: Hier sollte ein Gesprächskonzept beziehungsweise eine genaue Gesprächsplanung vorhanden sein. Die Interviewsituation sollte einigermaßen ungestört und konzentriert sein. Bei einem längeren Interview ab einer halben Stunde Länge kann sich bereits eine Gesprächsatmosphäre einstellen.

Langinterview

Medium: persönlich
Gesprächspartner: bestimmte Person
Art des Interviews/Inhalt: Interview zur Sache; Meinungsinterview; Interview zur Person → Ziel ist es, ein Thema oder eine Person intensiv und situativ kennenzulernen samt Details und Hintergründen. Hier geht es nicht um oberflächliche Fakten, sondern um das Dahinter. Wissenschaftliche, philosophische, politische oder wirtschaftliche Tiefengespräche werden so geführt, aber auch solche, die verwendet werden, um ein Portrait zu schreiben.
Dauer: eine halbe Stunde aufwärts, ein solches Interview kann auch mal eineinhalb oder zwei Stunden dauern
Verlauf und Strategie: Ein langes Interview ist gut geplant. Man trifft sich nicht mit einer Person, mit deren Tun und Werdegang man sich nicht wenigstens im Ansatz beschäftigt hat. Bei einem Künstler hat man möglichst die neue CD gehört, das aktuelle Buch gelesen oder einige Werke aus der laufenden Ausstellung gesehen. Das Interview findet an einem ungestörten Ort statt. Da keine Eile besteht, lässt man dem Gespräch Zeit, sich zu entwickeln.

Bei den Interviews gilt im Prinzip dasselbe wie bei der Recherche: Der Aufwand sollte in einem vernünftigen Verhältnis zum Zweck stehen. Wenn ich nur eine kleine Information brauche, die sich in einer halben Minute weitergeben lässt, muss ich deswegen kein einstündiges Gespräch führen. Es sei denn, die Information ist streng geheim und nur extrem schwer zu bekommen – oder ich möchte mich mit dem Interviewpartner gutstellen, weil er mir auch bei späteren Recherchen und in späteren Interviews nützlich sein kann. Beides ist in Schulprojekten nicht zu erwarten und deshalb für unsere Zwecke getrost zu vernachlässigen.

2.4.4 Techniken und Strategien

Weil jeder im Laufe der Berufsjahre seine ganz eigenen und speziellen Erfahrungen mit Interviews und Interviewpartnern macht, hat jeder seine ganz eigenen und speziellen Rezepte für ein gelungenes Interview. Ich werde im Folgenden die wichtigsten meiner Tipps bezüglich Vorbereitung, Technik und Strategie auflisten – viele davon waren wiederholt Gegenstand von Diskussionen und Nachfragen in Schulklassen.

Angemessene Vorbereitung: Wie bereits im vorangegangenen Abschnitt erwähnt: Die Vorbereitung eines Interviews steht in Zusammenhang mit dem Verwendungszweck des Ergebnisses. Will ich nur eine bestimmte Auskunft im Kontext einer übergeordneten Recherche, muss ich auch nur diese eine Frage stellen, die dafür umso präziser. Das andere Extrem ist ein Portrait-Interview, das auch als solches gedruckt werden und in dem der Charakter des Befragten durchscheinen soll. Hier ist bereits in der Vorbereitung auf eine gewisse Dramaturgie zu achten.

Wenn ich ein langes Interview vorbereite, notiere ich mir erst einmal alle Aspekte, die ich besprechen will. Beispiele für solche Aspekte: aktuelles Projekt, Werdegang, früheres Schaffen, Zukunftsaussichten, Privates. Nachdem ich mich ausführlich mit der Person und ihrem Schaffen (ganz gleich ob es sich um Kunst, Wissenschaft, Politik oder Sport handelt) beschäftigt habe, notiere ich mir alle Fragen, die mir dazu einfallen und (wichtig!) die mich interessieren. Dann ordne ich die einzelnen Fragen den Aspekten zu. Alles wird schriftlich fixiert und so aufbereitet, dass es während des Interviews übersichtlich und ohne großes Geraschel verwendet werden kann.

Fragetechnik: Die Fragen sind ein Vehikel, das mich zu den Informationen bringt, die ich von meinem Gesprächspartner haben will. Die Kunst besteht nun darin, sie so zu stellen, dass dieses Vehikel nicht ins Stocken gerät und auf halber Strecke stehen bleibt. Vieles dabei hat mit Magie zu tun, das habe ich bereits gesagt. Es hat mit dem Ort und der Zeit zu tun, damit, wie gut ich gelaunt bin und mit welchem Fuß mein Gesprächspartner aufgestanden ist. Es hat mit dem Drumherum zu tun und vielleicht damit, dass mein Gegenüber gerade viel lieber etwas anderes tun würde, als sich mit mir zu unterhalten.

Zwischen all diesen Faktoren, die man selbst nicht beeinflussen kann, gibt es jedoch einige Strategien, die einen erfolgreichen Gesprächsverlauf begünstigen:

- Höflichkeit → Ich bin kein Geheimdienstmitarbeiter und auch kein Fernsehkommissar. Ich arbeite nicht mit Erpressung und nicht mit Druck, sondern mit dem Versuch, eine respektvolle und freundliche Atmosphäre zu erzeugen. Das kann Türen öffnen.
- Nur eine Frage auf einmal → Achten Sie einmal darauf, wie viele Interviewer in einer Frage mindestens zwei oder drei Fragen verpacken. Nachteil: Der Gesprächsverlauf ist nicht mehr beeinflussbar, weil sich der Interviewpartner immer erst eine Frage aussuchen muss.
- Nur Fragen, die mein Gegenüber beantworten kann → Ich unterhalte mich mit meinem Interviewpartner über das, was wir im Vorfeld besprochen haben. Natürlich kann dabei auch das eine oder andere unvorhergesehene Thema hineinrutschen. Doch weshalb soll ich einen Modefotografen, der mit Politik nichts am Hut hat, zwischendurch über die bevorstehende Landtagswahl

befragen? Um ihn bloßzustellen? Um meinen Lesern die Wichtigkeit der demokratischen Partizipation unterzujubeln?

Es gibt Interviews, die darauf ausgelegt sind, den Interviewpartner bloßzustellen. Es mag sogar Situationen geben, in denen eine solche Bloßstellung berechtigt ist, wenn es um die Aufdeckung illegaler Machenschaften, Bösartigkeiten oder Lügen geht. Ich finde solche Bloßstellungen jedoch meistens unangenehm, vor allem wenn sie nur dem Zweck dienen, Lacher zu erzeugen oder den Fragesteller besonders witzig dastehen zu lassen.

Gesprächsverlauf: Bei einem Interview geht es, wie bei jedem anderen Zusammentreffen von Menschen, um Sympathie und Atmosphäre. Auf beides habe ich als Gesprächsführer Einfluss. Höflichkeit und den Interviewpartner nicht zu überfordern, habe ich eben erwähnt. Es gibt noch eine andere wichtige Methode, den Gesprächspartner zu öffnen, indem man ihm zu Beginn des Gesprächs entgegenkommt. Dies ist thematisch zu verstehen. Man muss sich überlegen, wo der Gesprächspartner gerade mit seinen Gedanken steht. Da er zunächst damit beschäftigt ist, den Fremden (mich) und die Umgebung (soweit wir uns außerhalb seines gewohnten Umfeldes treffen) abzuschätzen, sollte er gedanklich nicht allzu große Sprünge machen müssen. Es hat einen Grund, weshalb geübte Interviewer erst einmal übers Wetter plaudern, über die Anreise, übers Outfit oder wann man sich das letzte Mal gesehen hat. Befindet man sich in den Räumen des Interviewten, kann man einige erste Worte über die Inneneinrichtung verlieren oder über den schönen Blumenstrauß in der Ecke.

Nachdem man sich bedankt und vielleicht kurz den Hintergrund des Besuchs noch einmal erwähnt hat, legt man so langsam los. Meistens sitzt man dann schon. Und hier fängt man dann wiederum im Jetzt an. Mit dem, was dem Gegenüber gerade mutmaßlich am ehesten auf der Seele brennt. Seinem Wahlkampf. Seiner neuesten Erfindung. Seiner neuen CD. Und da ist es völlig gleichgültig, dass man es vielleicht auf Informationen aus einer ganz anderen Epoche seines Lebens und Schaffens abgesehen hat. Ein Mensch identifiziert sich mit dem am meisten, was ihn in diesem Moment am meisten beschäftigt. Darüber will er reden. Und so kann man ihm zeigen, dass man sich für ihn interessiert, dass man sich in jüngster Zeit mit dem beschäftigt hat, was er so tut. Er wird gerne darüber reden, weil Menschen mitteilungsbedürftig sind. Ganz egal, ob es sich um positive oder negative Dinge handelt, der Interviewpartner will erzählen.

Nichts ist schlimmer als zum Beispiel einen Schriftsteller, der vor zwanzig Jahren zwei Bestseller hatte und dessen Romane seither in den Buchhandlungsregalen vor sich hindümpeln, gleich zu Beginn auf seine ehemaligen Erfolge anzusprechen. Damit verstärkt man möglicherweise seine Frustration, erinnert ihn daran, dass sich heute niemand mehr für sein Schaffen interessiert, das also, womit er seine einsamen Stunden am Schreibtisch verbringt. Wie soll dieser Schriftsteller Sympathie für einen Journalisten aufbringen, der ihn damit konfrontiert?

Als Interviewer muss man sozusagen in Vorleistung gehen und erst einmal Aktuelles abklappern. Diese Geduld zahlt sich meistens aus. Wenn der Gesprächspartner sich alles von der Seele geredet und sich davon überzeugt hat, dass man ihn und seine Arbeit respektiert, ist er viel eher bereit, über das Davor zu sprechen oder über Hintergründe. Auf diese Weise erfährt man möglicherweise Dinge, die ein anderer Interviewer nicht bekommt, weil er sich die Mühe nicht gemacht hat.

Apropos Mühe: Ein längeres Interview ist, wie ich schon sagte, grundsätzlich gut vorbereitet. Es ist zwar immer ratsam, die Fragen schriftlich vorliegen zu haben, schaden kann es aber auch nicht, wenn man den geplanten Interviewverlauf zumindest grob verinnerlicht hat. So gerät das Gespräch nicht so leicht ins Stocken, weil ein kurzer Seitenblick auf die Notizen genügt, um zu wissen, wo und wie man anknüpfen wollte. Außerdem gilt: Je besser man vorbereitet ist, desto leichter fällt es, wieder zum geplanten Gesprächsverlauf zurückzukehren, wenn man einen interessanten Seitenaspekt verfolgt hat, der sich während des Interviews ergeben hat. Wenn man ständig verkrampft nach der nächsten Frage suchen muss, erkennt man einen solchen Seitenaspekt vielleicht nicht einmal.

Mitschneiden oder mitschreiben? Die schlechte Nachricht: Darauf kann ich keine eindeutige Antwort geben. Die gute Nachricht: Jeder kann die Vor- und Nachteile abwägen, das eine wie das andere ein paarmal ausprobieren und dann eine persönliche Entscheidung treffen. Oder man hält es am Ende, nach vielem Hin und Her, wie ich und macht es vom jeweiligen Interviewpartner, vom Interviewzweck, von den Bedingungen vor Ort und sogar von der momentanen Stimmung abhängig.

Was spricht fürs Mitschreiben? Man hat in der Hand, was man schreibt. Es ist ja fast ein Klischee, man würde sich besser einprägen, was man einmal mit der Hand geschrieben hat, aber es stimmt. Außerdem ist man bereits beim Schreiben zur Selektion gezwungen, und zwar zu einer spontanen und intuitiven. Das ist von Vorteil. Sollte es Unklarheiten bei der Schreibweise etwa von Namen geben, werden sie sofort offensichtlich – man kann sie durch Nachfragen sofort beseitigen. Bei der Aufnahme mit dem Diktiergerät werden diese Unklarheiten meist überhört.

Was spricht gegen das Mitschreiben? Wer kein Steno beherrscht und nicht viel Übung mitbringt, ist während eines einstündigen Interviews ordentlich beansprucht. Ohnehin wird man kaum einmal jedes Wort mitschreiben können, vor allem, wenn der Gesprächspartner viel und schnell spricht. Und wenn man es doch versucht, entstehen nach dem Gesagten lange Pausen, weil man nachnotiert. Der Gesprächsfluss kann dadurch ins Stocken geraten. (Diese Zwangspausen können aber auch Hektik aus der Situation nehmen.) Wegen der Omnipräsenz von Stift und Papier in der Hand wird das Gegenüber niemals vergessen, dass es sich um ein Interview handelt.

Was spricht fürs Mitschneiden? Das Diktiergerät steht auf dem Tisch, die Hände sind untätig, die Augen auf die des Gesprächspartners gerichtet. Dies ist vor allem bei langen Interviews eine Entlastung. Wer ein Interview aufnimmt, hat mehr Freiraum, braucht sich nicht mit einem Stift auf dem Notizblock verkrampfen und kann sich stattdessen Gedanken über die nächste Frage machen. Der Gesprächsfluss wird nicht durch Schreibpausen unterbrochen. Außerdem wird jedes Wort festgehalten. Falls es später einmal eines Beweises bedarf (oder auch nur falls beim Schreiben des Textes Unsicherheit entsteht), kann man sozusagen auf den Originaltext zugreifen. Weil heute fast jedes Handy und viele MP3-Player über eine Diktier- bzw. Aufnahmefunktion verfügen, ist ein digitaler Mitschnitt in der Regel ohne finanziellen Zusatzaufwand zu haben, vorausgesetzt man legt keinen Wert auf Sendefähigkeit des Materials.

Was spricht gegen das Mitschneiden? Vor allem der Faktor Zeit. Ein einstündiges Interview noch einmal nachzuhören, dauert eine Stunde. Man muss trotzdem entscheiden, was wichtig ist und was nicht, und zwar von außerhalb der Situation. Dabei gehen viel Spontanität und viel Authentizität verloren. Dieser nachträgliche Arbeitsschritt ist eine zusätzliche Belastung. Ein absoluter Vorteil ist die Aufnahme jedoch dann, wenn zwischen dem Interview und dem Verfassen des dazu gehörenden Textes eine lange Zeitspanne liegt. (Ein Szenario, vor dem ich grundsätzlich warne, das sich manchmal aber nicht verhindern lässt.) Dann kann man sich die Interviewsituation noch einmal vollständig vergegenwärtigen.

Wie gesagt, ich selbst habe keine klare Präferenz. Da ich von Haus aus Radiojournalist bin, gibt es natürlich einen Hang zum (mittlerweile digitalen) Aufnahmegerät. Doch bin ich immer ganz gut damit gefahren, mir während langer Interviews zwischendurch trotzdem handschriftliche Notizen zu machen. Die reichen mir dann oft aus. Vor allem wenn ich mich unmittelbar nach dem Interview an die textliche Umsetzung mache, kann ich das Wichtigste aus dem Gedächtnis abrufen. Der Mitschnitt ist dann eine beruhigende Rückversicherung.

2.4.5 Schüler und Interviews

In Werkstätten, in denen ich mit einer Spontanreportage beginne, kommt das Thema Fragestellung meist schon bei der Besprechung der dort gemachten Erfahrungen auf. In Kapitel 1.3.2 wurden ja schon einige der wiederkehrenden Rückmeldungen von Schülern aufgelistet. Häufig haben die Anfangsprobleme beim Interview mit der Art der Fragestellung zu tun und mit Fehlern, die ungeübte Interviewer nun einmal machen. Ich enthalte den Schülern dann eine Antwort nicht vor, schließlich machen wir die Erstübung, um auf solche Probleme und Fragen zu stoßen. Jedoch fasse ich mich kurz und verweise auf einen späteren Zeitpunkt, nämlich auf diesen. Dann haben wir einen thematischen Rahmen, um Interviewvorbereitung und -führung praktisch zu üben. Immerhin ist von der ersten Erfahrung die unangenehme Erinnerung daran haften geblieben, seinem Gesprächspartner ohne Frage gegenüberzustehen und nicht zu wissen, wie es weitergeht. Entsprechend groß ist die Bereitschaft, sich auf künftige Interviews besser vorzubereiten. Zumal nun bei den eigenständigen Reportagen Interviews bevorstehen, die bei weitem ausführlicher sind als die der Spontanreportage. Selten treffen Schüler dabei auf Medienprofis, die im Umgang mit Interviewfragen geübt sind. Der Pressesprecher eines Museums mag ja noch gelassen bleiben angesichts der Befragungssituation. Der Steinmetz jedoch, der in seiner Werkstatt für gewöhnlich ungestört und alleine arbeitet, ist beim Interview vielleicht so nervös wie der befragende Schüler. Sollte das Gespräch ins Stocken geraten, wird ihm wahrscheinlich auch nicht viel einfallen, um es wieder in Gang zu bringen.

Neben der inhaltlichen und technischen Vorbereitung sollte bei der Arbeit mit Schülern auch eine psychologische Komponente angesprochen werden: Die Frage der Distanz. Die Situation eines Interviews führt nämlich oft zu kuriosen Empfindungen. Da ist der verständliche Stolz, von einem Erwachsenen empfangen und als Fragesteller ernstgenommen zu werden. Da ist aber auch die überraschende Erkenntnis, an der Arbeit, den Meinungen oder sogar am Innenleben eines bislang Fremden teilhaben zu können, der im Leben ein (kleines oder großes) Stück weiter ist als man selbst. Ein wenig Bewunderung dafür ist sicher nicht schlecht. Wenn daraus aber Schwärmerei wird, weil der Gesprächspartner nur ein paar Jahre älter ist, gut aussieht und in einem angesagten Klamottenladen arbeitet oder in einer Band Gitarre spielt, ist Vorsicht geboten. Solche Schwärmereien schlagen sich gerne im Text nieder, was für den Leser nur selten ein Gewinn ist. Ich hatte einmal eine Schülerin, die von den Mitarbeitern eines Jeans-Ladens so begeistert war, dass sie sie gefeiert hat wie Astronauten, die gerade als erste Menschen auf dem Mars gelandet sind. Die Schülerin ist damit übers Ziel hinausgeschossen. Aber sie befindet sich in bester Gesellschaft. Wer sich mit dem Phänomen näher befassen und sich dabei auch noch gut unterhalten lassen will, dem sei der Film *Almost Famous – Fast Berühmt* des Regisseurs Cameron Crowe empfohlen, in der er seine Anfangszeit als Reporter für das Musikmagazin *Rolling Stone* aufarbeitet. Der 15-jährige Reporter, um den es in dieser Geschichte geht, kann irgendwann nicht mehr unterscheiden, ob er nun Freund, Mitglied oder Beobachter der Band ist, über die er eigentlich nur schreiben sollte.

Man muss aber nicht gleich ins Amerika der 70er Jahre reisen, um Anschauungsmaterial zu finden. Dafür reicht schon eine beliebige Pressekonferenz eines beliebigen deutschen Fußballbundesligavereins. Hier herrscht teilweise eine Kumpelei, die für den Laien mit objektivem Journalismus nicht in Einklang zu bringen ist. Aber auch wenn es an allen Ecken und Enden menschelt, muss doch eines klar sein: Ein Interview ist keine Plauderei, es ist auch nicht die Anbahnung einer Freundschaft. Und selbst wenn eine gewisse Nähe entsteht, zum Beispiel im Verlauf sehr ausführlicher Recherchen, wenn man sich das Vertrauen des Gesprächspartners mühsam erarbeiten musste, treffen hier zwei Interessen aufeinander, die nicht immer in Einklang sein müssen. Darauf weise ich bei der Arbeit mit Schülern grundsätzlich hin. Und auch hier gilt: Je besser die Vorbereitung und je genauer man vorher weiß, worauf es einem ankommt und was man wissen will, desto geringer ist die Gefahr, sich während des Gesprächs zu verzetteln.

2.4.6 Übungen

Übung allgemein: Fragen aus Text

Ausgangspunkt ist ein journalistischer Fließtext, am besten eine Reportage. Dieser Text wird gelesen, danach haben die Schüler die Aufgabe zu ermitteln, welche Fragen der Autor/Journalist bei der Recherche gestellt hat. Wahlweise können noch zusätzliche Fragen erstellt werden: Was ist im Text zwar nicht genannt oder beantwortet, passt aber zum Thema und könnte ebenfalls interessant sein?

Übung allgemein: Fragen an Person

Eine allen Schülern grundsätzlich bekannte Person wird ausgewählt. Hierbei kann es sich um einen Schauspieler, einen Politiker, einen Bürgermeister, einen Schulrektor oder auch um eine literarische Figur handeln. Zunächst werden im Plenum alle wichtigen Daten und Eigenschaften zu dieser Person gesammelt. Wenn nötig, wird im Internet oder über andere Medien eine Basisrecherche durchgeführt. Anschließend erhält jeder Schüler die Aufgabe, fünf offene und fünf geschlossene Fragen zu formulieren, die er dieser Person stellen würde. Die Fragen werden wiederum im Plenum gesammelt, diskutiert und letztlich ein Interview zusammengestellt, das man mit dieser Person führen könnte.

Variante: Jeder Schüler sucht sich seine eigene Person aus und vollzieht den beschriebenen Prozess in Einzelarbeit, wobei auch hier ausgewählte Ergebnisse in der Gesamtklasse vorgestellt werden.

Übung zur Reportage: Frageblatt (7)

Jeder Schüler erstellt eine präzise Interviewplanung zu seinem Reportagethema. Zunächst werden alle Fragen gesammelt, in Kategorien eingeteilt und dann in eine dramaturgische Reihenfolge gebracht. In Kleingruppen stellen sich die Schüler gegenseitig ihre Interviews vor, diskutieren sie und bearbeiten bzw. ergänzen die vorhandenen Fragen.

2.4.7 Beispiele

Fußballstadion – Hinter den Kulissen

Autorin: Melina, 11. Klasse Gymnasium

Frageziel: Da kein Einzelinterview geplant war, sondern ein Rundgang mit sehr verschiedenen Ansprechpartnern, würde die Vor-Ort-Recherche der Recherche bei der Spontanreportage ähneln. Melina überlegte sich deshalb allgemeine Fragen, auf die

sie bei Bedarf würde aufbauen können.
Beispielfragen: Muss man Fußballfan sein, um hier zu arbeiten? Wie ist Ihr Werdegang? Wie sieht Ihre Arbeit am Spieltag aus? Wie sieht der sonstige Alltag aus? Was bekommt man vom Spiel mit? Ist dies ein Wunscharbeitsplatz?

Unterwegs mit einem Bestattungsunternehmer
Autorin: Lena, 8. Klasse Gymnasium
Frageziel: Lena wusste zwar, dass sie einen Tag mit einem Mitarbeiter des Unternehmens verbringen würde, wusste aber nichts über diese Person. Also bezogen sich ihre Fragen auf den Beruf und die Tätigkeit des Bestatters sowie auf allgemein persönlichen Fragen.
Beispielfragen: Wie wird man Bestatter? Warum? Kann man an einem solchen Beruf Freude haben? Was waren und sind die schwersten Momente? Welche Tätigkeiten umfasst der Beruf? Gibt es sowas wie Alltag? Ist man immer verfügbar? Bleiben einige Fälle besonders im Gedächtnis? Darf man als Bestatter auch mal lachen? Was träumen Bestatter?

Portrait einer Telefonseelsorge-Mitarbeiterin
Autorin: Nadine, 9. Klasse Hauptschule
Frageziel: Nadine hatte einen Termin mit einer ehrenamtlichen Mitarbeiterin der Telefonseelsorge, von der sie lediglich wusste, dass sie seit vielen Jahren Telefondienste macht. Sie musste ihre Fragen also auch darauf ausrichten, etwas über diese Person zu erfahren.
Beispielfragen: Wie kamen Sie zur Telefonseelsorge? Gab es davor ein Schlüsselerlebnis, zum Beispiel eine eigene Krise? Welche Ausbildung braucht man für diesen Dienst? Wissen Sie noch, wie Ihr erstes Gespräch in diesem Amt war? Härtet man mit der Zeit ab oder wird man einfach nur routiniert? Schildern Sie bitte einen besonders eindrücklichen Fall.

Staatliche Münze Stuttgart
Autorin: Cornelia, 8. Klasse Gymnasium
Frageziel: Cornelias Ziel war, etwas über die Entstehung des Geldes zu erfahren, also die Arbeitsschritte. Weniger interessiert war sie an Ausbildung und Persönlichkeit der Mitarbeiter. Sie wusste bereits im Vorfeld, dass sie herumgeführt werden würde und danach der Pressesprecherin einige Fragen würde stellen können. Es war bereits klar, dass einige Fragen vermutlich nicht beantwortet werden würden, z. B. nach den exakten Sicherheitsvorkehrungen.
Beispielfragen: Welche Arbeitsschritte werden hier durchgeführt? Was kommt in der Staatlichen Münze an, wie geht es wieder raus? Wie wird verhindert, dass jemand klaut? Wie hat damals die Umstellung von D-Mark auf Euro funktioniert? Was für ein Verhältnis bekommt man zum Geld, wenn man hier arbeitet? Hat man eine Lieblingsmünze? Gibt es Münzen, die in der Herstellung komplizierter sind, zum Beispiel das Ein-Euro-Stück?

DDR-Museum Pforzheim
Autor: Daniel, 10. Klasse Berufskolleg
Frageziel: Das Interesse von Daniel hatte nur mittelbar mit dem Museum zu tun. Er wollte einen oder mehrere Initiatoren zu ihrem Hintergrund und zu ihren Erfahrungen in der DDR befragen – und dadurch letztlich die Motivation ergründen, die hinter der Eröffnung des Museums steckte.
Beispielfragen: Wie war Ihre Kindheit in der DDR? War das Leben für Sie von Anfang an unglücklich? Wenn nein, wann fing das an? Wann und wie kam der Entschluss zu fliehen? Wenn in der DDR so viele Menschen unglücklich waren, warum gab es nicht mehr Widerstand? Wie und wann kam die Idee, ein Museum zu eröffnen? Was wollen Sie mit dem Museum erreichen?

Heilfasten
Autor: Maximilian, 11. Klasse Gymnasium
Da er sich für einen Selbstversuch entschieden hatte, fand bei Maximilian kein Interview statt.

2.5 Der Text

2.5.1 Vorbemerkung

Wir erreichen nun einen dramatischen Höhepunkt im Prozess der Schreibwerkstatt. Wir müssen alles, was wir recherchiert, beobachtet und erfragt haben, in einen Text verwandeln: eine Pressemeldung, eine Geschichte oder eine Reportage. Trotzdem sollte niemand behaupten, jetzt erst finge man mit dem Schreiben an. Wer den ganzen Prozess bis zu dieser Stelle durchlaufen hat, weiß, was gemeint ist.

Eine Lehrerin schilderte einmal während einer Fortbildung ihre Erfahrungen so:

> Zu Beginn der Recherche hatte ich bereits eine ziemlich genaue Vorstellung davon, wie meine Reportage am Ende aussehen sollte. Doch während der Vor-Ort-Recherche schrieb ich den eigentlich fertigen Text in meinem Kopf um. Auf dem Nachhauseweg warf ich erneut alles über den Haufen. Und wenn ich meine Reportage jetzt betrachte, hat sie mit der Ursprungsgestalt kaum noch etwas zu tun.

Die Frage, die sich an diesen Bericht anschloss: „Ist das normal oder habe ich etwas gründlich falsch gemacht?" Es ist völlig normal. Wer schreibt, schreibt ab dem Moment der ersten Idee. Er schreibt im Kopf, er macht Notizen, er schreibt im Kopf alles um, er macht weitere Notizen. Und wenn es schließlich an die textliche Umsetzung geht, wenn das bisher Gedachte auf Papier oder einen Computerbildschirm soll, kann der Schreibende trotzdem das Gefühl haben, vor dem Nichts zu stehen, ohne ein brauchbares Wort.

2.5.2 Die Schreibblockade

Für dieses Phänomen gibt es eine allseits bekannte Bezeichnung: Schreibblockade. Diese Diagnose reicht aber leider noch nicht aus, um Gegenmaßnahmen zu ergreifen. Denn die Schreibblockade ist nicht das eigentliche Problem, sondern nur ein Symptom. Verkompliziert wird die Sache dadurch, dass Heilung prinzipiell nur durch die eine Sache möglich ist, die man in diesem Moment nicht kann: Schreiben.

Was können die häufigsten Ursachen von Blockaden beim Schreiben einer Reportage sein?

- Der Umfang des Materials: Wer sich über Wochen hinweg mit einem Thema befasst, Interviews geführt und Orte besucht hat, wird automatisch zu einem Experten für dieses Thema und häuft unzählige Informationen an. Jetzt soll all dies plötzlich zu einem Text von nicht einmal zwei Druckseiten Länge werden?
- Die Bedeutung des Moments: Nach besagten Wochen der Recherche fühlt sich der Moment, in dem man sich zum Schreiben an den Tisch setzt, an wie die Stunde der Wahrheit: Jetzt gilt es, jetzt entscheidet sich, ob sich der ganze Aufwand gelohnt hat.
- Das Gewicht des Textes: Journalisten stehen unter ständiger Beobachtung. Chefredakteure, Kollegen, aber auch die Leser schauen ganz genau auf jedes Wort und verzeihen manchmal selbst kleinere Schnitzer nicht.

Was hilft dagegen? Wie gesagt: Schreiben. Dazu muss man sich, wenn nötig, zwingen. Keine Strategie der Welt kann einem diesen Moment der Selbstdisziplin ersparen. Es gibt höchstens Hilfestellungen.

- Eine alte Faustregel besagt, dass bei einer gut durchgeführten Reportage etwa 90 Prozent des recherchierten Materials unter den Tisch fallen. Diese radikale Beschränkung auf einen geringen Teil der Informationen darf man gerne als Trost empfinden: Man kann es eigentlich nur falsch machen. Also kann man sich ebenso gut entspannen und sich vom Ballast trennen.
- Augen schließen und noch einmal in Gedanken an den Ort des Geschehens gehen. Was kommt sofort in den Sinn? Welches war der eindrücklichste Aspekt? Beides kann ein guter Ansatz für den Einstieg sein.
- Wie würde man das Fazit der Recherche in zwei Sätzen zusammenfassen? Hinter dieser Zusammenfassung steckt oft schon der Kern der Geschichte, die man erzählen wird.
- Wenn man in einem wie auch immer gearteten Schreibfluss steckt, fällt es leichter, auf ein anderes Thema umzuschwenken. Also reicht es manchmal, sich irgendwie freizuschreiben. Dafür kann man auf Übungen des kreativen

Schreibens zurückgreifen, zum Beispiel auf das *Automatische Schreiben.*[30]

Letztlich geht es bei fast allen Schreibblockaden um wenig anderes als um Angst. Angst vor dem Scheitern am Text, am Thema, an den eigenen Erwartungen und an den Erwartungen der Anderen. Deshalb geht es bei allen Übungen, die Blockaden zu überwinden darum, die Angst zu überwinden, auszublenden oder sich sogar zunutze zu machen. Wie behelfen sich Journalisten, die täglich eine Zeitung zu füllen haben? Nun, im Alltagsgeschäft, wo es um spontane, schnelle und damit aktuelle Entscheidungen und Texte geht, hat die Angst nicht viel Raum sich auszubreiten. Die Notwendigkeit, einen vorgegebenen Platz auf der Seite bis zu einer vorgegebenen Uhrzeit mit einem vorgegebenen Thema bestücken zu müssen, lässt nicht viel Wahl.

Aber Berufsjournalisten arbeiten auch an Themen, die sich über längere Zeit hinziehen und für die es keine definierten Abgabetermine gibt. In diesem Fall hilft: Augen zu und durch. Und ganz besonders sollte man sich klarmachen, dass die erste Version des Textes niemals diejenige ist, die man veröffentlicht. Wie gesagt, wir reden hier nicht über die eiligen (und wie man so schön sagt „mit heißer Nadel gestrickten") Alltagstexte, sondern über Reportagen, die über Wochen und Monate recherchiert wurden. In der Realität wird sich mindestens ein verantwortlicher Redakteur eines solchen Textes annehmen und gegebenenfalls ein paar Änderungen einfordern oder vielleicht sogar selbst übernehmen. Wenn man sich einmal daran gewöhnt hat, dass es so läuft, ist dieser Eingriff auch nicht mehr so unerträglich wie zu Beginn. Dann merkt man schnell, dass es einfach nur darauf ankommt, etwas zu haben, was verändert werden kann.

2.5.3 Die Blackbox

Es geht unweigerlich ans Schreiben, egal wie lange man sich davor gedrückt hat, egal wie lange man Angst davor hatte und egal, wie man es geschafft hat, sich schließlich doch noch hinter den Schreibtisch zu klemmen.

Über diesen Teil der Textentstehung kann ich am allerwenigsten sagen. Man kann über das Davor sprechen, über Recherchen, Interviews und die anderen Voraussetzungen für eine Reportage. Man kann sich das Ergebnis ansehen, den Text, kann sagen, ob er sich gut liest, ob er inhaltlich stimmig scheint, ob man ihn im besten Fall mitreißend und informativ findet. Nur der Mittelteil, das eigentliche Schreiben, bleibt mysteriös und individuell.

Es gibt Vielschreiber, die setzen sich einmal hin, schreiben den ganzen Text in einem Rutsch und stellen am Schluss fest, dass auf dem Papier doppelt so viel steht wie eigentlich gedruckt werden soll. Es gibt Tröpfchenschreiber, die sich

30 Die Anleitung dazu sowie zu einigen anderen kreativen Übungen findet sich in Kapitel 3.3 in diesem Buch. Eine ganze Reihe weiterer Anregungen kann man auch dem Buch *Erzählendes Schreiben* im Unterricht entnehmen, das ebenfalls in dieser Reihe erschienen ist.

jeden Satz mühsam aus den Fingern saugen müssen und danach mit exakt der geforderten Zeilenzahl dastehen. Es gibt Puzzler, die zuerst eine Stelle aus der Textmitte schreiben, dann den Schluss und erst dann den Anfang. Es gibt die Pedanten, die sich schon in der Erstversion keinen Rechtschreibfehler erlauben und die Ungeduldigen, die alle Korrekturanzeigen ihres Rechners deaktivieren, weil sie erst einmal einen Text brauchen und sich erst dann ums einzelne Wort und seine Buchstaben kümmern wollen.

Der schönste und vornehmste Schlüssel zum Schreiben ist die Inspiration. Inspiration kommt leider nur, wann sie will. Deshalb schwören viele Journalisten (und übrigens auch Schriftsteller) auf ein anderes Mittel: Termindruck. Der ist zwar weniger romantisch, dafür aber umso effektiver.

2.5.4 Schüler und Texte

Auch Schüler leiden unter Schreibblockaden und deren Ursachen sind denen der Profis nicht unähnlich. Mit zwei entscheidenden Unterschieden: Erstens sind Schüler keine Profis. Zweitens werden Schüler benotet. Letzterer Punkt bedeutet, dass sie zwar nicht in der Öffentlichkeit stehen, Unsicherheit und Angst sind beim Schreiben jedoch genauso präsent wie bei den Kollegen in den Zeitungs-, Internet- und Radioredaktionen.

Wie helfe ich einem Schüler über Unsicherheiten hinweg? Durch Herunterspielen und Beschwichtigen. Herunterspielen: „Ist alles kein Problem, tu es einfach!" Beschwichtigen: „Benotet wird jetzt noch nicht." So viel zum Abbau von Hemmungen. Obendrein gibt es noch einen verbindlichen Abgabetermin, um den notwendigen zeitlichen Druck zu erzeugen.

Ob das die richtige Strategie ist, zuerst Druck abzubauen und dann Druck einzusetzen? Mir ist bislang keine bessere eingefallen oder begegnet. Und sie hat immer hinreichend funktioniert. Wem das zu irreal klingt, möchte ich ins Gedächtnis rufen, dass Menschen nun mal widersprüchliche Wesen sind, Jugendliche erst recht. Vielleicht ist deshalb diese Methode wie für sie gemacht.

Bevor es an die Schreibtische geht, ermutige ich die Schüler noch einmal, ihre eigene Geschichte zu erzählen, unverstellt und authentisch, in ähnlicher Weise wie bei der Spontanreportage. Allerdings schreiben sie jetzt mit dem Wissen, das sie zwischenzeitlich angesammelt haben, unter ganz bewusster Verwendung bekannter Textelemente:

- Tempus
- Zitate
- Beschreibungen
- Illustration und Beleg von Behauptungen
- Überschrift

Auf keinen Fall sollte ein Schema vorgegeben werden. Manche Schüler greifen aus purer Gewohnheit auf Elemente wie Einleitung, Mittelteil, Schluss zurück –

obwohl diese Einteilung in der Reportage so abgrenzbar nicht vorgesehen ist. Ich würde ein solches Vorgehen nicht aktiv fördern, weil es eine strukturelle Denkweise fördert, die nicht unbedingt zu kreativen Texten führt. Andererseits ist es in diesem Stadium erst einmal wichtig, überhaupt etwas auf dem Papier zu haben, über das man reden kann.

Zur weiteren Entlastung wird von Lehrern immer wieder vorgeschlagen, die Aufgabe in kleine Häppchen aufzuteilen, d. h. die Reportage als Stückchenwerk zu schreiben, das später zusammengesetzt wird. Ich halte ein solches Vorgehen für kontraproduktiv, und zwar aus folgendem Grund: Schüler machen grundsätzlich nicht mehr als das, was von ihnen verlangt wird. Also selbst wenn einer in einen Schreibfluss käme und in einem Stück die ganze Reportage schreiben könnte, würde er es nicht tun. Hinzu kommt, dass ich ein Netz und einen doppelten Boden einbaue. Selbst wenn jemand über die ersten fünfzehn Zeilen nicht hinauskommen sollte und diese als Erstentwurf mitbringt, lasse ich das gelten. Besser als nichts. Und vielleicht sind in diesen paar Zeilen schon alle Gedanken und Ideen enthalten, die man benötigt, um die Reportage zu Ende zu schreiben. Schüler müssen sich klar machen, dass dies noch nicht der benotete Teil ist, dass sie sozusagen einen Freischuss haben und noch einmal alles korrigiert wird und umgeworfen werden kann.

2.5.5 Beispiele

Fußballstadion – Hinter den Kulissen

Autorin: Melina, 11. Klasse Gymnasium

Textauszug:

(...)

Auf dem Weg zur Regie tummeln sich um uns mehr als 150 Aushilfen, Kellner, Servicekräfte aber auch Köche um die Versorgung von den 2920 ViP's zu gewährleisten. Doch nicht nur heute schon seit Tagen sind sie am Essen vorbereiten, Tische decken, Stühle rücken, putzen und werkeln. „Je Heimspiel isst hier durchschnittlich 1,2–1,3 kg jeder Gast. Das sind ungefähr 3,5 t Speißen (sic!) die für jedes Heimspiel des VfB Stuttgart in 7 Küchen vor und -zubereitet werden müssen. Wir, das sind 10 Köche, Angestellte und unser Servicepersonal, bieten den Gästen 2 h vor und 2 h nach dem Spiel sowie in den Pausen jeweils verschieden Gerichte. Das geht vom Hauptgericht über Kuchen und Desserts bis hin zur Käseplatte und Pausensnacks. Außerdem können sich die Gäste pausenlos an unseren verschiedenen Cocktail und -Getränkebars sowie den 9 Buffets verwöhnen lassen. Generell sind wir 10–12 h pro Spieltag und an den Tagen zuvor 8–10 h beschäftigt." So der Küchenleiter.

Langsam klingen hier die ersten Champagnergläser doch auch die ersten Fanblöcke füllen sich allmählich.

Es ist eineinhalb Stunden vor Spielbeginn. Die ersten Fangesänge und Tröten sind zu hören. Auch in der Regie laufen die letzten Vorbereitungen. Seit mehr als 2 h arbeiten

hier mehr als 6 Personen um die Fans und das Stadion später optimal mit Sound, Technik und Beleuchtung zu versorgen. Auch die 2 großen Videoleinwände werden von hier gesteuert. Der Raum ist durch eine Glastür getrennt. Mehrere Bildschirme auf denen Teletext, Premiere, das Stadion, die Leinwände, die Fans etc. zu sehn sind füllen den Raum. Hinter ihnen und einer Glasscheibe liegt einem der Rasen zu Füßen. Davor ein großer Schreibtisch auf dem sich alle wichtigen Informationen rund um den Spieltag, den VfB und die Organisation befinden. Alles ist sekündlich durchgeplant.
(...)

Unterwegs mit einem Bestattungsunternehmer
Autorin: Lena, 8. Klasse Gymnasium
Textauszug:
(...)
Jede Geschichte braucht einen Anfang, und diese Reportage beginnt mit dem Ende einiger Lebensgeschichten.
Denn sie handelt von einem Tag in einem Bestattungshaus, genauer gesagt im Bestattungshaus Kulig in Stuttgart. Entgegen eines häufigen Vorurteils führt die Tür, durch die ich das Bestattungsunternehmen betrete, in ein hübsches, helles Haus und nicht in einen dunklen muffigen Keller. Volker Schrage, ein Angestellter des Bestattungshauses der mir an diesem sonnigen Wintermorgen die Tür öffnet, wirkt auch eher wie ein Büroangestellter als wie eine der vielen Totengräberkarikaturen, zum Beispiel bei Lucky Luke.
Die Sonnenstrahlen, die durch die Wolkendecke dringen, lassen den weißen Schnee leicht glitzern und so beginnt der Tag auch hier nach einem Blick auf den Tagesplan erst einmal mit Schneeschippen. Bald darauf kommt der Juniorchef des Bestattungshauses, Sven Kulig, mit einem freundlichen Lächeln auf den Lippen und gibt den Auftrag einen Sarg zum Buchrainfriedhof zu bringen.
Die Verstorbenen, die im Bestattungshaus untergebracht sind, befinden sich entweder im Kühlraum oder in einem der beiden Aufbahrungsräume. In den Aufbahrungsräumen können die Angehörigen rund um die Uhr Totenwache halten.
Auf die Bestatter wartet nun das erste Problem des Arbeitstages. Durch die Kälte passen die getrennt gelagerte Sargober- und Sargunterhälfte und somit die vorgefertigten Bohrlöcher nicht mehr aufeinander.
Schließlich müssen sich zwei Männer gegen den Sarg stemmen um dem Dritten zu ermöglichen, die Schrauben mühevoll hineinzudrehen und den Sarg zu verschließen. Danach wird dieser ins Auto geladen und die Fahrt zum Friedhof beginnt.
(...)

Portrait einer Telefonseelsorge-Mitarbeiterin

Autorin: Nadine, 9. Klasse Hauptschule

Textauszug:

Haben sie Probleme?! Wir haben ein offenes Ohr für Sie. (...)

Man kennt es: man ist allein, man weiß nicht mehr weiter, alles um sich herum dreht sich man fühlt sich wie in einem falschen Film alles läuft schief und man hat niemand mit dem man reden kann, obwohl man es gern würde. Um das zu ändern, sodass jeder Mensch wen er Probleme hat mit jemandem reden kann gibt es die so genannte „TelefonSeelsorge", Pia Licht nannte es in Ihrer Vorstellung „TS", die jeder anrufen kann wen es ihm schlecht geht, egal um welche Uhrzeit, egal an welchem Wochentag, die Telefonseelsorge ist immer da. Am Dienstag, den 09.03.2010 habe ich mich mit der Ehrenamtlichen Pia Licht getroffen. Licht ist eine 47-jährige Frau die eine von vielen Mitarbeiter/innen fürs Telefon zuständig ist. Lux ist seit 5 ½ Jahren dabei und ist durch eine Annonce in die Telefonseelsorge gekommen. Es rufen ca. 22.000 Leute im Jahr an. Die meisten Leute die anrufen brauchen Rückenstärkung, wollen Lösungen, brauchen jemand mit dem sie reden können, weil sie es sonst nicht packen. Licht hat wie andere auch eine Schweigepflicht über ihre Patienten.

(...)

Die Telefonseelsorge steht 24 stunden zur Verfügung, man kann also morgens wie auch nachts anrufen. Es gibt leider auch sehr viele Jugendliche die sich ein Scherz draus machen und anrufen und irgendeinen Schwachsinn erzählen. Im Gegenzug gibt es auch ein paar die es ehrlich meinen und wegen Problemen anrufen. Nachts ist auch die Zahl der Sex-Anrufer größer. Licht erklärt: „Wen Jugendliche 12mal hintereinander anrufen und es klingelt dann ein 13tes mal, sollte man trotzdem sich mit Namen melden und dem Anrufer freundlich begegnen, weil es kann ja sein das es ein Patient ist wo wirklich Probleme haben."

(...)

Staatliche Münze Stuttgart

Autorin: Cornelia, 8. Klasse Gymnasium

Textauszug:

(...)

Wenn ungefähr 500.000 Geldmünzen geprägt sind, dann ist der Prägestempel abgenutzt. Er wird aus Sicherheitsgründen eingeschmolzen. So kann niemand auf die Idee kommen, mit Hilfe eines alten Prägestempels sein eigenes Geld herzustellen. Viele Arbeitsgänge in der Münze werden heute von Computern erledigt, aber die Mitarbeiter haben trotzdem noch jede Menge zu tun. Sie prüfen unter anderem, ob die Münzen auf beiden Seiten richtig bedruckt sind, ob irgendwelche Beschädigungen zu sehen sind – solche fehlerhaften Geldstücke werden aussortiert- und sie sind vor allem bei der Herstellung von Medaillen, Gedenkmünzen etc. beteiligt. Diese Arbeit erfordert höchste Konzentration, da sie vorwiegend als Handarbeit erfolgt. Da Medaillen keine Zahlungsmittel sind, können auch private oder öffentliche Stellen diese Arbeiten vergeben.

Abschließend gibt Frau Müller-Theis noch zu bedenken, dass fast jedes 2. Geldstück heute in Baden-Württemberg geprägt wird. Trotz aller Neuerungen im Zahlungsverkehr, wie bargeldloses Zahlen, sind Münzen aus unserem täglichen Leben nicht wegzudenken. Viele Automaten schlucken auch heute noch nur Geldmünzen.
(...)

DDR-Museum Pforzheim
Autor: Daniel, 10. Klasse Berufskolleg
Textauszug:
Am Stadtrand von Pforzheim gelegen befindet sich ein eher unscheinbares Gebäude. Jedoch lässt die DDR-Flagge an der Eingangstür und ein original Fragment der Berliner Mauer das auf dem Gelände vor dem Gebäude steht einiges mehr erahnen (sic!). Es ist ein DDR-Museum, das von dem Ehemaligen DDR-Flüchtling Klaus Knabe (68) gegründet wurde. In Jahrelanger Kleinarbeit trug er viele Informationen, Bilder und unzählige Alltagsgegenstände aus der DDR zusammen und eröffnete schließlich 1998 das Museum um den Menschen die Geschichte der DDR näher zu bringen.
Beim Betreten des Gebäudes scheint man in eine andere Welt einzutauchen.
Von alltäglichen Gegenständen bis hin zur begehbaren Stasi-Gefängniszelle werden einem viele nachvollziehbare Aspekte des damaligen Lebens in der DDR Diktatur Vermittelt.
Bereits im Eingangsbereich wird man, auch wenn nur scheinbar, von einer Schaufensterpuppe in Uniform begrüßt. Eine an der Wand befestige Ost-Ampel blinkte unaufhörlich. Viele Plakate, Schilder und Fotos aus jener Zeit hängen an den Wänden. In den gut überschaubar eingerichteten Vitrinen des Museums waren viele Dinge aus der DDR-Zeit zu sehen. Von DDR Seife, noch verpackten Lebensmitteln, Streichhölzern bis hin zu Orden und Abzeichen.
(...)

Heilfasten
Autor: Maximilian, 11. Klasse Gymnasium
Textauszug:
1. Fastentag
Der Sauerkrautsaft gleich nach dem Aufstehen trifft mich hart und das auch noch in den Ferien! Doch er tut seine Wirkung und ich spüre allmählich den Drang die Toilette aufzusuchen. Durch ein wenig Lesen und im Internet surfen versuche ich mich abzulenken und die Zeit zur nächsten Mahlzeit zu überbrücken. Diese besteht allerdings leider nur aus einer warmen Gemüsebrühe, welche nicht gerade besonders sättigend ist. Gegen Spätnachmittag ist meine Psyche von Müdigkeit, Langeweile und dem Knurren meines Magens beherrscht, jedoch finde ich keine Motivation an die frische Luft zu gehen oder Freunde zu treffen, um mich abzulenken, und so

verbringe ich den Rest des Tages mit meinem Buch im Bett. Abends gibt es nochmal eine Portion Gemüsebrühe und ein Glas Obstsaft – welche Gaumenfreude!

2. Fastentag
Vorsichtig öffne ich die Augen und denke mit Schrecken an die nächsten 12 Stunden Hungern die bis heute Abend noch vor mir liegen. Doch als ich aufstehe und mich ein wenig strecke, fühle ich mich erstaunlich wach und fit – fitter als an anderen Morgen ohne Hungern. Mein Speiseplan sieht heute nicht viel anders aus als gestern, doch wenigstens muss ich zum Frühstück nicht diesen furchtbaren Sauerkrautsaft hinunterwürgen. Meine Motivation etwas zu unternehmen ist aus unerfindlichen Gründen zurückgekehrt und ich beschließe den Tag mit Freunden zu verbringen und nicht wieder von morgens bis abends in meinem Bett herumzuliegen. Als ich abends nach Hause komme würde ich schon gerne etwas anderes essen als Gemüsebrühe, doch ich finde mich langsam mit der Situation ab.

2.6 Wo stehen wir jetzt?

Die Schüler haben bis zu diesem Punkt eine Menge von Arbeitsschritten durchlaufen und dabei teilweise Beeindruckendes geleistet. Das ist, so denke ich, aus den beschriebenen Stationen abzulesen. Und es zeigt sich auch in den Texten, die wir hier aus Platzgründen nur ausschnittsweise abdrucken können. Gleichwohl sind die Schüler und mit ihnen die Reportagen damit noch nicht am Ende ihres Weges angekommen. Was uns vorliegt, sind Erstentwürfe. Sie sind teilweise schon sehr vielversprechend und ausgereift, teilweise bergen sie noch einiges Potenzial zur Verbesserung.

Wie es weitergeht, wenn einmal ein solcher Erstentwurf existiert, werde ich in Kapitel 5 „Arbeit am Text" ausführlich darstellen. Dann werden auch einige der hier angerissenen Reportagen noch einmal auftauchen.

Die Methoden der Textüberarbeitung gelten jedoch nicht ausschließlich für die Reportage, sondern auch für andere journalistische Formen. Im nächsten Kapitel werde ich eine weitere dieser Formen ausführlich vorstellen, wenn auch auf andere Weise: den Essay. In Kapitel 4 folgt dann eine Aufstellung all jener Zeitungsformen, die ich bei der Arbeit mit Schülern einsetze.

3 Essay im Unterricht

3.1 Vorbemerkung

Sobald man Schüler mit einer für sie neuen Textform konfrontiert, schlägt einem eine Stimmung entgegen, die man positiv ausgedrückt als Verunsicherung und negativ ausgedrückt als Misstrauen deuten kann. *Erörterung? Reportage? Ist das schwierig? Ist das langweilig? Kann ich das?*

Auf solche Reaktionen war ich vorbereitet, als ich vor mehr als zehn Jahren zum ersten Mal in meiner Rolle als Dozent für journalistisches Schreiben ein Klassenzimmer betrat. Ich war schließlich selbst lange genug Schüler gewesen. Richtiggehend schockiert war ich hingegen, als mir diese Verunsicherung und Angst auch von Seiten vieler Lehrer entgegenschlug, mit denen ich im Rahmen von Fortbildungsveranstaltungen zu tun hatte. Mittlerweile hat sich der Schreck in Verständnis verwandelt. Ich konnte sozusagen in Echtzeit miterleben, wie eine Textform neu in den Schulunterricht integriert und dazu erst einmal ihres gesamten Reizes und ihrer Eigenheiten beraubt wurde. Die Rede ist vom Essay. Der Essay ist im Grunde eine jener journalistischen Textformen, die sich hervorragend für die Arbeit mit Schülern eignen. Weshalb? Weil er einerseits eine edle Form ist, in der sich kreative und sprachliche Kunstfertigkeit voll entfalten können. Andererseits beruht er auf einer persönlichen und perspektivischen Herangehensweise, die einen individuellen Umgang mit dem gewählten (oder vorgegebenen) Thema erlaubt.[31] Das ist ganz im Sinne des Formbegriffs Essay. Denn dahinter steckt eher eine Herangehensweise als eine formale Vorgabe. Der Essay ist, daher ja der Name, ein Versuch. Der Versuch, auf persönliche Weise eines selbstgewählten oder von außen bestimmten Themas textlich habhaft zu werden. Es ist ein Versuch mit offenem Ausgang. Die Bandbreite dessen, was sprachlich, inhaltlich und auch formal dabei entstehen kann, ist immens. Es kann sogar sein, dass der Versuch scheitert, dass der Essay scheitert, dass der Journalist am Ende das Gesicht in seinen Händen vergräbt und lieber mit etwas anderem weitermacht. So gesehen ist der Essay ein Spiel. Ein Spiel mit sehr beschränkten Regeln, großen Freiheiten, ein Spiel, das dem Spieler viel Spaß aber auch viel Frust bereiten kann.

Wie wunderbar, dass die Schule dieses Spiel nun endlich für sich und ihre Schüler entdeckt! Aber halt: Ich habe eben von Furcht und Unsicherheit im Umgang mit neuen Formen im Allgemeinen und dem Essay im Speziellen gesprochen. Lehrer haben mir von einigen Unstimmigkeiten berichtet, die sogar alles Spielerische vermissen lassen:

- In unserem Studium kam der Essay am Rande vor. Plötzlich sollen wir diese Textform lehren. Was ist die standardisierte Definition eines Essays?
- Es gibt kaum Unterrichtsmaterial, weil das Thema noch so neu ist. Und die Materialien, die es gibt, sind in der Praxis noch nicht ausreichend überprüft worden.

31 Mir kommt es vor, als hätte ich Ähnliches bereits über die Reportage geäußert. Warum auch nicht? Ich halte beide Formen aus ähnlichen Gründen für schultauglich.

- Einige Schulen haben im Hinblick auf die Prüfungsrelevanz der Essays bereits begonnen, mit dieser Form zu arbeiten. Die Ergebnisse waren verheerend. Nicht so sehr die Texte der Schüler, sondern die Bewertungen der Lehrer. Zwischen den Beurteilungen von Erst- und Zweitkorrektoren lagen mitunter Welten.
- Scheitern ist im Schulunterricht keine Option. Wir lehren nicht die Kunst des Scheiterns, wir können es auch nicht honorieren. Also fangen wir auch nichts an mit jemandem, der uns erzählen will, darin liege ein ganz besonderer Reiz einer bestimmten Textform.

Dies zwingt zur Gegenfrage vor allem zum letzten Punkt: Warum lädt sich der Deutschunterricht dann eine solche Form wie den Essay auf den Hals, wenn er nicht mit dessen Eigenarten umgehen kann? Geschenkt. Es ist, wie es so oft ist: Die Lehrer haben es sich nicht selbst ausgesucht, sondern müssen in ihrem Unterricht das umsetzen, was von der Bildungspolitik verlangt wird. Daran führt kein Weg vorbei und deshalb sollte man seine Zeit nicht mit Lamentieren verbringen, sondern vielmehr mit der Frage, wie man gewinnbringend für sich und die Schüler damit umgehen kann.

Wir nähern uns der neuen Form also an. Und zwar so, wie sie im Unterricht behandelt werden soll: schrittweise. Ich habe die Entstehung eines Essays in drei Phasen unterteilt, die ich im Folgenden auch beschreiben werde.

- Phase 1: Der Weg ins Thema (individueller Bezug und Herangehensweise)
- Phase 2: Die nötige Distanz (die Abgrenzung des Textes von der eigenen Person und die Konzentration auf den Verwendungszweck)
- Phase 3: Eine runde Geschichte (Textarbeit; Herausarbeiten der Geschichte)

Die Arbeit des journalistischen Essayisten ist der eines literarischen Essayisten nicht unähnlich. Deshalb greife ich an dieser Stelle auf Methoden zurück, die dem kreativen bzw. erzählenden Schreiben entspringen.[32] Es geht hier nicht darum, die Textform Essay in ihrer Gänze zu durchdringen oder theoretisch aufzubereiten. Vielmehr will ich hier eine Herangehensweise beschreiben und eine Anregung liefern. Bei einer Textform, die im Kanon der Schreibformen so neu ist, hat jeder (noch) die Möglichkeit, eigene oder neue Herangehensweisen auszuprobieren. Hier geht es um das „Erschaffen" und nicht um das Reproduzieren. Hier ergibt sich die Gelegenheit, Freiräume des eigenen Schreibens zu schaffen, ohne durch das Anlegen der Messlatte „Textmerkmale Essay" Schüler in vorgefertigte Bahnen zu lenken.

Ich werde in diesem Kapitel ausnahmsweise einen meiner eigenen Texte als Beispiel heranziehen (8), weil ich an ihm am besten einen kompletten Entstehungsweg nachzeichnen kann.

32 Sollten Sie das Buch *Erzählendes Schreiben im Unterricht* gelesen haben, kommen Ihnen vermutlich in diesem Kapitel einige Übungen bekannt vor.

3.2 Phase 1: Der Weg ins Thema

Mit dem Auftrag zu diesem Text will ich auch gleich beginnen. Ich erhielt ihn im Sommer des Jahres 2008. Im Rahmen der Stuttgarter Kulturnacht, die im Herbst desselben Jahres stattfinden sollte, war eine Veranstaltung unter der Überschrift „Nacht der Spötter: O Du mein Stuttgart!" geplant. Stuttgarter Schriftsteller und Journalisten waren aufgerufen, Essays zu diesem Thema zu schreiben. Einzige Bedingung: Das Wort „Kehrwoche" durfte nicht vorkommen. Längenvorgabe: etwa 400 Zeitungszeilen. Grund für diese Vorgabe: Erstens sollte der Text vorgetragen werden und dafür in einem zeitlich abgesteckten Rahmen bleiben, zweitens würde ihn später die *Stuttgarter Zeitung* abdrucken.

Man könnte annehmen, als Stuttgarter, der ich Zeit meines Lebens gewesen bin (immerhin bin ich keine halbe Autostunde entfernt aufgewachsen und lebe seit anderthalb Jahrzehnten mittendrin) sollte es mir nicht schwerfallen, mich aus dem Fundus schwäbischer und Stuttgarter Eigenheiten zu bedienen. Ich hätte mir ein Notizbuch schnappen und alle schwäbischen Eigenheiten aufschreiben können, die mir spontan in den Sinn kommen. Darunter wären Stichpunkte wie Sauberkeit, Pünktlichkeit, Eigenbrötlerei, Erfindergeist und Dialekt aufgetaucht. Also alle Klischees, die mir auch ein Dortmunder über Stuttgart bzw. die Schwaben liefern würde. Möglicherweise wäre es mir sogar gelungen, mir zu einem dieser Stichpunkte einen humorvollen, ansprechenden Text abzutrotzen. Aber wozu? Wenn ich mich vor ein Publikum setze, mit einem Text, der im Rahmen einer kreativen Ausschreibung entstanden ist, will ich nicht etwas präsentieren, das unter der Rubrik „handwerklich in Ordnung, dazu ganz unterhaltsam" läuft. Auch habe ich keinen Ehrgeiz, diesen Text dann noch gedruckt zu lesen. Wenn ich mich schon aus meinem Arbeitszimmer auf eine Bühne bewege, soll es sich lohnen. Ich will eine Geschichte erzählen, die mir buchstäblich aus der Seele spricht. Eine, die dazu noch so einzigartig ist, dass nur ich sie erzählen kann. Genau darum geht es im Essay: Sich einem Thema auf so individuelle Art annähern, dass niemand sonst diesen Text genau so hätte schreiben können. Also muss man schon etwas tiefer schürfen. Was verbindet mich mit dieser Fragestellung? Gibt es eine Situation, eine Erinnerung, ein Gefühl oder eine Person, die ich damit in Verbindung bringe? Auf die Suche danach kann man sich durch Nachdenken machen. Man kann, so vorhanden, Notiz-, Tage- und Traumbücher durchforsten. Oder man tut es … richtig: schreibend.

3.3 Kreative Übungen

Ich kann hier nicht die gesamte Bandbreite kreativer Schreibübungen ausbreiten. Nur drei Methoden sollen stellvertretend vorgestellt werden. Jedoch finde ich es wichtig, solche Übungen des Freischreibens im Schulunterricht regelmäßig zu verankern und den Schülern als wichtige Instrumente an die Hand zu geben. Diese Methoden vereinen zwei Effekte, die eigentlich im Widerspruch zueinander stehen:

1. Sie sind nicht zielgerichtet, selbst dann nicht, wenn sie einen thematischen Ausgangspunkt haben. Schreiben wird als Selbstzweck gesehen und erlebt.
2. Dadurch können Assoziationen und Herangehensweisen entstehen, die über das rein Kognitive hinausgehen und so eine sehr enge Verbindung zwischen Autor und Text ermöglichen.

Übung: Automatisches Schreiben

Material: Pro Person etwa zehn Blatt Papier (nach Geschmack liniert, kariert oder unliniert) und zwei Kugelschreiber.

Vorbereitung und Rahmenbedingungen: Die Übung wird im Klassenzimmer durchgeführt. Jeder sollte genügend Platz haben, ideal ist ein Einzeltisch. Falls es eine Klassenzimmeruhr gibt, wird sie abgehängt oder verdeckt. Armbanduhren, Handys und sonstige Zeitanzeiger werden weggepackt.

Durchführung: Ich verlasse für 30 Minuten den Raum. In der halben Stunde bis zu meiner Rückkehr wird geschrieben, und zwar ohne Unterlass. Der Stift verlässt das Papier nur dann, wenn eine neue Seite begonnen wird. Es gibt keine thematische Vorgabe, jeder schreibt das, was er in diesem Moment denkt. Wenn er nicht weiß, was er schreiben soll und die Aufgabe idiotisch findet, schreibt er genau dies: „Ich weiß nicht, was ich schreiben soll und finde die Aufgabe idiotisch." Rechtschreibung und Grammatik spielen keine Rolle, geschrieben wird in der Mutter- bzw. der Denksprache. Wenn ein neuer Gedanke kommt, der aktuelle Satz aber noch nicht zu Ende geschrieben ist, bleibt dieser Satz unvollendet, aufgeschrieben wird der neue Gedanke. Es versteht sich von selbst, dass während der ganzen Zeit nicht gesprochen, getrunken, gegessen oder zur Toilette gegangen werden kann. Automatisches Schreiben funktioniert nur, wenn alle im Raum mitmachen. Grundlegend ist, dass die Ergebnisse nicht angesehen oder gar vorgelesen werden. Das muss im Vorfeld kommuniziert werden: Die Ergebnisse des Automatischen Schreibens bleiben (in unverarbeitetem Zustand) das Geheimnis des Autors.

Dauer: zehn Minuten Vorbereitung, 30 Minuten Durchführung

Zweck: Das *Automatische Schreiben* („écriture automatique") wurde von den Surrealisten eingesetzt, um Unbewusstes an die Oberfläche zu holen. Dabei geht es darum, die Angst und den inneren Redakteur zu überlisten – alles eben, was einem sagt: Das kannst du so nicht schreiben, das ist dumm und albern. Die Besonderheit der Übung besteht unter anderem darin, dass sie nicht vom zu schreibenden Inhalt ausgeht. Für gewöhnlich schreiben wir zu einem Thema, erzählen eine Geschichte oder stellen einen Sachverhalt dar. Hier wird die

inhaltliche durch eine zeitliche Vorgabe ersetzt. Viele Schüler empfinden dabei die vergangene Zeit als viel kürzer als eine halbe Stunde. Dies ist ein Zeichen dafür, dass die Übung funktioniert hat. Wenn man die Zeit vergisst, erreicht man manchmal den Zustand des Ganz-bei-sich-Seins. Dabei entstehen zwar keine fertigen Texte, doch einzelne Sätze und Gedanken kann man vielleicht irgendwann verwenden. Wenn man das Ergebnis einige Wochen ruhen lässt, erst dann wieder ansieht, wundert man sich, was man so alles geschrieben hat.

Ü

Übung: Assoziations-Karte

Material: Pro Person ein großes Blatt unliniertes Papier (am besten DIN A3) sowie drei verschiedenfarbige Stifte, mit denen man gut schreiben kann (Kuli oder Faser).

Vorbereitung und Rahmenbedingungen: Jeder braucht vor sich auf dem Tisch genügend Platz, um das Papier quer hinzulegen. Außerdem sollte ein Thema festgelegt werden. Entweder jeder sucht sich ein eigenes Thema oder es gibt ein gemeinsames. Wichtig ist, dass es auf einen Begriff oder einen sehr kurzen Satz reduziert ist.

Durchführung: In die Mitte des Papiers wird in Farbe 1 das Thema geschrieben. Dann erhalten die Teilnehmer die Aufgabe, in Farbe 2 von diesem Begriff ausgehend eine Assoziationsreihe aufzuzeichnen. Die Begriffe sollen sehr schnell assoziiert und geschrieben werden. Jeder Begriff folgt immer auf den vorhergehenden. Die Logik bzw. die Abfolge, die dahinter steckt, ist von außen nicht sichtbar, d. h. sie erschließt sich nur dem jeweiligen Autor. Nach etwa 5 Minuten erfolgt das Kommando „Stopp". Nun sollten auf jedem Blatt durchschnittlich 40 bis 50 Wörter stehen. Jeder Teilnehmer sucht sich daraus nun jene drei Begriffe aus, die ihn am meisten ansprechen. Dann wird die Prozedur mit der Assoziationskette wiederholt, ausgehend von jedem der drei Begriffe, wieder je fünf Minuten, diesmal in Farbe 3.[33]

Dauer: ca. 30 Minuten

Zweck: Im Gegensatz zu einer klassischen Mindmap, die auf Cluster oder andersartige objektivierbare Zusammenhänge ausgerichtet ist, gilt das Interesse dieser Methode den persönlichen Zusammenhängen und Geschichten. So kann dem einen zum Begriff „Nordsee" als erstes ein versalzenes Fischgericht auf Sylt einfallen, dem anderen ein schöner Strandtag auf Amrum. Der dritte erinnert sich daran, wie er einmal aus dem Flugzeug eine Bohrinsel gesehen hat. Als nächstes assoziiert er „Benzin" und dann „Porsche". Von den vielleicht hundert Begriffen, die schlussendlich auf dem Papier stehen, gleichen sich bei zwei Schülern vielleicht ein Fünftel, wenn sie dasselbe Thema hatten. Bei einer sachlichen Mindmap wird die Übereinstimmung ungleich größer ausfallen. Viel wichtiger aber ist, dass der Betreffende bei jedem Wort beginnen kann, wenn er einen Text zum Thema in der Mitte schreibt – seine persönliche Geschichte dazu.

33 Zum Schluss ist das Blatt meistens voll. Entsprechend sollte man die Teilnehmer/Schüler zu Beginn darauf hinweisen, nicht zu groß zu schreiben. Zur Verbesserung der Übersicht empfehle ich immer, die Begriffe einzukreisen und miteinander zu verbinden, immer vom vorherigen Wort zum nächsten.

Übung: Assoziations-Kärtchen

Material: Kärtchen mit Themenbegriffen, Papier und Stift

Vorbereitung und Rahmenbedingungen: Diese Methode eignet sich vor allem dann, wenn alle Teilnehmer an einem einheitlichen Thema arbeiten. Zur Vorbereitung werden unterschiedliche Begriffe oder Sätze, die mit dem Thema in Verbindung stehen, auf Karteikärtchen geschrieben. Zum Thema „Angst" könnte auf einem Kärtchen stehen: „Was unten im Keller in der Dunkelheit lauert" oder „Wann man sich vor mir fürchten sollte."

Durchführung: Jeder Teilnehmer zieht zufällig drei bis fünf Kärtchen (natürlich muss man sicherstellen, dass es verschiedene sind). Diese werden verdeckt auf den Tisch gelegt. Auf ein Signal hin dreht jeder das erste Kärtchen um und schreibt fünf bis zehn Minuten lang auf, was ihm zu diesem Thema als erstes in den Sinn kommt. Das müssen keine vollständigen Sätze sein, es reichen auch Stichwörter. Wichtig ist, dass man mit dem Schreiben nicht absetzt, bis das nächste Signal gegeben und das nächste Kärtchen umgedreht wird. Und so weiter, bis zum letzten Kärtchen.

Dauer: ca. 20 bis 30 Minuten

Zweck: Wie das Automatische Schreiben setzt diese Übung darauf, den inneren Redakteur auszuschalten und jeden Gedanken, so abwegig er sein mag, auf dem Papier zuzulassen. Allerdings ist diese Methode stärker auf das Thema ausgerichtet, das behandelt werden soll.

3.4 Phase 2: Die nötige Distanz

Ich denke, es ist klar geworden, worauf ich mit diesen Übungen und Methoden hinaus will. Weg von der rein vernunftgesteuerten Stichwortsammlung hin zu der Frage, wie man emotional, assoziativ mit dem Thema verbunden ist. Dabei entsteht die eine oder andere Passage oder Idee, die man weiterverwerten kann. Jedoch auch eine Menge Textschrott.

Diese Prozedur ähnelt der im vorigen Kapitel beschriebenen Reportage. Man geht auf Recherche, häuft Material an – und später kann man, wenn es das Schicksal gut meint, zehn Prozent davon gebrauchen. Der Unterschied besteht darin, dass man sich für die eine Recherche nach außen, für die andere nach innen bewegt.

Zurück zu meinem Auftrag. Das Automatische Schreiben und intensives Nachdenken haben eine Reihe unzusammenhängender Notizen hervorgebracht. Hier ein kleiner Ausschnitt davon:

> Es bleibt mir nichts anderes übrig, als mich selbst zu zwingen. Deshalb lade ich hiermit, in aller Öffentlichkeit und vor Zeugen, Volker zum Essen zu mir nach Hause ein.
>
> Geht alle jetzt nach Hause, ich will euch nicht mehr bei mir haben, es ist schon nach 8 und ich will lieber fernsehen.

> Wir Schwaben haben ja überhaupt nichts auf der Speisekarte, das man Gästen abends anbieten kann. Wer will nach Einbruch der Dunkelheit denn bitte noch Maultaschen oder Kässpätzle essen oder gar einen Rostbraten, das schafft doch kein Körper. Und überhaupt, das alles wurde für den Sonntag erfunden, die Maultaschen vielleicht noch für den Freitag, aber sicher nicht für einen Wochentag.Um Gottes Willen, und plötzlich hast du am Dienstag Gäste im Haus und sie wollen nicht mehr gehen, krallen sich am Sofa fest. Ich muss Menschen, die ich für beste Freunde gehalten habe, auf die Pfoten schlagen, damit sie meine Einrichtung loslassen und ich sie endlich aus der Wohnung tragen kann.

Für mich stand relativ schnell fest, dass mein Text entweder vom Essen oder von Einladungen handeln würde. Das waren die beiden Themen, die am häufigsten wiederkehrten. Ich versuchte also herauszufinden, ob sie auch genügend Potenzial hätten, damit eine ganze Geschichte zu füllen.

Meine These, schwäbische Speisen seien für den Genuss am Abend ungeeignet, war während einer Assoziationsübung spontan entstanden. Als ich nun darüber nachdachte, fand ich den Gedanken zwar lustig, aber wenig ausbaufähig. Vielversprechender schien mir Volker zu sein, der in den Text geraten war. Es steckte mehr dahinter, als diese kurz dahingeschriebene Essenseinladung verriet. Volker war ein Lehrer aus dem Westfälischen, an dessen Schule ich einmal zusammen mit einer Kollegin eine Werkstatt durchführte. Weil wir dafür einige hundert Kilometer Anfahrt auf uns genommen hatten, lud er uns zum Abendessen zu sich nach Hause ein. Während dieses Essens erzählte er, er habe selbst einmal in Stuttgart gewohnt, und zwar einige Jahre lang. Nach einer Zeit sei ihm aufgefallen, dass er noch nie die Wohnung eines Kollegen von innen gesehen hatte. Er zweifelte an seiner Beliebtheit, bis ihm aufging, dass es nicht die Art der Schwaben sei, Gäste zu sich nach Hause einzuladen.

Das schien mir ein guter Ansatz. Ich würde Wiedergutmachung leisten und Volker gegenüber eine Einladung aussprechen. Zu mir nach Hause.

Unter dieser neuen Vorgabe setzte ich mich nun also erneut hin und begann drauflos zu schreiben. Was dabei herauskam, sah ungefähr so aus:

> (…)
> „Schmalz“, antworte ich. „Griebenschmalz.“
> „Und diese kleinen Stückchen hier?“
> Volker stupst eins dieser „Stückchen“ mit der Gabel an, dreht es in seinem fettigen Bett hin und her.
> „Das sind die Grieben.“
> „Woraus bestehen die, diese Grieben?“
> „Die bestehen nicht aus etwas, die sind etwas. Festes Fett nämlich.“
> Volkers Lächeln flackert schon das zweite Mal an diesem Abend. Ich beschließe ihn aufzuheitern.
> „Wein, Volker?“ rufe ich und halte die Flasche halbschräg über sein Glas. „An Wein soll’s uns nicht fehlen.“ (…)

Und so ging es noch eine ganze Weile weiter. Ich peitschte Volker in meinem Text durch all jene Spezialitäten der schwäbischen Küche, die bei Nicht-Schwaben gerne auf Unverständnis stoßen. Saure Kutteln zum Beispiel oder Schupfnudeln mit Sauerkraut und Kümmel. Am Ende war ich unzufrieden, und zwar in höchstem Maße. Dieser Essay entsprach in keinster Weise dem, was ich ausdrücken wollte. Es schien so, als wolle ich Volker vergraulen und mit ihm alle Menschen, die jemals auf die Idee kommen würden, sich von mir einladen lassen zu wollen. Volker war mir sympathisch gewesen. Ich wollte ihm doch nur klar machen, weshalb es nicht an ihm lag, dass er während seiner Stuttgarter Jahre anfangs nicht eingeladen wurde. Es lag an den Menschen, den Schwaben. So ernst meinte ich es mit meinem Erklärungsversuch, dass ich sogar bereit war, ihn einzuladen, um ihm zu beweisen, dass es besser war, dass ich ihn nicht einlud.

3.5 Phase 3: Eine runde Geschichte

Zwischen mir und diesem Text entstand etwas, das absolut notwendig ist für einen guten Essay. Im Übrigen auch für jede Erzählung, jede Novelle, jedes Gedicht: ein Dialog. Texte, die einmal etwas bedeuten sollen, wollen bereits während ihrer Entstehung ernst genommen und nicht einfach so dahingeschrieben werden. Insofern eignet sich ein Essay zwar sehr gut für den Schulunterricht, auf keinen Fall jedoch für eine Klassenarbeit. Wie soll sich ein solch wichtiger Prozess in zwei oder drei Schulstunden vollziehen? Ich habe versprochen, nicht zu lamentieren. Also weiter mit dem besagten Essay. Der erste Entwurf hatte meinen Ansprüchen nicht standgehalten. All jene Parts, in denen ich Volker mit schweren Gerichten an die Grenzen seines Aufnahmevermögens brachte, mussten raus. Stattdessen wollte ich eine Erklärung dafür, weshalb man sich von Schwaben fernhalten sollte, wenn man an gewöhnlichen Wochentagen nach endloser Abendgeselligkeit sucht.

Wie sich das für den psychologischen Laien gehört, musste meine Erziehung als Erklärung herhalten. Schön übertrieben und zugespitzt, aber eben mit dem berühmten Fünkchen Wahrheit darin.

> (...)
> Als Kind und Jugendlicher habe ich noch nicht einmal gewußt, daß man um diese Tageszeit noch mit anderen Menschen zum Essen an einem Tisch sitzen kann, abgesehen vielleicht von Silvester, wenn man sich mit Fondue die Wartezeit bis zum Feuerwerk verkürzt. Sobald Volker mit dem Nachtisch da ist – Vanille- und Schokoladeneis mit heißen Früchten – erzähle ich von den Feiern und Essenseinladungen meiner Familie. Die erstreckten sich meistens vom Mittagessen über den Kaffee bis hin zu einem eher kärglichen Abendessen aus Brot, Käse, Wurstaufschnitt und ein paar sauren Gürkchen. Der Aufbruch wurde jeweils durch eine bestimmte Spruchformel eingeleitet, die sehr von der Jahreszeit abhing. Im Herbst und im Frühling lautete sie: „Wenn ihr noch vor der Dunkelheit zuhause sein wollt, müßt ihr aber langsam los.“ Im

> Winter, wo es ja bereits während des Kaffees dunkel wurde, hieß es: „Ich glaube, das zieht jetzt so langsam an auf der Straße. Beeilt euch mal lieber, damit ihr nicht ins Glatteis kommt." Im Sommer gab es eine andere, nicht weniger brachiale Methode: Pappteller und Tupper. „So, was wollt ihr mitnehmen, nehmt vor allem Kuchen, davon ist noch reichlich da." Egal, welcher dieser Sätze ausgesprochen wurde, die Wirkung war immer dieselbe. Die komplette Verwandtschaft, ganz gleich in welche Art von Gespräch sie gerade vertieft gewesen war, stob auseinander, machte sich hektisch an den dargebotenen Resten zu schaffen, schlüpfte in Jacken, reichte Hände – binnen einer Viertelstunde hatte sich die Gesellschaft aufgelöst, jeder war auf dem Weg nach Hause und niemand würde an diesem Abend die Tagesschau verpassen.
> „So, genau so sieht eine Essensgesellschaft aus, wie der Stuttgarter sie liebt", erkläre ich der Runde. „Absolut berechenbar und niemals endlos. Ich habe, wie gesagt, damals noch nichts von Abenden mit offenem Ausgang gewußt. Davon habe ich erst mit achtzehn oder neunzehn erfahren, als ich eine Freundin hatte, die – nun ratet mal! – aus dem Rheinland kam.
> (...)

Indem ich diese Erklärung einsetzte, war ich fein raus. Ich musste meine Sympathie für Volker textlich nicht durch Grausamkeiten in Frage stellen. Gleichzeitig konnte ich ein paar schöne Seitenhiebe auf meine Landsleute platzieren. Was den Text zusammenhielt, war die Beschreibung des überaus großzügigen und mit viel Aufwand zubereiteten Essens, das Volker mir und der Kollegin damals kredenzt hatte – konterkariert durch die urschwäbische Angewohnheit, ausufernde Feste bei sich zu Hause durch geschickte Strategie erst gar nicht entstehen zu lassen.

Diese detaillierte Darstellung einer Textentstehung ist sehr speziell. Dennoch zeigt sie meiner Meinung nach die wichtigen Phasen des Prozesses auf, die ein kreativer Text durchläuft, und dazu gehört der Essay ganz ohne Zweifel. Als besonders nachahmenswertes Element dabei erscheint mir der Einsatz von Schreibübungen, bei denen es um nichts anderes geht als darum, die Imagination von der Leine zu lassen und ohne Einschränkung zu assoziieren. Selbst wenn nicht alles zu einer Textidee führt und bei Weitem nicht alles im Text auftaucht, ist doch jeder Schritt notwendig, um schlussendlich bei der Idee zu landen, die man weiterverfolgen will.

Als Lehrer ist man dabei nicht mehr und nicht weniger als ein Moderator, Antreiber, Kritiker und Lektor, der Potenziale genauso erkennt wie Gefahren. Der gewisse Dinge kommen sieht, sich von anderen aber überraschen lässt. Das ist in höchstem Maße anstrengend und aufwendig. Doch wenigstens zum Schluss dieses Kapitels sei mir die Bemerkung gestattet: Wenn man sich darauf nicht einlassen kann, braucht man im Unterricht auch keine Essays schreiben lassen.

4 Textformen für den Unterricht

Je nachdrücklicher Schüler in die Rolle des Journalisten schlüpfen, desto nachhaltiger wirken die Inhalte

4.1 Revolution und Stabilität

4.1.1 Es rappelt im Karton

Wer in den letzten Jahren die Medienberichterstattung auch nur oberflächlich verfolgt hat, dürfte keinen Zweifel daran haben, dass momentan etwas geschieht, das man getrost als Revolution bezeichnen kann, so abgedroschen der Begriff auch sein mag. Ich will hier nur einige der bemerkenswertesten Ereignisse der vergangenen zwei bis drei Jahre aufzählen:

- Die *Frankfurter Rundschau (FR)* meldete im Herbst 2012 Insolvenz an. Grund war ein Auflagenrückgang von 54 Prozent seit 1999. Mittlerweile hat das Bundeskartellamt der *Frankfurter Allgemeine Zeitung* erlaubt, die *FR* als unabhängige Gesellschaft weiter zu betreiben.
- Die *Westfälische Rundschau* hat seit Februar 2013 keine eigene Redaktion mehr. Stattdessen werden Texte aus den Agenturen sowie von anderen Zeitungen abgedruckt, die ebenfalls zur *Funke Mediengruppe* gehören.
- Im August 2013 hat Jeff Bezos, Gründer des Online-Händlers *Amazon*, eine der renommiertesten Zeitungen der USA für 250 Millionen Dollar gekauft – die *Washington Post*. Was er mit der Zeitung vorhat, ist bislang unbekannt.
- Im Juli 2013 hat sich der *Axel-Springer-Verlag* von einigen Druckmedien getrennt, wie zum Beispiel von der *Berliner Morgenpost* und dem *Hamburger Abendblatt*. Betroffen sind über 900 Mitarbeiter. Käufer ist: die *Funke Mediengruppe*.

Abgesehen von solchen Topmeldungen finden die Veränderungen auf breiter Front und massenhaft statt. Die Zahl der Zeitungspublikationen (Tages-, Wochen- und Sonntagszeitungen) ist in Deutschland in den letzten 20 Jahren um knapp ein Fünftel zurückgegangen, von 158 (1991) auf 130 (2012).[34] Noch drastischer ist der Rückgang der verkauften Auflage. Diese ist im gleichen Zeitraum von 27,3 Millionen auf 18,4 Millionen Exemplare gesunken, also um ziemlich genau ein Drittel.

An zwei prominenten Beispielen lässt sich demonstrieren, wie einschneidend die Veränderungen im Extremfall sind.[35] So ist die Auflage der *Bild*-Zeitung innerhalb eines Zeitraums von 14 Jahren um fast 45 Prozent eingebrochen. Mit nunmehr knapp 2,5 Millionen Exemplaren ist *Bild* immer noch die auflagenstärkste Tageszeitung Deutschlands, doch erreicht sie auf klassischem Wege bei Weitem nicht mehr so viele Leser wie zu ihren Hochzeiten.

34 Zahlen aus „Auszug aus dem Jahrbuch Zeitungen 2012/13" des Bundesverbandes Deutscher Zeitungsverleger e.V. (BDZV)

35 Die Zahlen finden sich bei einschlägigen Verbänden, am unkompliziertesten lassen sie sich auf der deutschen Wikipedia-Seite nachprüfen. Dort waren am Abrufdatum Ende Mai 2013 die Differenzen zwischen den Auflagen 1999 und der aktuell verfügbaren Auflage angegeben, diese Zahlen habe ich verwendet.

Der erste Reflex auf solche Zahlen und Ereignisse ist meistens dieser: Das Internet ist schuld. Ganz so einfach ist es leider nicht. Denn die Tendenz sinkender Auflagen zeigte sich bereits in der ersten Hälfte der 90er Jahre, als die meisten Menschen noch nicht einmal wussten, was eine Homepage ist.

Die Wahrheit ist: Sinkende Auflagen haben damit zu tun, dass für die meisten Menschen die Zeitung als Alltagsmedium ausgedient hat. 2010 haben Jugendliche und junge Erwachsene[36] im Durchschnitt 10 Minuten täglich mit einer Zeitung verbracht. Dem stehen 150 Minuten Internet und noch einmal so viel Hörfunk und Fernsehen gegenüber.[37] Von derselben Altersgruppe gaben 2010 bei der sogenannten „Inselfrage" 24 Prozent an, sie würden die Zeitung auf einer einsamen Insel stark vermissen (2000 waren es noch 32 Prozent). Nur 1 Prozent würde die Tageszeitung mit auf die einsame Insel nehmen. Hier hat das Internet mit 70 Prozent die Nase weit vorn, gefolgt von Fernsehen (16 Prozent) und Hörfunk (9 Prozent).

Diese Zahlen stehen im krassen Widerspruch zum Ansehen der Tageszeitungen. Laut der JIM-Studie finden 36 Prozent der Mädchen und sogar 47 Prozent der Jungen im Alter zwischen 12 und 19 Jahren Tageszeitungen im Rahmen der Medientätigkeit wichtig. Damit ist die Zeitung zwar im direkten Vergleich mit anderen Mediennutzungen (und dazu gehören in dieser Statistik auch Computerspiele) zwar weit abgeschlagen auf dem letzten Platz. In Imagefragen haben die Tageszeitungen dafür aber in vielen Punkten die Nase vorn. In den Qualitätsmerkmalen „anspruchsvoll", „glaubwürdig", „kompetent" und „kritisch" liegt die Zeitung bei den 14- bis 29-Jährigen klar vor Internet, Fernsehen und Hörfunk.

Wie gehen die Zeitungen selbst damit um? Nun, diese Frage hier erschöpfend beantworten zu wollen, wäre ein Unterfangen, das von Beginn an zum Scheitern verurteilt ist. Darüber sind Bücher geschrieben worden, viele weitere werden künftig noch geschrieben werden. Doch vereinfacht ausgedrückt haben es die Printzeitungen mit zwei parallel verlaufenden Phänomenen zu tun, die ursächlich nicht miteinander verbunden sind, bei denen aber das eine verstärkend auf das andere einwirkt:

1. Die Stammleserschaft schwindet. Noch vor wenigen Jahrzehnten war es üblich, das Abonnement einer Tageszeitung zu besitzen, meist einer regionalen oder lokalen Zeitung. Diese Abonnements wurden bis zum Lebensende selten angefasst, lapidar ausgedrückt heißt es, das Abo wurde mit Eintritt des Todes gekündigt. Und bei vielen älteren Lesern, die Zeitungsabonnenten sind, trifft dies sicherlich auch heute noch zu. Im Gegenzug kommt es aber zu immer weniger Abo-Neuabschlüssen von jungen Menschen. Die Leserschaft vieler Tageszeitungen stirbt buchstäblich aus.

36 In Statistiken zur Mediennutzung taucht meistens die „Gruppe der 14- bis 29-Jährigen" auf.

37 Die Zahlen der folgenden Abschnitte sind vor allem dieser Studie entnommen: http://www.br-online.de/jugend/izi/deutsch/GrundddatenJugend_Medien_2012.pdf, recherchiert am 11.12.2013.

2. Die technische Entwicklung hat die Zeitungen überrollt. In puncto Aktualität und Verbreitungspotenzial anbelangt, können sie mit neuen Medien nicht mithalten.

Die Gegenmaßnahmen finden auf zwei Ebenen statt.

1. Ausweitung der Zielgruppe: Wenn Jugendliche nicht zur Zeitung kommen, kommt die Zeitung eben zu den Jugendlichen. Immer mehr Zeitungen bieten Projekte wie „Zeitung in der Schule" an oder „Schüler machen Zeitung". Mit kostenlosen Vierzehntages- oder Monatsabos in Klassenstärke, mitsamt der dazu gehörenden Gebrauchsanweisung sollen Schüler daran gewöhnt werden, einen allmorgendlichen Blick in die Tageszeitung zu werfen.
2. Technik und Tugend: Auf die technischen Veränderungen reagieren die Zeitungen sowohl mit neuen Formen als auch mit einem veränderten Umgang mit den althergebrachten Formen. Das Medium Zeitung wird seinem früheren Anspruch, Aktualität zu liefern, nicht mehr gerecht. Ich selbst erfahre aus der Zeitung nur noch ganz selten wirklich weltbewegende Neuigkeiten. Was ich morgens lese, habe ich vor dem Zubettgehen im Internet gelesen oder im Radio gehört. Die Zeitungen reagierten darauf zunächst, indem sie ihre gesamten Printausgaben Online stellten. Mittlerweile haben sich selbst behäbige Lokalzeitungen *Facebook*-Seiten, *Twitter*-Konten und sogar *iPhone*- oder *Android*-Apps zugelegt. Aber auch das schützt sie nicht ganz vor dem ständigen Aktualitätswettkampf mit der Online-Konkurrenz. Um in diesem Wettbewerb zu bestehen, gerät eine weitere Strategie in den Vordergrund: Indem man sich bei den Printausgaben auf Grundtugenden des Journalismus besinnt und gut recherchierte Hintergrundinformationen sowie lokale Inhalte bietet.[38]

Die Neuausrichtung steckt noch, wie man so schön sagt, in den Kinderschuhen. Höchstens eine Zahl dürfte den Zeitungsverlagen Hoffnung spenden. Zwischen 2005 und 2012 hat sich die verkaufte Auflage der sogenannten E-Paper, also der digitalen Online- oder Mobilausgaben, fast verzehnfacht, von knapp über 21 000 Tausend auf fast 200 000 Tausend Exemplare. Dies ist zwar ein schwacher Trost verglichen mit den Einbußen bei den Printausgaben, doch ein dünner Silberstreifen dürfte bei all den schlechten Nachrichten besser sein als nichts.

4.1.2 Nicht alltagstauglich, aber sehr angesehen

Der Ausflug in die Statistik endet mit der Frage, was die Ergebnisse all der Studien und Zählungen mit unserer Arbeit an und mit journalistischen Inhalten und Texten zu tun haben.

38 Wobei hier die Ansprüche noch etwas hinter der Realität zurückliegen. Denn gut recherchierte und ausführlich präsentierte Hintergrundgeschichten sind sehr personalintensiv, genau wie eine weitreichende Abdeckung lokaler Berichterstattung. Damit kann der personelle Abbau bei vielen Redaktionen aber nicht in Einklang gebracht werden.

Eine ganze Menge. Denn statistisch gesehen ist die Wahrscheinlichkeit groß, dass die Jugendlichen in ihrem Alltag außerhalb der Klassenräume niemals mit einer Tages- oder Wochenzeitung in Berührung kommen. Natürlich sehen sie sie im Supermarkt und im Bahnhofskiosk in den Regalen liegen. Aber sie erleben weder zuhause noch im Freundeskreis eine Zeitung in Gebrauch.

Mit den Textformen, die wir vermitteln und mit denen wir arbeiten wollen, sind sie also möglicherweise nicht einmal passiv vertraut. Jedenfalls nicht aus einer Zeitung. Wir können uns diesbezüglich auch nicht darauf berufen, dass der Umgang mit diesen Textformen im Laufe ihres Lebens wichtig werden wird. Denn wie die Untersuchungen zeigen, kann eine wachsende Zahl von Menschen sehr wohl ohne Zeitung leben.

Aber auch das geht aus den Zahlen hervor: Entgegen ihrer persönlichen Erfahrung können und wollen sich die meisten Jugendlichen eine Welt ohne Zeitung nicht vorstellen. Selbst wenn sich ihr Bild von Zeitungen und vom Zeitungsjournalismus mehr durch Hörensagen als durch eigene Anschauung entwickelt hat, genießt beides eine sehr stabile Vertrauensbasis.

Ich habe diese Erfahrungen bei meiner Arbeit mit Schulklassen immer wieder gemacht:

- Der Beruf des Zeitungsjournalisten ist relativ hoch angesehen, auch dort, wo über den Inhalt dieser Arbeit so gut wie nichts bekannt ist.
- Die Jugendlichen sind gegenüber journalistischer (Text-)Arbeit sehr aufgeschlossen.
- Zeitungsabonnements werden gut angenommen. Die Schüler lassen sich auf Abo- und Leseprojekte sehr gerne ein. Wenn sie für einige Wochen täglich ein persönliches Zeitungsexemplar erhalten, gehen sie mit damit verbundenen Aufgabenstellungen (z. B. : *Schneide jeden Tag den deiner Meinung nach interessantesten Artikel, die beste Überschrift und das beste Bild aus.*) sehr gewissenhaft um.
- Die Schüler sind jedoch auch geneigt, das Zeitungslesen in dem Moment sein zu lassen, in dem das vorübergehende kostenlose Abo endet. Nur selten wird die tägliche Zeitungslektüre vermisst, zumindest nicht so sehr, dass danach aktiv gefragt wird.

Den positiven Aspekt, den großen Vertrauensvorschuss gegenüber dem Journalismus, versuche ich in meiner Arbeit immer gegen den negativen Aspekt, das schnelle Verpuffen von Inhalten auszuspielen. Hier hilft der praktische Ansatz ungemein. Denn je ernsthafter, je praktischer und je nachdrücklicher die Schüler einmal in die Rolle des Journalisten (konkret des Reporters) geschlüpft sind, desto nachhaltiger wirken die Inhalte nach. Die Schüler werden Medieninhalte, vor allem Zeitungen, hernach anders wahrnehmen als zuvor.

An dieser Stelle sei mir eine kritische Anmerkung zu vielen der erwähnten Zeitungsprojekte erlaubt. Natürlich ist es sehr großzügig, über Wochen hinweg ganze Klassensätze einer Tageszeitung zu verschenken. Natürlich ist es eine ganz ausgezeichnete Sache, zum Ende des Projekts eine Seite oder gar eine ganze Serie zur Verfügung zu stellen, um während der Projektphase entstandene Schülertexte abzudrucken. Doch werden die Schulen bei allem, was über diese Serviceleistungen hinausgeht, meistens alleine gelassen. Kaum einmal kommt einer der Redakteure der betreffenden Zeitung an die Schule, um mit den Schülern intensiv an Themen, Recherchen und schließlich an Texten zu arbeiten. Den Lehrern wiederum drückt man ein paar Merkblätter in die Hand, lässt sie danach jedoch mit der Arbeit alleine. In einigen dieser Merkblätter habe ich darüber hinaus sehr fragwürdige Inhalte zu lesen bekommen.

4.1.3 (Nicht) In Blei gegossen

Natürlich wissen Zeitungen, wie ein journalistischer Text auszusehen hat. So wie Verlage wissen, was in Büchern zu stehen hat, Plattenfirmen, wie sich Musik anhören muss und Restaurantketten, welches Essen am besten schmeckt. Das heißt ganz konkret: In diesen Merkblättern werden die Formen meistens so definiert, wie sie der jeweiligen Politik dieses Hauses entsprechen. Da entstehen etwa bei Reportagen oder Glossen teils große Unterschiede. Es wäre töricht von mir, den Zeitungsredaktionen das Wissen um journalistisches Handwerkszeug und Textformen abzusprechen. Im Großen und Ganzen herrscht ja auch kaum Zweifel darüber, wie ein Bericht aufgebaut ist und wie ein Kommentar. Ich finde es lediglich erstaunlich, dass die Materialien von Wirtschaftsunternehmen (Zeitungsverlagen) oftmals so fraglos den Unterrichtseinheiten zugrunde gelegt werden, die sich mit diesen Themen beschäftigen. Ich wiederum werde mir nicht anmaßen, Ihnen im Folgenden einen Definitionskatalog bieten zu wollen, der auch noch Anspruch auf Gültigkeit hat. Wer auf der Suche danach ist, wird reichhaltige Literatur dazu finden (s. kleine Auswahl im Literaturverzeichnis). Man kann zehn verschiedene Bücher alleine zum Thema Reportage lesen. Wenn es gute Bücher sind, werden sie nicht behaupten, die Textform Reportage in einer griffigen Liste definieren zu können. Für denjenigen, der das aufwendige Lesevorhaben auf sich nimmt, wird die große Bandbreite dieser Textform offenbar. Künftig wird er ebenfalls nicht mehr behaupten, die Reportage in aller Kürze definieren zu können. Doch er wird sich zutrauen, eine Reportage zu erkennen. Oder zu beurteilen, was einem Text auf dem Weg zur (guten) Reportage fehlt.

Das Lehrerdilemma

Einerseits will man ein Thema offen angehen und eine gewisse Bandbreite zulassen. Zugleich setzt jede Bandbreite ein profundes Wissen oder sehr großes Selbstbewusstsein voraus. Außerdem stellen die Schüler Forderungen. Sie wollen doch bitteschön wissen, womit sie sich beschäftigen. Am Ende ist es auch wieder dieser Unsicherheitsfaktor. Bin ich kompetent genug, um diesen Text sachgerecht zu beurteilen?

Das Schülerdilemma

Die Schüler wiederum fühlen sich durch die ihnen vorgelegten Textformen oft eingeengt und wollen ihrem natürlichen Trieb nachgehen, auch mal etwas auszuprobieren. Andererseits fühlen sie sich leicht verunsichert, wenn die Freiheit dann plötzlich zu groß wird.

Das Merkblattdilemma

Je präziser die Angaben auf einem Merkblatt oder in einem Fachbuch sind, desto eher werden Behauptungen über die Sache aufgestellt, die in der Realität überholt sind oder so eng nicht gesehen werden. Man muss ja auch berücksichtigen, dass ein großer Teil der Literatur zum Thema Journalismus für die Ausbildung geschrieben wird. Das heißt, dass normalerweise Volontäre oder Praktikanten, vielleicht auch Studenten zur Leserschaft gehören, auf alle Fälle eine Leserschaft, die meistens durch einen gewissen Praxisbezug auf dem Boden der Tatsachen bleibt.

Im folgenden Kapitel möchte ich etwas tun, das normalerweise nicht zu empfehlen ist: es allen recht machen. Aber in diesem Fall heißt es nicht, den Gegenstand so zu verbiegen, dass er mit der Wirklichkeit nichts mehr oder nur sehr wenig zu tun hat. Stattdessen will ich unterschiedliche Textformen des Zeitungsjournalismus so vereinfachen, dass man sie im Unterricht sinnvoll einsetzen kann.

4.2 Nachricht

4.2.1 Definition

Eine Nachricht hat zwei Dimensionen: eine inhaltliche und eine formale.[39] Inhaltlich handelt es sich bei einer Nachricht um eine Information, die erstens neu und zweitens von Interesse ist, zumindest innerhalb des Kontexts, in dem sie steht (vgl. Kapitel 2.2.2 „Themenkriterien"). Die Nachricht ist kurz gefasst, das heißt, sie nennt zwar alle wichtigen Elemente, die zum Verständnis des Sachverhalts notwendig sind, sie verzichtet dabei aber auf alle Redundanzen und weiteren Ausführungen. Diese letzte Eigenschaft ist auch ein formales Kennzeichen der Nachricht: Sie ist kurz. In der Zeitungssprache ausgedrückt, die Nachricht spielt sich im Bereich zwischen zehn und zwanzig Zeilen ab. Bei audiovisuellen Medien stehen einer Nachricht im Durchschnitt zwanzig bis dreißig Sekunden zur Verfügung.[40] Was längenmäßig darüber hinausgeht, allen anderen Eigenschaf-

39 Vgl. La Roche 2001a, S. 66f.

40 Wer das für untertrieben hält, darf gerne einmal mit der Stoppuhr nachprüfen. Und zwar nicht nur in Kultur-Radioprogrammen, in denen Nachrichtensendungen zehn Minuten oder länger sind, sondern auch bei den Popmusikformaten. Bei denen ist übrigens zwischen den Privaten und dem öffentlich-rechtlichen Rundfunk kaum ein Unterschied auszumachen.

ten aber entspricht, bezeichnet man als Bericht.[41] Die Nachricht enthält in ihrer Reinform weder Meinung noch Kommentar noch Wertung, Inhalt und Sprache sind nicht nur so knapp, sondern auch so neutral wie möglich gehalten. Außerdem folgt sie dem „Prinzip der umgekehrten Pyramide".

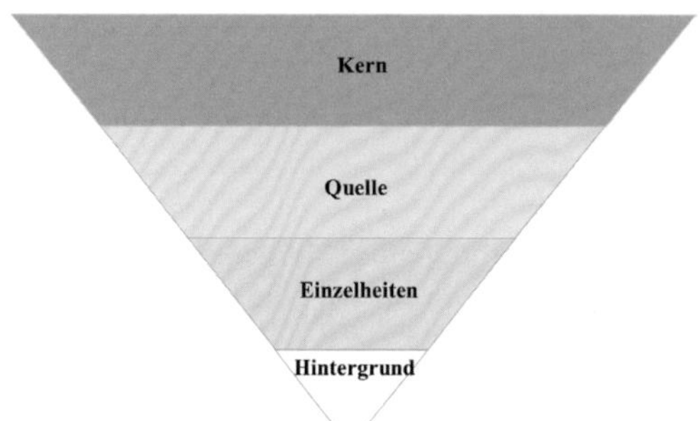

Das Pyramiden- oder Trichterprinzip nimmt Wichtiges nach vorn und verlagert Redundanzen ans Ende.

Dabei handelt es sich um ein universelles Nachrichtenprinzip. Es besagt, dass alle relevanten Informationen am Anfang stehen sollten (und damit die meisten Antworten auf die berühmten W-Fragen): Was ist passiert, wo ist es passiert, wann ist es passiert und wer war daran beteiligt? Im Anschluss wird die Quelle genannt, selbst dann, wenn keine Quelle genannt werden kann oder darf.[42] Es folgen ein oder zwei Details zur Illustration der Eingangsfakten. Den Schluss bildet eine kleine Einordnung der Meldung in einen Gesamtzusammenhang oder eine Vorgeschichte.

Der Grund für das Pyramidenprinzip ist ein ganz praktischer. In einem aktuellen Medium können sich Themen innerhalb von Minuten oder gar Sekunden ergeben oder ändern. Was eben noch die Topmeldung des Tages oder der Stunde war, muss angesichts eines sensationellen Ereignisses auf die zweite Position weichen. Der zuständige Redakteur, der die morgige Ausgabe oder die nächste Sendung zu verantworten hat, muss blitzschnell disponieren können. Wenn sich der Druck- oder Sendeplatz einer Nachricht entsprechend verändert – und das heißt meistens: verkleinert –, kann er nicht erst umständlich im Text herumkramen und das Wichtige vom weniger Wichtigen trennen. Sondern er schneidet einfach von hinten her ab. Der Journalist, der als Autor hinter der Meldung steht, integriert, indem er sich an das Pyramidenprinzip hält, Sollbruchstellen.

41 Nach einer Beschreibung von Berichten im Unterricht werden Sie in diesem Buch vergeblich suchen. Ich habe diese Textform in Schulen oder bei anderen Werkstätten noch nie bewusst eingesetzt. Weshalb? Weil mir kein vernünftiger Grund dafür einfällt. Neutrale Aufsätze, die Berichten stark ähneln, wurden zumindest in meiner Schulzeit genügend geschrieben. Auch durch meine Erfahrung mit Reportagen, die aus Schülerfeder zu Beginn oft Berichten über die Maßen ähneln, schlussfolgere ich, dass an Berichten kein übermäßiger Mangel herrscht, den zu beheben ich antreten muss.

42 In diesem Fall kommt es dann zu Formulierungen wie „Wie aus Regierungskreisen verlautet..." und ähnlichen.

Schafft es die Nachricht aber doch in ganzer (kurzer) Länge in die Zeitung, nimmt sich so mancher Leser die Freiheit, nur wenige der vorhandenen Zeilen zu lesen und trotzdem über das Wichtigste informiert zu sein. „Das Wichtigste" ist ein gutes Stichwort. Denn wer einwendet, niemand könne die Welt, die große Politik und ihre Zusammenhänge verstehen, der sein Wissen nur stichwortartig ernähre, nämlich mit Nachrichten, der hat völlig Recht. Das ist aber auch nicht das Anliegen einer Nachricht. Sie will lediglich eine schnelle Information sein.

4.2.2 Nutzen für die Schüler

Wer die Essenz eines (möglicherweise komplexen) Sachverhalts in wenigen Zeilen schildern will, muss diesen Sachverhalt zunächst einmal durchdrungen haben. Diese Fähigkeit zur Reduktion, das heißt einen längeren Text inhaltlich zu erfassen, wird vielen Schülern abgesprochen. Es ist wahr, nicht jedem Schüler fällt es gleichermaßen leicht, solche Reduktionen vorzunehmen. Aber vieles davon ist Übungssache. Ich selbst hatte niemals große Probleme damit, Inhalte von Texten zu erfassen. Als ich jedoch anfing, in einer Nachrichtenredaktion zu arbeiten, stieß auch ich an meine Grenzen. Bis ich es ungefähr hundert Mal gemacht hatte. Und weshalb sollen Schüler Dinge gut können, für deren Erlernen Profis Jahre brauchen?

Die Nachricht zwingt zum Weglassen. Die Nachricht zwingt zur Reduktion auf einen minimalen Kern. Und, sehr wichtig: Die Nachricht ist ein Text aus dem Schüleralltag. Schüler lesen Nachrichten im Internet (oder in der Zeitung), hören sie im Radio und sehen sie im Fernsehen.

4.2.3 Übungen

Zunächst geht es darum, das Kürzen von längeren Texten und damit das Formulieren von Nachrichten zu üben. Auch hier empfehle ich Praxisnähe. Zu Beginn der Unterrichtseinheit kopiere ich meistens drei aktuelle Pressemitteilungen (PM). Zwei Dinge sind dabei zu beachten: Es soll sich um spannende Themen handeln und sie sollen zumindest ansatzweise mit der Realität der Schüler zu tun haben. Damit es nicht langweilig wird, sollten die PM unterschiedlichen Bereichen entspringen.

1. Polizeibericht: Auf den Seiten der Landespolizeidirektionen finden sich immer aktuelle Pressemitteilungen. Je nach Altersstufe kann man sich Präventionstexte oder alle Arten von Verbrechen und Unglück aussuchen: Unfall, Betrug, Mord, Schlägereien – was auch immer.
2. Politik: Entweder bedient man sich bei der Lokalpolitik, zum Beispiel bei viel diskutierten Themen (Bauvorhaben, Alkohol in der Öffentlichkeit...) oder man sieht auf der Seite des jeweiligen Kultusministeriums nach, was es Neues aus der Bildungs- und Schulpolitik gibt.

3. Buntes: Dies kann alles sein, was mit Freizeit und Kultur zu tun hat. Eine neue Achterbahn im nahe gelegenen Freizeitpark, die Miss-Wahl am kommenden Wochenende oder eine große Veranstaltung.

Jeder Schüler erhält die Aufgabe, aus den PM Nachrichten zu machen. Vorgabe: Jede Nachricht darf nur aus vier Sätzen à höchstens zwei Zeilen bestehen, Schachtelsätze sind verboten. Anschließend werden im Klassenplenum Vorschläge diskutiert und Musterlösungen vorgestellt. Daraus kann ein wiederkehrendes Element werden. Die ersten zwei Minuten jeder Unterrichtsstunde können einer „Nachrichtensendung" gewidmet werden, die jedes Mal von einem anderen Schüler bestückt wird. Welche Themen dabei behandelt werden, kann man gemeinsam festlegen. Denkbar sind die Rubriken „Schulleben"/„SMV", „Unsere Stadt", „Technik", „Musik" und „Polizei". Die Liste ist beliebig erweiterbar.

Aufwand

Vorbereitung: Pressemitteilungen für die Übungen
Zeitaufwand: Ein bis zwei Schulstunden für die erste Übung. Danach eventuell fünf Minuten jede Woche (oder Unterrichtseinheit) für die „Nachrichtensendung".
Material: Kopien Pressemitteilungen
Unterrichtseinheiten: Gemeinsame Besprechung; Einzelarbeit; Plenumsdiskussion
Textlänge: Vier bis sechs Sätze, wobei Nebensätze zu vermeiden und Satzungetüme verboten sind.

4.3 Interview

4.3.1 Definition

Über Rolle, Formen und Technik des Interviews als Bestandteil der Recherche journalistischer Themen habe ich bereits ausführlich in Kapitel 2.4 gesprochen. Hier soll es nun um das Interview als Darstellungsform des Zeitungsjournalismus gehen. Also die direkte Umsetzung des Frage-und-Antwort-Schemas im Text. Die Spielarten dabei sind vielfältig, sowohl was die Art als auch Länge und Inhalte anbelangt. Die Palette reicht von Kürzestinterviews, die aus vielleicht drei Fragen und Antworten bestehen, bis hin zu ganzseitigen Interviews.

Wann werden Interviews eingesetzt? Und weshalb eigentlich? Schließlich kann ich doch einen Sachverhalt, der sich mit drei kleinen Fragen und Antworten darstellen lässt, auch problemlos in einer kleinen Nachricht unterbringen, angereichert mit einem oder zwei kleinen Zitaten. Hier nur einige Gründe:

- Ein Interview lockert eine Zeitungsseite auf. Klingt banal, entspricht aber der Wahrheit. Zeitungen spielen mit Formen und deren Zusammensetzung. Dies erhöht den Leseanreiz.
- Ein Interview unterstreicht die Meinungsvielfalt. Alle Arten von Menschen zu Wort kommen zu lassen, ob nun den Passanten auf der Einkaufsstraße oder den Bundesminister. Damit wird signalisiert, dass es in dieser Zeitung nicht nur um das geht, was ein paar abgehobene Journalisten schreiben, sondern dass sie sich aktiv darum bemühen, verschiedene Stimmen ins Blatt zu holen.
- Ein Interview lässt Experten zu Wort kommen. Die Aussagen eines Experten werten den Inhalt auf und geben ihm zumindest den Anschein der Seriosität.
- Ein Interview kommt auf den Punkt. Der Wechsel von Frage und Antwort ist eine sehr direkte Art der Kommunikation, die für sich selbst sprechen kann, ohne großes Vorgeplänkel und ohne großen Text außen herum.

Arten und Fragen des Interviews wurden bereits in Kapitel 2.4.2 beschrieben. Bei der textlichen Umsetzung kann man die Unterscheidung in meinungs-, themen- und personenbezogene Interviews übernehmen. Hier ist zu beachten, dass Länge, Anzahl der Fragen sowie die Dramaturgie des Inhalts Auswirkung auf die Aussagekraft eines Interviews haben.

Umfrage: Diese Form habe ich in Kapitel 2 nicht berücksichtigt. Sie ist meist eine Abwandlung des Meinungsinterviews und hat zum Ziel, „die Menschen von der Straße" zu Wort kommen zu lassen. Diese Formulierung ist nicht wörtlich zu nehmen. Theoretisch kann man eine Umfrage auch unter Prominenten durchführen. Immer gleich ist jedoch, dass allen Befragten dieselbe(n) Frage(n) gestellt werden. Zur Auflockerung und um möglichst unterschiedliche Menschen zu einem bestimmten Thema zu Wort kommen zu lassen, stellt man die Antworten entsprechend zusammen. Als Faustregel gilt: Eingeholt wird mindestens die doppelte Menge der Antworten, die man verwenden möchte.
Begleitinterview/Statement: Dieses Interview wird in räumlicher Nähe zu einem anderen Text abgedruckt, der dasselbe Thema behandelt, beispielsweise ein Bericht oder ein Meinungstext. Hier werden mit wenigen Fragen Erklärungen oder Meinungen hinzugefügt. Häufig wird diese Form genutzt, um komplexen wissenschaftlichen oder wirtschaftlichen Vorgängen eine Erklärung hinzuzufügen, aber auch am Rande von Berichterstattung zu Sport, Politik und Kultur.
Themeninterview: Wenn man etwas mehr Raum zur Verfügung hat und dadurch mehr Fragen und Antworten unterbringen kann, können in Interviews auch Themen, Personen und Meinungen vorgestellt werden, die nicht in einem Fließtext vorweggenommen wurden.
Komplexes Interview: Diese Form wird genutzt, wenn man den Inhalt sich entwickeln lassen oder von verschiedenen Blickwinkeln zeigen will. Dieses Interview zeichnet sich durch einen möglichst spannenden und vielschichtigen Auf-

bau aus. Eine Sonderform ist das Interview mit mehreren Personen, die entweder einhellig oder kontrovers über ein Thema sprechen.

Selbst wenn das Interview wie eine sehr authentische Form wirkt (und dies weitgehend auch ist), kommt sie nicht ohne Eingriffe aus. Dies soll heißen: Was wir in den Zeitungen zu lesen bekommen, wurde verändert – zunächst einmal gekürzt. Sowohl was die Länge von Antworten anbelangt als auch was deren Anzahl und die Länge des Interviews überhaupt betrifft. Da werden Redundanzen herausgekürzt, da werden verworrene und komplizierte Sätze bereinigt – und manchmal wird auch an Reihenfolge und Dramaturgie gedreht. Dabei darf der Verlauf freilich nicht auf den Kopf gestellt werden, aber dem Leser ein spannendes und informatives Gespräch zu bieten, ist ein durchaus legitimes Anliegen, das auch im Interesse des Interviewpartners liegen dürfte.
Bei der Bearbeitung von Interviews sind einige Punkte zu beachten:

- So notwendig editorische und redaktionelle Eingriffe auch sein mögen – Sinn und Inhalt dürfen nie in ihren Grundsätzen modifiziert oder gar umgedreht werden.
- Die Antworten sollten, wie gesagt und mit eben genannter Vorgabe, auf ein sinnvolles Maß reduziert werden. Bei Interviews gibt es manchmal ausufernde Antworten, die eine ganze Zeitungsspalte füllen würden. Beim Lesen lebt ein Interview jedoch vom relativ raschen Hin und Her.
- Vom Sprachstil her darf durchaus erkennbar sein, dass es sich beim Interview um verschriftlichte gesprochene Sprache handelt. Dies sollte jedoch nicht so weit gehen, jeden grammatikalischen Fehler beizubehalten und ihn als charmanten Beweis der Authentizität zu betrachten.
- Eine oft diskutierte Frage im Zusammenhang mit Interviews ist die nachträgliche Autorisierung des Textes durch den Interviewpartner. Diese Autorisierung ist nicht gesetzlich vorgeschrieben. Andererseits will man es sich mit niemandem verscherzen, zumal man ja, siehe oben, Eingriffe im Text vornimmt. Falls keine Veröffentlichung vorgesehen ist, erübrigt sich die Frage ohnehin, ansonsten sollte man sich im Vorfeld absprechen.[43]

4.3.2 Nutzen für die Schüler

Ehrlich gesagt habe ich das Interview selten als losgelöste Unterrichtseinheit an Schulen behandelt. Meistens ist es als Recherchemethode während einer Reportage ohnehin unerlässlich. Es kommt auch durchaus vor, dass Schüler auf dem Weg zur Verschriftlichung ihrer Reportage erst einmal ein Transskript eines geführten Interviews abliefern. Am ehesten finden Interviews in Schülerzeitungen Verwendung. Beliebt sind hier zum Beispiel Befragungen von neuen Lehrern

43 Zur nachträglichen Autorisierung und den Umgang mit Berichterstattung nach Interviews gab es einen sehr interessanten Artikel in der Fachzeitschrift „journalist" – er ist hier nachzulesen: http://www.journalist.de/ratgeber/handwerk-beruf/redaktionswerkstatt/die-autorisierung.html, recherchiert am 11.12.2013.

oder wiederkehrende Fragebogenrubriken, wobei in jeder Ausgabe eine andere Person auf die immer gleichen Fragen antworten muss.

Eine kreative Interviewform, die ich bei journalistischen Werkstätten bereits einige Male eingesetzt habe, ist „Sagen Sie jetzt nichts" aus dem *Süddeutsche Zeitung Magazin*. Hier wird auf die Frage nicht per Wort, sondern mit einer Geste geantwortet, die dann fotografiert wird.

4.3.3 Übung

Die wichtigsten Übungen zur Interviewvorbereitung und -durchführung habe ich bereits in Kapitel 2 beschrieben. An dieser Stelle will ich lediglich eine kompositorische Übung hinzufügen, die nur dann sinnvoll ist, wenn eigene Interviews gemacht wurden.

Hier kann man exemplarische transkribierte Interviews an die gesamte Klasse verteilen und bearbeiten lassen, zum Beispiel mit einer Vorgabe zur Anzahl der Fragen und Antworten oder zur Gesamtlänge. Anschließend werden im Plenum die unterschiedlichen Versionen vorgestellt. Dies gibt Gelegenheit, über die Durchführung des Interviews zu sprechen, über Stärken und Schwächen des Gesprächs, was man hätte anders machen und was man außerdem hätte fragen können. Interessant ist auch, wie unterschiedlich die Kürzungen sind bei denen, die das Interview selbst geführt haben und bei denen, die die interviewte Person niemals gesehen haben.

Aufwand

Der Aufwand einer Unterrichtseinheit Interview ist gar nicht so anders als bei einer kompletten Reportage. Will man ein komplexes Interview mit einer Person führen, sollte man vorher so viel über sie recherchiert haben, dass man sinnvolle Fragen stellen kann.
Vorbereitung: Theorie zum Interview, Katalog zu möglichen Themen und Gesprächspartnern
Zeitaufwand: Da andere Personen beteiligt sind, muss man hier über längere Zeiträume planen. Für die Gesamtdurchführung inklusive Themenfindung und Nachbesprechung würde ich nicht weniger als fünf Doppelstunden veranschlagen.
Material: Papier und Stift, eventuell digitales Aufnahmegerät, Fotoapparat
Unterrichtseinheiten: Themen- und Ansprechpartnerfindung, Terminvereinbarung, Fragekatalog, Durchführung, Verschriftlichung, Textkritik
Textlänge: 60 Zeilen für ein Kurzinterview, bis 250 Zeilen für ein Langinterview

4.4 Reportage

4.4.1 Definition

Der Zeitpunkt, die Reportage zu definieren, scheint etwas spät gewählt. Wurde nicht bereits lang und breit erklärt, wie man eine Reportage durchführt, von der Themenfindung über die Recherche bis hin zum ersten Textentwurf? Ich halte den Zeitpunkt und damit die gesamte Vorgehensweise für ideal. Bereits zu Beginn habe ich begründet, weshalb ich mich auch mit Schülern erst nach ersten Praxiserfahrungen theoretisch über die Form unterhalte. Ich könnte ja auch mit einem Vortrag beginnen. Ich könnte über Egon Erwin Kisch reden, der als „rasender Reporter" in die Journalismus-Geschichte einging. Über Hunter S. Thompson, der mit seinem „Gonzo-Journalismus" jede Objektivität des Reporters negierte und über Helge Timmerberg, der diesen Stil auch hierzulande noch heute fortführt. Ich könnte von Marc Fischer erzählen und Alexander Osang. Ich könnte jeweils einige Beispieltexte zeigen und zur Diskussion vorlegen, dazu noch tagesaktuelle, die „Seite Drei" der *Süddeutschen Zeitung* etwa oder Texte aus dem *Zeit Magazin*. Auf die Gefahr hin, mich zu wiederholen: Ich glaube, dass ein solches Vorgehen die Schüler eher hemmt als motiviert und informiert. Außerdem stellt dieses Vorgehen eine Behauptung auf, die nämlich, man würde eine gültige und repräsentative Auswahl vorlegen. Tut man aber nicht. Die Bandbreite von Reportagen ist zu groß, um sie im Schulunterricht proportional darzustellen. Erschwerend kommt hinzu, dass die Grenzen der Reportage nicht ausgelotet sind und dies auch niemals sein werden. Vielleicht befindet sich unter meinen dreißig Schülern der eine, der intuitiv etwas völlig Neues, Verrücktes versucht und dabei Reportageneuland betritt. Würde er sich auch dann von seiner Intuition leiten lassen, wenn ich ihm vorher gesagt hätte: „Genau so soll eine Reportage aussehen!" So unbeliebt ich mich auch immer mache mit dieser Aussage: Ich weigere mich, die Reportage klar zu definieren. Sie ist für mich zu vielschichtig, ein Sammelsurium aus Möglichkeiten, was Themenauswahl, Perspektive, Textlänge, Stil und Recherchewege anbelangt. Sie ist die journalistische Nachbarin der Erzählprosa.

Bei der Gelegenheit eine Anmerkung, die zwar vom Thema abweicht, aber vielleicht illustriert, worauf ich hinauswill: Auch die Kurzgeschichte wird im Deutschunterricht oft definiert. Selbst wenn diese Definitionen nichts Falsches enthalten, bleiben sie immer unvollständig. Weshalb soll ich im Unterricht eine Textform behandeln, wenn ich ihre Vielschichtigkeit und ihr Potenzial zumindest teilweise negiere? Dann stelle ich die Handhabbarkeit und Griffigkeit als Unterrichtseinheit im Fach Deutsch über die tatsächliche Möglichkeit.

Eine lange Vorrede für ein simples Vorgehen. Ich möchte die wichtigsten Grundsätze der Reportage, wie ich sie verstehe und unterrichte, in Form einer Sammlung von Eigenschaften auflisten:

- Die formalen Hauptspielarten der Reportage sind Themenreportage, Portrait und Selbstversuch. Darunter fallen auch Reise- und Sportreportagen.

- Ziel der Reportage ist es, dem Leser jemand oder etwas so zu präsentieren, dass er nach dem Lesen eine sinnliche Vorstellung davon hat.
- Der Reporter agiert also stellvertretend für den Leser. Er besucht einen Ort, spricht mit einer Person, probiert etwas aus – und versucht anschließend die angemessene Sprache und Form dafür zu finden.
- Eine Reportage entsteht niemals nur am Schreibtisch. Es sei denn, der Reporter unternimmt einen Selbstversuch darüber, wie es ist, zwanzig Stunden ununterbrochen am Schreibtisch zu sitzen.
- Oft fungiert die Reportage als *Pars pro Toto*: Indem sie einen exemplarischen Ausschnitt der Wirklichkeit eindrücklich vorstellt, kann sie ein Phänomen behandeln, das viel weiter und tiefer greift. (Eine Reportage über das Leben eines Obdachlosen kann zur Illustration für sozialen Abstieg generell werden, das Portrait einer Künstlerkommune kann zeigen, wie sich ein Stadtteil vom Problemviertel zum In-Quartier entwickelt.)
- Der Leser kann unterhalten, aber auch dazu angeregt werden, über ein Thema nachzudenken.
- Der Leser erhält durch die Reportage meistens die Möglichkeit, sich ein eigenes Bild von etwas zu machen.
- Die Reportage liegt mitunter im Grenzbereich zur Literatur. Dies gilt aber nur für formale und sprachliche Belange. Ob atmosphärische oder beschreibende Passagen, ob mit blumigen Sätzen oder im Hauptsatz-Stakkato: Hier sind allerlei Kunstgriffe erlaubt. Beim Inhalt ist der Reporter jedoch der Realität verpflichtet, die er vorgefunden hat.
- Die Person des Journalisten ist Teil der Reportage. Es ist sein Interesse, das über ein Thema entscheidet, es sind seine Sinne, die über die Auswahl der Details und die beschriebenen Eindrücke bestimmen. Ob er sich als Ich im Text jedoch auch zu erkennen gibt, steht auf einem anderen Blatt. Hier entscheidet der Kontext. Wenn dieses Ich dem Text ein wichtiges Element hinzufügt, hat es eine Berechtigung. Wenn es aus Verlegenheit verwendet wird, weil man sich sonst mühsam andere Formulierungen suchen müsste, fliegt es raus. (Hier stellt sich auch die Frage, ob die Figur des Ich einen für den Leser erkennbaren Charakter hat. Der Journalist kann dann ein Spiel mit dem Leser eingehen und auch die Eigenheiten der persönlichen Wahrnehmung zum Thema machen. Dies ist aber Fortgeschrittenen-Spielzeug, ich wäre vorsichtig, solche Möglichkeiten in einer ersten Unterrichtseinheit auch nur zu erwähnen.)
- Die Reportage stellt möglichst große Unmittelbarkeit her. Sprachlich bedeutet dies, dass das Präsens als Tempus vorherrscht.
- Je nach Medium kann die Unmittelbarkeit durch direkte Ausstrahlung vom Ort des Geschehens erhöht werden. Fußballreportagen sowohl im Radio wie auch im Fernsehen sind Klassiker, auch von Parteitagen, Großveranstaltungen oder von Katastrophenschauplätzen wird live reportiert. Vielleicht sind wir hier technisch gerade an einem Scheidepunkt, weil dank *Twitter*, *Face-*

book und anderer Verteilungswege nun auch die schriftliche Reportage zu ihrem Live-Einsatz kommt. Wie und wo man Definitionsgrenzen setzt, wird sich in den nächsten Jahren zeigen.

- Die Länge einer Reportage variiert stark. Nach unten hin sind gewisse Grenzen gesetzt, weil der Text immer eine Anlaufzeit braucht, sich zu entwickeln. Als Untergrenze kann man etwa 100 bis 120 Zeitungszeilen veranschlagen. Nach oben hin gibt es keine Grenzen. Der bereits erwähnte Hunter S. Thompson hat seine Reportage über die *Hell's Angels* auf mehreren Hundert Seiten niedergeschrieben. In der Zeitung wird man sich jedoch meistens zwischen 140 und 350 Zeilen bewegen.
- Textlänge und Inhalt sollten korrespondieren. Hier gelten in etwa dieselben Regeln wie bei erzählenden Texten. Ich kann in einem Text von 200 Zeilen nicht beliebig viele Handlungsstränge verarbeiten und unbegrenzt Personen auftreten lassen. Je kürzer der Text, desto konzentrierter auf einen Ausschnitt sollte er sein.
- Zusatzinformation, die man für unerlässlich hält, kann man in Infokästen mitliefern.

Wer sich über einen gewissen Zeitraum mit Reportagen beschäftigt, wird auf unzählige weitere Eigenschaften, Eigenheiten und Einschränkungen stoßen. Für den Moment sollten diese Eckpunkte aber genügen.

4.4.2 Nutzen für die Schüler

Die Offenheit der Form macht die Reportage so gut verwendbar bei der Arbeit mit Schülern. Sie passt sich thematisch und formal den Gegebenheiten sowie den Fähigkeiten ihres Autors an. Entsprechend sollte man die Reportage auch als ein System der Möglichkeiten sehen.

Angesichts einer immer kleiner werdenden Welt, in der zwar immer mehr und immer weiter entfernte Ereignisse in unseren Alltag dringen, die physische Unmittelbarkeit dabei aber proportional abnimmt, stellt die Reportage einen idealen Gegenpol dar. Sie erlaubt es, sinnliches Erleben zurück ins Klassenzimmer zu holen. Dabei haben die Schüler thematisch den Spielraum, den sie so oft einfordern. Sie können sich mit ihren Interessen oder ihrem Heimatort beschäftigen. Ob Facebook, Klimawandel, Pferde oder Fußball – jedes Hobby und jedes Interesse kann Grundlage für die Themensuche sein. Als Lehrer sollte man sich jedoch darauf einstellen, dass diese Freiheit zum Problem werden kann und dass manche Schüler Unterstützung brauchen bei der Suche nach ihrem Thema.

Auch weil man die Arbeit an einer Reportage so gut in Schritte und Phasen unterteilen kann, eignet sie sich für den Deutschunterricht. Man setzt Fristen und Termine und hat so zwischendurch immer wieder die Möglichkeit zur Kontrolle – das verhindert ganz große Katastrophen. Wenn eine Recherche in eine Sackgasse zu geraten droht oder wenn die Bedingungen eines Gesprächspartners kein sinnvolles Interview erwarten lassen, kann man die Notbremse ziehen. Immer wieder lasse ich Schüler auch in Kleingruppen über ihre Zwischenergebnisse und ihre nächsten geplanten Schritte diskutieren, etwa über ihre Interviewplanung und über die Erstentwürfe der Texte. Dies stärkt das Text- und Prozessverständnis zusätzlich.

Wenn man es sich leisten kann und wenn man mit den betreffenden Schülern diesbezüglich keine schlechten Erfahrungen gemacht hat, kann man eine Reportage im Unterricht über mehrere Monate erstellen lassen, immer wieder unterbrochen durch andere Unterrichtseinheiten. Während dieser Phasen haben die Schüler die Möglichkeit, bis zu einem gesetzten Zeitpunkt bestimmte Arbeitsschritte zu erledigen:

- Themenauswahl: Zum Beispiel über zwei Wochen hinweg Augen und Ohren offenhalten: Was interessiert mich, was könnte ein Thema für mich sein?
- Kontaktaufnahme: Nicht jeder Ansprechpartner reagiert auf Mails sofort, auch ist nicht jeder ständig telefonisch zu erreichen. Zwischen Kontaktaufnahme und frühestem möglichen Vor-Ort-Termin können dann auch nochmal ein paar Wochen liegen.
- Erstentwurf: Nachdem alle ihre Vor-Ort-Termine vereinbart haben, ist ein Datum zu setzen, zu dem ein erster Text vorliegen muss.
- Schlussabgabe: Nach den Einheiten zur Textüberarbeitung sollte bis zu diesem letzten Abgabetermin genügend Zeit bleiben.

4.4.3 Übungen

Wegen der wichtigsten Arbeitsschritte verweise ich auf die ausführliche Darstellung in Kapitel 2, deshalb werde ich an dieser Stelle nicht noch einmal alles wiederholen. Ohnehin ist es schwierig, aus einer Reportage eine kleine Übungseinheit zu isolieren, abgesehen von der Spontanreportage zu Beginn.

Aufwand

Wenn man den Unterricht zur Reportage mit einer Spontanreportage beginnt, wozu ich unbedingt rate, ist die Reportage natürlich die aufwendigste journalistische Form für den Deutschunterricht, sowohl was die Arbeitsschritte anbelangt als auch den zeitlichen Aufwand.

Vorbereitung: Organisation der Spontanreportage, Themenkatalog für Hilfestellung

Zeitaufwand: Etwa 15 Doppelstunden, komprimiert oder verteilt über einige Monate

Material: Papier und Stift, eventuell digitale Aufnahme- und Fotogeräte

Unterrichtseinheiten: Spontanreportage, Textkritik, Themenfindung, Recherche, Interview, Durchführung, Textarbeit mit Erstversionen, Schlussabgabe

Textlänge: etwa 140 bis 200 Zeilen

4.5 Rezension und Kommentar

4.5.1 Begriffsbestimmung

Puristen mögen mir verzeihen, dass ich hier zwei Formen zusammenwerfe, die sich in einigen grundlegenden Punkten unterscheiden. Ich behandle sie dennoch gemeinsam. Bei beiden, der Rezension und dem Kommentar, haben wir es mit Meinungstexten zu tun.

Unter einer Rezension (auch Kritik genannt) versteht man im journalistischen Sinne[44] eine kritische Auseinandersetzung mit einem kulturellen oder medialen Gegenstand. Dabei kann es sich um einen Roman ebenso handeln wie um ein Computerspiel, eine Theateraufführung oder eine Radiosendung.

Der Kommentar beschäftigt sich mit aktuellen Nachrichten, Ereignissen oder Tendenzen. Er soll dem Leser Argumente an die Hand geben, sich selbst eine Meinung zu bilden. Kurz ausgedrückt: Er dient als Orientierungshilfe. Es gibt eine Reihe von Gemeinsamkeiten und Unterschiede, die ich kurz skizzieren will.

Gemeinsamkeiten:

Der Journalist darf und soll seiner Meinung Ausdruck verleihen. Dies funktioniert auch dann, wenn er sich noch keine klare Meinung bilden konnte. Dann kann diese Indifferenz im Text thematisiert werden.

Meinungstexte sollten als solche gekennzeichnet sein. Dieses eherne Gesetz wurde früher strenger eingehalten als heute, grundsätzlich gilt es jedoch immer noch. Die Kennzeichnung erfolgt durch

- die Stellung innerhalb der Publikation: Die Rezension ist meistens im Feuilleton angesiedelt, für Kommentare gibt es in vielen Zeitungen eine eigene Meinungsseite.
- Schlüsselwörter: Hinweise wie „Ein Kommentar" oder „Ein Thema – zwei Meinungen" kennzeichnen den Text. Auch „Die besten CDs der Woche" oder „Film-Tipps fürs Wochenende" unterstreichen die Subjektivität durch einen Wertungshinweis.
- eine eindeutige Urheberschaft. Rezensionen und Kommentare sollten eindeutig einem oder mehreren Autoren zuzuordnen sein. Bei kontroversen Berichten ist in der Autorenzeile mitunter der Hinweis „Von unserer Redaktion" zu lesen, das Magazin *Der Spiegel* hat früher gar komplett auf die Nennung der jeweiligen Autoren verzichtet. Wo immer jedoch eine Meinung ausgedrückt wird, sollte dem Leser die Möglichkeit gegeben werden, diese zuzuordnen. Manche Publikationen gehen mittlerweile noch einen Schritt weiter und veröffentlichen etwa zu Kommentaren immer ein Foto des Autors.

44 Selbstverständlich wird der Begriff hier in Abgrenzung der nicht-journalistischen Verwendungen gebraucht. Nicht gemeint sind solche Phänomene wie die „Kundenrezensionen" bei Online-Händlern wie *Amazon* oder *eBay*.

Der Gegenstand wird vorgestellt: Der Leser sollte die Chance bekommen zu wissen, wovon der Text handelt. Klingt wie eine Selbstverständlichkeit, beinhaltet aber einige Fallstricke. Bei aktuellen Themen, die in der Publikation auch an anderer Stelle behandelt werden, darf der Journalist ein gewisses Vorwissen voraussetzen. Wie viele der kommentierten Details ausdrücklich erklärt werden, ist Ermessenssache. Gleiches gilt für Rezensionen: Wie genau wird der behandelte Textgegenstand beschrieben und ist der durchschnittliche Leser wirklich schlauer als zuvor?

Auf welche Weise der Journalist Stellung bezieht, ist unterschiedlich. Walter von La Roche hat drei Arten des Kommentars unterschieden:[45]

1. Argumentations-Kommentar: Der Autor vertritt eine Meinung und möchte Andere argumentativ überzeugen (unter Einbeziehung der Gegenposition).
2. Geradeaus-Kommentar: Verzicht auf Argumente. Der Autor polemisiert, verleiht seiner Begeisterung oder Verachtung ungeschminkt und unbegründet Ausdruck.
3. Einerseits-andererseits-Kommentar: Der Autor selbst ist unschlüssig und vermittelt dem Leser einen Eindruck, weshalb es schwierig ist, eine klare Meinung zum Problem zu entwickeln.

Diese Einteilung übernehme ich auch, wenn ich mit Schülern an Rezensionen arbeite.

Unterschiede

- Aufbau: Der Kommentar folgt einer klaren Struktur: Einleitung mit Vorstellung des Themas, Argumentationsteil und Fazit. Damit ist er manchen Aufsatzformen, die in der Schule behandelt werden, nicht unähnlich. Für die Rezension hingegen gibt es keine wie auch immer geartete Regel, was den Aufbau anbelangt.
- Sprache: Ähnlich klar wie der Aufbau soll beim Kommentar die Sprache sein. Das heißt: geradlinig, schnörkellos, weder verschlungen noch verworren und kompliziert. So mancher Feuilleton-Journalist erhebt bei der Rezension hingegen gerade seine Schnörkelhaftigkeit zum Markenzeichen. Je nach Gegenstand und Publikation korrespondiert dies vielleicht sogar hervorragend mit dem Inhalt.

4.5.2 Nutzen für die Schüler

Mit beiden Formen habe ich bei der Arbeit mit Schülern gute Erfahrungen gemacht. Sie bedeuten eine Herausforderung: Die Schüler dürfen klar ihre Meinung äußern und gegenüber einem Thema oder einem Inhalt Stellung beziehen. Dies hat viel mit Perspektive zu tun: Sie müssen sich nicht nur gegenüber dem Textgegenstand positionieren, sondern auch gegenüber dem Leser, dem sie die-

45 La Roche 2013, S. 178

se Position vermitteln wollen. Das ist nicht selten komplizierter als auf den ersten Blick angenommen. Plötzlich reichen ein „ist halt cool" oder ein „ist total lame" nicht mehr aus, obwohl man damit auf dem Schulhof vielleicht ganz gut durchkommt.

Interessant wird es immer dann, wenn man in einem Meinungstext Argumente äußert, die der eigenen Meinung widersprechen. Schüler sind meistens überzeugt, dass man die eigene Position schwächt, wenn man die andere Seite berücksichtigt. Das Gegenteil ist der Fall. Die Tatsache, dass man ein Gegenargument aufführt, es entkräftet und damit nicht stichhaltig genug findet, die eigene Meinung zu ändern, hat eher verstärkende Wirkung.

4.5.3 Übungen

Egal mit welcher Form man arbeitet, muss man zu Beginn eine grundsätzliche Entscheidung treffen: Arbeiten alle Schüler am gleichen Thema oder darf sich jeder selbst etwas aussuchen? Beides hat Vor- und Nachteile. Vorteil des gemeinsamen Themas: Man kann, ähnlich wie bei der Spontanreportage, am Ende die Ergebnisse vergleichen und dabei demonstrieren, welche vielfältigen Möglichkeiten es gibt, an einen Gegenstand heranzugehen oder ihn zu beurteilen.

Vorteil des individuellen Themas: Es kann motivationssteigernd wirken, wenn man sich mit etwas beschäftigen kann, das einen persönlich interessiert oder sogar begeistert. Zur Warnung aber sei hinzugefügt: Lässt man bei einer Rezension das Thema frei wählen, bekommt man überproportional häufig begeisterte Hymnen auf Lieblings-CDs oder -bands. Dabei läuft man Gefahr, nicht einmal annähernd beurteilen zu können, inwieweit der Gegenstand treffend oder nicht treffend behandelt wird, es sei denn, man macht sich die Mühe, jede der kritisierten CDs anzuhören und jeden Film anzusehen.

Übungsschritte zum Kommentar

1. Nach der Festlegung des Themas soll jeder Schüler seine Meinung dazu in einem kurzen Satz beziehungsweise Statement ausdrücken.
2. All diejenigen Argumente, die diese Meinung begründen, werden gesammelt und aufgelistet. Anschließend geschieht dasselbe mit den Gegenargumenten.
3. Bestätigung des Statements: Hat sich die Meinung nach Abwägung aller Argumente verändert?
4. Jetzt wird der Text verfasst.

Einige der Arbeitsschritte können auch in Kleingruppen erledigt werden, etwa die Sammlung der Argumente. Den eigentlichen Text schreibt jeder Schüler aber eigenständig.

Übungsschritte zur Rezension

1. Die Klasse sieht sich geschlossen ein Theaterstück, einen Kinofilm oder ein Konzert an. Bei Kinofilmen sollte es sich um möglichst aktuelle Filme handeln, da sonst die Gefahr besteht, dass den Schülern bereits zu viele Beurteilungen und Meinungen im Internet oder auf dem Schulhof begegnet sind.
2. Während der Vorführung machen sich die Schüler Notizen.
3. Die Schüler schreiben eigenständige Rezensionen.

Aufwand

Vorbereitung: Themenfestlegung, gegebenenfalls Reservierung von Kino- oder Theaterkarten
Zeitaufwand: Insgesamt etwa 4 bis 5 Doppelstunden
Material: Papier und Stift
Unterrichtseinheiten: Themenfindung, Recherche (Argumentsammlung, Besuch einer Vorstellung), Texterstellung, Textkritik
Textlänge: 80 bis 120 Zeilen

4.6 Essay und Glosse

4.6.1 Begriffsbestimmung

Über den Essay habe ich, wie über die Reportage, bereits ausführlich geschrieben. Ähnlich wie die Reportage lässt auch der Essay eine große Bandbreite von Möglichkeiten und Gestalten zu. Während sich alle anderen hier vorgestellten Formen jedoch auf etwas beziehen, das man im weitesten Sinne als „Fakten" bezeichnen kann, kommen der Essay und die Glosse fast ganz ohne nachprüfbare Tatsachen aus.

An dieser Stelle eine Anmerkung zur Abgrenzung des Essays von der Glosse: Beide Begriffe werden im Zeitungskontext oftmals synonym oder doch zumindest überlappend verwendet. Die Antwort auf die Frage, weshalb ein Text als Glosse statt als Essay verkauft wird (oder umgekehrt) hat mitunter mit dem Auftrag zu tun, der dem Text zugrunde lag oder mit der Rubrik, in der er veröffentlicht wird. Andere Journalisten rücken die Glosse eher in die Nähe des Kommentars. Tatsächlich kann sich auch der Glossenschreiber an einem aktuellen Thema abarbeiten.

Ich behelfe mir, wie ich es bei der Reportage getan habe, mit einer Reihe von Eigenschaften, die ich den einzelnen Formen zuschreibe:

- Gegenstand der Glosse können solche Themen sein, die von Kommentaren aufgegriffen werden: Tagesaktuelles, Kontroverses, Weltveränderndes. Eine Glosse kann aber ebenso gut Banales, Alltägliches und völlig Irrelevantes behandeln, wie die vom Autor bevorzugte Rezeptur eines Frühstücksmüslis.

- Die Glosse hebt sich vom Kommentar sprachlich ab, weil sie keine Nüchternheit fordert, sondern Ironie, Zuspitzung, Sprachwitz. Der Essay kann mit diesen Mitteln auch arbeiten, bei der Glosse werden sie eher vorausgesetzt.
- Glossen entstehen und arbeiten wie Essays mehr intuitiv als kognitiv. Selbst wenn sie klug gemacht sind, steht an ihrem Anfang oft ein Geistesblitz.
- Die Glosse arbeitet stärker und häufiger als der Essay mit thematischen Brüchen. So kann innerhalb eines Textes ohne Probleme zum Beispiel ein Bogen von besagtem Frühstücksmüsli zur politischen Situation in Nahost geschlagen werden.
- In aller Regel ist der Essay die längere der beiden Formen.

Bekannte Glossenschreiber der Gegenwart sind Max Goldt (der für das Magazin *Titanic* jahrelang eine glossierte Kolumne verfasst hat) sowie Bastian Sick, der durch seine bei *Spiegel Online* erschienenen und mehrfach als Bücher veröffentlichten Sprachglossen bekannt wurde. Bei der *Süddeutschen Zeitung* erscheint unter dem Titel *Streiflicht* täglich eine Glosse an prominenter Stelle, nämlich auf der Titelseite.

Es gibt Journalisten, die darauf bestehen, dass man Glossen nicht auf Befehl schreiben könne, sondern dass sie ein Produkt plötzlicher Inspiration und Eingebung seien und manchmal als Nebenprodukt eines ganz anderen Schreibauftrags entstünden. Dies leuchtet ein, denn man kann sich kaum etwas Schlimmeres vorstellen als einen missglückten Versuch, originell zu sein.

4.6.2 Nutzen für die Schüler

Letztlich dieser Umstand des Nutzens ist der Grund dafür, weshalb ich die Glosse nur selten als Unterrichtseinheit bei Schulprojekten einsetze.

Wenn ich mit motivierten Schülerzeitungsredaktionen arbeite, kommt das Thema natürlich auf den Tisch. Ich bin auch bereit, über glossenartige Texte zu diskutieren, wenn Schüler sie mir vorlegen. Als verpflichtende Form würde ich die Glosse jedoch nur mit älteren (ab Klasse 11) und sprachversierten Schülern behandeln. Erschwerend kommt außerdem hinzu, dass das Prinzip der Ironie bei jüngeren Altersgruppen mitunter weniger verstanden wird, als für den gewinnbringenden Umgang mit Glossen nötig.

Bei Essays sieht es wiederum ganz anders aus. Bei der Besprechung dieser Textform können sich die Schüler inhaltlich und formal austoben, und zwar auf sehr individuelle Art und Weise. Außerdem können sie den Werdensprozess eines Textes durchleben und nachvollziehen, der im Grenzbereich zwischen Journalismus und Literatur angesiedelt ist.

4.6.3 Übungen

Die Übungen habe ich in Kapitel 3 bereits beschrieben, deshalb stelle ich sie hier nicht mehr gesondert dar.

Aufwand

Vorbereitung: Katalog möglicher Themen, alles was zum Durchführen der kreativen Schreibübungen benötigt wird (siehe Kapitel 3).
Zeitaufwand: insgesamt etwa 4 bis 5 Doppelstunden
Material: Papier und Stift
Unterrichtseinheiten: Themenfindung, Kreative Übungen, Eingrenzung des Textes, Texterstellung, Textüberarbeitung
Textlänge: 80 bis 150 Zeilen (Glosse) und 120 bis 250 Zeilen (Essay)

5 Arbeit am Text

Die Entstehung eines Textes ist nicht nur ein einziger Prozess, sondern mehrere Prozesse auf einmal

5.1 Vorbemerkung

In den fast anderthalb Jahrzehnten, die ich jetzt journalistische Schreibwerkstätten mit Schülern durchführe, wurde ich unzählige Male mit Kopfschütteln konfrontiert, wenn ich erzählte, dass ich 14-Jährige selbstständig losziehen lasse, um einen Tag in einem Bestattungsinstitut oder die frühen Morgenstunden in einer Backstube zu verbringen, um Material für eine Reportage zu sammeln. Kollegen, die für Zeitungen, Radiostationen oder Fernsehredaktionen arbeiten und die Beschwernisse von Recherche und Interviews kennen, können sich kaum vorstellen, dass Schüler all dies auf sich nehmen und dabei auch noch respektable Ergebnisse abliefern. Ich muss in solchen Fällen erst einmal ein Missverständnis aufklären beziehungsweise eine falsche Einschätzung der Sachlage. Unter den Problemen, die einem begegnen können, ist die Durchführung einer Recherche das geringste. Schwerer wiegt die Themensuche, wie ich ja bereits dargestellt hatte.

Die größten Schwierigkeiten haben Schüler jedoch bei der Überarbeitung von Texten. Viele sind mit dem Konzept schlicht nicht vertraut. Für sie ist ein Text vollendet, sobald er geschrieben ist. Man hat es ihnen so beigebracht: *Aufgabe wird gestellt – Text wird geschrieben – Text wird benotet – nächste Aufgabe.* Dieser Ablauf hat mit der Schulrealität viel, mit der Arbeitsrealität wenig zu tun. Überall dort, wo professionell mit Texten gearbeitet wird, geht dieser Text durch mehrere Instanzen. Da gibt es Redakteure, Lektoren und Korrektoren, um nur die wichtigsten Berufsgruppen zu nennen, zu deren Hauptaufgaben die Textarbeit gehört. Natürlich gibt es auch bei einer Zeitung Texte, die in aller Eile entstehen, weil eine Meldung erst kurz vor Redaktionsschluss hereinkam. Auch Radionachrichten, aktuelle Fernsehbeiträge oder Internet-News haben zwischen Erstentwurf und Veröffentlichung oft keinen langen Weg zurückgelegt. Das sind dann aber für gewöhnlich nicht die Texte, die man später stolz herumreicht. Zumindest nicht wegen ihrer sprachlichen oder formalen Finesse, höchstens, weil man mit dieser Meldung der Schnellste war.

Eine Reportage entsteht niemals in einem Arbeitsschritt und selten an einem Tag. Gleiches gilt für einen Essay. Da mag ein Schreiber mal einen Lauf haben, eine plötzliche Eingebung, eine Inspiration, die ihn den Text in einem Zug schreiben lässt. Wenn man aber genauer hinsieht, ist seit der Aufgabenstellung beziehungsweise dem Auftrag schon einige Zeit vergangen, der Text hat dann schon erhebliche gedankliche Wegstrecken zurückgelegt.

Meiner Überzeugung nach ist es unabdingbar, mit Schülern solche Prozesse zu durchlaufen. Sie sollen sich zunächst einmal der Prozesshaftigkeit des Schreibens bewusst werden. Sie sollten es mindestens einmal, besser noch öfter durchlaufen haben. Die Überarbeitung eines bereits geschriebenen Textes beschränkte sich während meiner Schulzeit auf die Rechtschreibkorrektur bei Diktaten. All jene Sätze, in denen mindestens eine rote Korrektur auftauchte, mussten erneut geschrieben werden. Und zwar nachdem die korrigierten Arbeiten zurückgegeben und bereits benotet waren. Insofern hatte der Eingriff in den Text etwas Bestrafendes: *Hättest du mal alles auf Anhieb richtig geschrieben, bliebe dir heute Nachmittag diese zusätzliche Aufgabe erspart.* Hätte sich diese Haltung auch anderswo durchgesetzt, etwa in Zeitungsredaktionen oder in Verlagen, wären uns vermutlich viele große literarische Werke und viele journalistische Karrieren entgangen. Man kann es gut finden oder nicht, aber die Rechtschreibung ist vielen Schreibern bis zu einem gewissen Punkt die kleinste Sorge.

Seit meiner Schulzeit ist viel Zeit vergangen, und dies nicht spurlos. Mittlerweile gibt es durchaus Deutschlehrer, die Textarbeit als das sehen und vermitteln, was sie im besten Falle ist: eine Verbesserung, nicht so sehr eine Korrektur des Textes. Sie suchen nach Methoden, um das thematische, sprachliche und formale Potenzial eines Textes noch besser auszuschöpfen, als dies im ersten oder zweiten Entwurf der Fall ist. Dabei lautet die Preisfrage: „Wie kriege ich meine Schüler zum Überarbeiten und wie kann vor allem ich selbst die Kompetenz erwerben, diesen Prozess zu überwachen?" Die Antwort ist so simpel wie unbefriedigend: Man muss sich selbst auf diesen Prozess einlassen. Das fordert auch einem Lehrer oder Dozenten Mut und Ungewissheiten ab. Schließlich ist er derjenige, der den Unmut der Schüler auf sich zieht, wenn alles nicht so läuft, wie es sollte.

Für den Anfang habe ich jedoch auch eine etwas nützlichere Antwort in Reserve. Ich glaube, dass Schüler grundsätzlich bereit sind, an ihren Texten noch einmal zu arbeiten, auch wenn sie sich zu Beginn gerne dagegen wehren, weil sie denken, sie hätten schon genügend Arbeit investiert. Man kann die Bereitschaft zur Überarbeitung erhöhen, indem man bestimmte Voraussetzungen schafft:

Nutzen: Schüler verbessern ihre Texte nicht, weil es ihnen so großen Spaß macht. Sie tun es, um bessere Noten zu bekommen. Vielleicht auch, um etwas zu schaffen, auf das sie stolz sein können. Ist eine Veröffentlichung geplant, kann dies zusätzlich motivierend wirken, den Text zu verbessern.

Zeit: Manchmal muss zwischen der Textkritik und der Überarbeitung eine gewisse Zeit vergehen, damit man das Gesagte sacken lassen und akzeptieren kann. Im ersten Moment wird die Rückmeldung eben als Angriff aufs eigene Produkt erlebt, auch wenn sie noch so konstruktiv ist. Das gilt übrigens für Profis nicht weniger als für Schüler.

Mehrere Meinungen: Es fällt leichter, einen Text oder einzelne Elemente davon noch einmal zu überdenken, wenn man von mehreren Seiten entsprechende Rückmeldungen bekommen hat. Vor allem, wenn diese verschiedenen Seiten nicht in Verdacht stehen, sich gemeinsam verschworen zu haben. In die Textarbeit mit Schülern versuche ich immer auch die Schüler selbst als Textkritiker einzubinden.

Ein guter Text ist immer das Ergebnis eines Prozesses. In diesem Kapitel werde ich zunächst noch einmal darstellen, welche Dimensionen diese Prozesshaftigkeit beinhaltet. Anschließend beschreibe ich Stationen der Textarbeit, die in meinen Projekten eine wichtige Rolle spielen. Dann soll es noch ganz konkret um die Elemente gehen, die bei der Arbeit mit Schülern immer wieder Gegenstand der Diskussion und der Verbesserung sind. Zur Illustration greife ich dabei teilweise noch einmal auf die Reportagen zurück, die in Kapitel 2 vorgestellt wurden.

5.2 Prozesse der Textentstehung

Fast gebetsmühlenartig wird im Zusammenhang mit Textentstehung der Begriff Prozess verwendet. Daran ist grundsätzlich nichts auszusetzen, wenn denn alle Beteiligten wissen, was darunter zu verstehen ist. Je länger ich mich mit Schreibprozessen beschäftige, desto weiter differenzieren sich diese Prozesse aus. Soll heißen: Der Umgang mit Texten und deren Entstehung ist niemals ein einziger Prozess, sondern eine Anzahl von Prozessen, die gleichzeitig ablaufen, teilweise parallel und teilweise mit Überschneidung.[46]

5.2.1 Prozess der Arbeitsschritte

Erklärung: Dahinter verbergen sich die in Kapitel 2 beschriebenen Arbeitsschritte auf dem Weg zu einem Text. Mehr oder weniger ist der Ablauf immer derselbe, auch wenn die einzelnen Schritte nicht immer klar voneinander abgrenzbar sind und sich manchmal auch überschneiden. Die Recherche zum Beispiel ist nicht zwangsläufig abgeschlossen, wenn der Reporter sich ans Schreiben macht. Das Thema wiederum kann sich noch während der Recherche ändern.

Begleitung: In der Umsetzung mit Schülern wird man versuchen, die Arbeitsschritte einigermaßen klar voneinander zu trennen. Das erfüllt einen doppelten Zweck. Einerseits gibt es den Schülern ein klares Gerüst, an dem sie sich orientieren können und das ihnen verrät, was als nächstes zu tun ist. Andererseits gibt es einem selbst die Möglichkeit, schnell einzugreifen, sollte mal etwas aus dem Ruder laufen, etwa wenn eine Recherche in eine Sackgasse gerät oder wenn sich herausstellt, dass eine Geschichte doch nicht so interessant ist, wie ursprünglich gedacht. Deshalb beschränkt man sich nicht darauf, den nächsten Arbeitsschritt mit einer neuen Aufgabe einzuläuten, sondern immer auch Zwischenergebnisse abzufragen. Zur Dokumentation können die Schüler ein Tagebuch über die Entstehung ihrer Reportage, ihres Essays oder des Interviews führen. Dies kann später in die Bewertung mit eingehen, wobei der Prozess als solcher nicht unberücksichtigt bleiben sollte (s. Kapitel 7).

Herausforderung: Wer immer sich auf eine journalistische Arbeit einlässt, die eine ausführliche Recherche beinhaltet, muss damit rechnen, dass das Vorhaben jederzeit scheitern kann. Gründe gibt es genug: Kein Ansprechpartner erklärt sich bereit, ein Interview zu geben oder den Reporter in bestimmte Berei-

46 Wie so oft in diesem Buch handelt es sich dabei um eine Kategorisierung, die allein meiner Arbeit und meiner Erfahrung entspringt und die keinen Anspruch auf Vollständigkeit und Wissenschaftlichkeit erhebt.

che vorzulassen. Oder eine Information oder Annahme, die man der Reportage zugrunde gelegt hat, erweist sich als falsch. Manchmal kann man noch improvisieren, manchmal jedoch steht man dann ohne Text da. Diese Möglichkeit zu akzeptieren und damit umzugehen ist vor allem bei der Arbeit mit Schülern anspruchsvoll.

5.2.2 Prozess des Textbewusstseins

Erklärung: Selbst wenn man sich schnell für ein Thema entschieden hat, kann man völlig ahnungslos sein, welche Geschichte schließlich erzählt werden soll. Die Basis-Recherche bleibt offen für alles, das vorbereitete Interview deckt das gesamte Spektrum des Themas ab. Schließlich fallen bei der Vor-Ort-Recherche so viele Informationen und Eindrücke an, dass es fast unmöglich erscheint, daraus einen Text von nicht epischer Länge zu basteln.

Eine Schülerin hatte vor einigen Jahren eine Schmuckdesignerin in ihrem Atelier besucht. Ihr ging es dabei um die verschiedenen Arbeitsschritte auf dem Weg zu einer Halskette oder einem Ring – vom ersten Entwurf über das Aussuchen der Materialien bis hin zum fertigen Stück. Sie hatte dies auch alles erklärt bekommen, durfte sogar Entwürfe sehen und die Designerin bei der Arbeit beobachten. Noch als sie das Atelier verließ, war sie überzeugt davon, einen rein handwerklichen Fokus zu haben. Als sie schon lange wieder zu Hause war und zum wiederholten Male versuchte, aus dem recherchierten Material einen Text zu schreiben, wurde ihr klar, dass sie die Arbeit mit Gold und Silber zwar sehr interessant fand, fasziniert war sie jedoch von etwas anderem: Von der Begeisterung der Schmuckdesignerin, etwas Bleibendes zu schaffen. Sie hatte der Schülerin den Ring gezeigt, den sie für ihre Prüfung angefertigt hatte. Und vor allem hatte sie das Gefühl beschrieben, wenn sie irgendwo eingeladen war und einer der Gäste ein Schmuckstück von ihr trug. Von dieser Begeisterung und von Bleibendem handelte schließlich dieser Reportagentext. Zwar fielen die technischen Fragen nicht ganz unter den Tisch, standen aber nicht so sehr im Mittelpunkt, wie bei der ersten Planung gedacht.

Solche Veränderungsprozesse gehören zum Alltag eines Reporters. Zwischen der ersten Planung und dem Textergebnis liegen oft Welten. Ich habe ja schon in Kapitel 2 ein paar Worte darüber verloren. Und ich betone es noch einmal: Diese Veränderungen sind ganz natürlich, denn zwischen der Themenfindung und der Abgabe der Schlussversion des Textes liegt nicht nur eine komplette Recherche, sondern auch viel Nachdenken. Manchen Schülern geht es wie der beschriebenen Schülerin. Bei ihnen wird ein faszinierendes Thema durch ein anderes abgelöst. Schlimmer ist es dann, wenn die Recherche zur Enttäuschung führt. Wenn sich herausstellt, dass man die Person, die man portraitieren wollte, gänzlich unsympathisch findet. Oder wenn man hinter der schillernden Fassade eines Musicalbetriebes die Banalität des Alltäglichen entdeckt.

Begleitung: Es lohnt sich immer, genauer hinzuschauen, wenn Schüler von der Recherche kommen und eine erste Textversion abliefern. Ist dies wirklich schon das Beste, was aus dem Thema herauszuholen ist? Ist eine Geschichte, ein roter Faden erkennbar? Wird der Inhalt sowohl den Erwartungen des Lesers als auch den Erwartungen seines Autors gerecht, der sich das Thema schließlich ausgesucht hat? Zur Überprüfung kann man während des Prozesses mehrmals eine kleine Übung einstreuen: Man lässt die Schüler jeweils in einem Satz notieren, was das Interessanteste an ihrer Reportage ist und worum es in der Reportage geht. Mit zunehmender Erfahrung wird man feststellen, dass es wiederkehrende Muster sind, mit denen man es zu tun hat: Da sind die Schüler, die sich zu schnell mit dem Erreichten zufrieden geben und nicht zum Kern der Geschichte vorstoßen. Die zweite Gruppe von Schülern ist hingegen unsicher und verliert völlig den Überblick. Beide brauchen nur einen Steigbügel. Bei der ersten Gruppe muss man den Ehrgeiz nach Mehr wecken, bei der zweiten die Sicherheit geben, dass sie am Ende nicht mit leeren Händen dastehen. Ach ja, und natürlich gibt es noch eine dritte Gruppe: diejenigen nämlich, die ganz gut klarkommen.

Herausforderung: Die Frustration ist nicht fern, wenn der Text nicht so werden will, wie man sich das vorgestellt hat. Da geht es Schülern nicht anders als den Berufsschreibern. Nur dass letztere sich damit trösten (oder martern) können, sich diesen Job selbst ausgesucht zu haben; Schüler müssen wohl oder übel. Deshalb sind Motivation, Fingerspitzengefühl und viel gutes Zureden gefragt, wenn mal wieder gar nichts vorangeht. Ich versuche, die Schüler aus der Reserve zu locken, indem ich mich ihnen immer auch als Leser nähere, der gespannt auf den Text wartet, weil er das Thema interessant findet. Was zu hundert Prozent der Wahrheit entspricht.

5.2.3 Prozess der Distanz zum eigenen Text

Im Zusammenhang mit der Entstehung eines Essays habe ich über dieses Thema bereits Einiges gesagt. Beim professionellen Schreiben geht es immer um die Nähe oder Entfernung, die der Autor zu seinem Text hat. Im Idealfall sieht der Prozess folgendermaßen aus:

- Stufe 1: Text und Autor sind identisch
- Stufe 2: Der Autor schiebt den Text von sich, distanziert sich davon, objektiviert den Text. Dieser Vorgang ermöglicht ihm eine Literarisierung des Textes. Soll heißen: Sämtliche Textbestandteile – also Inhalt, Form und Sprache – müssen sich aus dem Text selbst rechtfertigen, nicht aus ihrem Bezug zum Autor. Was dem Text nicht dient, fliegt raus.
- Stufe 3: Text und Autor sind sich nah. Einen fertigen Text kann man als Teil und Produkt der eigenen Person betrachten, mit Stolz und Zuneigung. Man geht damit an die Öffentlichkeit. Selbst wenn man darin sehr Persönliches preisgibt, macht man sich nicht unbedingt als Person verletzlich, weil man den Textinhalt vom Ich getrennt hat.

Das liest sich furchtbar esoterisch, ist aber im Großen und Ganzen das, was bei einem Text mehr, beim anderen weniger geschieht: bei literarischen Texten mehr als bei journalistischen, bei der Reportage mehr als beim Bericht.

Der Vorgang ist für die Entstehung eines guten Textes unerlässlich. Die Euphorie und die Hybris des ersten Moments etwas aufzuschreiben, worauf die Welt bereits lange gewartet hat, braucht der Autor, um überhaupt einen ersten Entwurf zu wagen. Ernüchterung kommt auf, wenn er dann feststellt, dass die Welt einem diese Genialität nicht dankt, sondern im Gegenteil erst einmal Veränderungen am Text verlangt.

Begleitung: Die entscheidende Frage dieses Abschnittes ist: „Gehört das zum Text?" Der natürliche Reflex ist: „Ja, das muss so sein." Begründungen: „Das habe ich so erlebt." oder „Das will ich so haben." oder „Das hört sich schön an." Ich freue mich, wenn Schüler schöne Sätze schreiben. Doch wenn sie nichts mit dem Thema des Textes zu tun haben, nützen diese Sätze nichts. Wenn ein Schüler detailliert etwas schildert, das er bei einer Recherche beobachtet hat, das aber nicht das Geringste mit der Geschichte seiner Reportage zu tun hat, gilt dasselbe. Und am allermeisten gilt es dort, wo Schüler sehr Privates und Intimes von sich preisgeben. Profis können mit solchen Elementen spielen, können ein Mysterium aufbauen über Authentizität und Dichtung. Schüler können die Folgen nicht abschätzen.

Herausforderung: Die Inszenierung der eigenen Persönlichkeit ist Teil der Distanzierung vom Text. Wenn Max Goldt in seinen Glossen und Helge Timmerberg in seinen Reportagen literarische Ichs auftreten lassen, sind sie wohldurchdacht.

Beim „Abtrennen" des Schülers von seinem Text ist Fingerspitzengefühl gefragt. Es ist für den Autor schließlich nicht schön, aus der seligen Gewissheit eines genialen Schaffens gerissen zu werden. Profiautoren haben dafür Lektoren und Redakteure, die ihnen mehr oder weniger schonend klar machen, dass da noch mehr geht. Lektoren in Literaturverlagen tun dies traditionell mehr, Redakteure in Zeitungsredaktionen weniger schonend. Wie muss sich ein Schüler fühlen, der die Quittung immer sofort vor den Latz geknallt bekommt, und dann auch noch als unverrückbare Note, die möglicherweise über seine Zukunft entscheidet?

5.3 Situationen der Textarbeit

Nachdem wir uns die Inhalte der Schreibprozesse angesehen haben, möchte ich nun die Unterrichtseinheiten und Situationen zeigen, die diesen Prozessen einen geeigneten Rahmen geben. Ganz neu ist dabei manches nicht. Bereits in Kapitel 1 habe ich ausführlich eine Schulklassen-Plenumsdiskussion beschrieben. Trotzdem halte ich es für sinnvoll, diese Art der Textdiskussion noch einmal aufzugreifen und – vor allem – in einen Kontext zu stellen. Auch Textarbeit ist ein Prozess in mehreren Stufen. Wenn sie darüberhinaus durch mehrere Instanzen geht und unterschiedliche Beteiligte mit vielleicht sogar unterschiedlichen Meinungen einbindet, kann sie ihre volle Wirkung entfalten.

Ziel ist, die Schüler selbst in ein System der Textkritik einzubinden und dort auch zu Wort kommen zu lassen. Sie sollen die Texte ihrer Mitschüler lesen, sollen darüber diskutieren und Rückmeldungen geben. Dies stärkt das Bewusstsein für die Textform. Es gibt aber noch einen viel wichtigeren Effekt: Wenn ein Schüler Rückmeldung auch von Seinesgleichen bekommt, wird Textarbeit nicht mehr als Herrschaftsausübung angesehen, die in einem hierarchischen System immer von oben verordnet wird, sondern als Gemeinschaftsarbeit.

Andererseits darf man sich als Lehrer oder Dozent nicht aus dem Vorgang herausnehmen, ganz im Gegenteil. Es muss weiterhin eine Person geben, die das repräsentiert, was ich immer Textautorität nenne. Ein profundes Wissen über Texte und Sprache und ein Auge dafür, wie im konkreten Fall das Potenzial des Themas im Text am besten umgesetzt werden kann und welche Veränderungen dafür konkret vorzunehmen sind. Ich halte es für wichtig, die drei Elemente Plenumsdiskussion, Einzelgespräch und Schreibkonferenz bei jedem größeren journalistischen Projekt mit Schülern einzusetzen.

5.3.1 Plenumsdiskussion

Ablauf: Wie bereits in Kapitel 1 beschrieben, werden mehrere Texte in der Klasse besprochen. Die Auswahl dieser Texte erfolgt nach inhaltlichen Kriterien oder nach dem Zufallsprinzip. Pro Doppelstunde kann man etwa drei, höchstens vier Texte besprechen. Und zwar ausschließlich Texte von Schülern, die sich damit einverstanden erklärt haben.

Ich habe keine guten Erfahrungen gemacht, die Texte zu Hause lesen und vorbereiten zu lassen. Selbst wenn diese Hausaufgabe erledigt wurde, sind die Texte und das, was man davon im Kopf behalten hat, dem Bewusstsein schon wieder entglitten. Dann kommt entweder nur eine stockende Diskussion zustande oder man lässt alle noch einmal lesen. Also kann man dies auch gleich im Unterricht machen lassen. Die Diskussionsregeln sind dieselben, die in der Klasse immer gelten. Meistens beinhalten diese die Vorgabe, zu Beginn einer Äußerung auf die positiven Aspekte einzugehen. Dies sind die Punkte, denen die Schüler bei der Textdiskussion besondere Aufmerksamkeit schenken sollen:

- Überschrift → Ist eine vorhanden? Weckt sie Interesse?
- Gesamteindruck des Textes → Macht es Spaß, diesen Text zu lesen?
- Inhalt → Wird klar, worum es geht? Ist ein roter Faden erkennbar?
- Zitate → Wurden Interviews geführt und kommen die Gesprächspartner ausreichend zu Wort?
- Tempus → Ist die Zeitform angemessen?
- Perspektive → Kommt ein Ich im Text vor und ist dieses Ich notwendig?
- Form und Funktion → Entspricht der Text den Anforderungen, die wir an diese Form stellen?

Diese Fragen werden nicht der Reihe nach abgehandelt, sie dienen nur als Gerüst. Bei der Plenumsdiskussion sollen vor allem solche Textelemente und Themen besprochen werden, die den Schülern selbst aufgefallen sind.

Ziel: Es geht bei dieser Form um mehrere Dinge. Zunächst einmal öffne ich für die Schüler die Blackbox der Textbeurteilung. Sie erhalten Einblick in einen Vorgang, den sie normalerweise nur als Ergebnis kennen, in Form einer Note und eines Kommentars. Das ist wie bei einem Kartenspiel, bei dem die Schüler ihre Karten offen auf den Tisch legen, der Lehrer seine verdeckt drauflegt und sagt „Ich habe gewonnen" oder „Du hast gewonnen". Wer so spielt, braucht sich nicht zu wundern, wenn ihm Misstrauen entgegenschlägt.

Bei einer Plenumsdiskussion lege ich meine Karten ebenfalls offen. Und ernenne die Schüler zu gleichberechtigten Diskussionspartnern. Wenn es gut läuft, werden sich die Schüler der Verantwortung bewusst, die die Beurteilung von Texten mit sich bringt. Ich gehe nicht so weit zu behaupten, man könne den Schülern auf diese Weise die Augen öffnen für die Arbeit des Lehrers. Aber manchmal weist die Abwehr gegen jede Art von Textkritik nach einer solchen Unterrichtseinheit Risse auf. Wie ernst ich die Schüler und ihre Texte nehme, unterstreiche ich zusätzlich durch meine profunde Kenntnis der Texte. Es ist für mich eine Selbstverständlichkeit, alle eingereichten Texte so präsent zu haben, dass ich während der Diskussion auf Beispiele verweisen oder – natürlich nur der Spur nach – aus ihnen zitieren kann. Was die Schüler während der Diskussion hoffentlich ebenfalls leisten, ist der Transfer auf die jeweils eigenen Texte. Fragen der Perspektive, des Tempus oder der Zitate gelten schließlich universell. Selbst wenn es nicht der eigene Text ist, der ausgiebig besprochen wird, kann man bereits genügend Punkte finden, die zu verbessern sind.

Zeitaufwand: eine Doppelstunde

5.3.2 Schreibkonferenz

Schreibkonferenzen gehören mittlerweile zum Standardrepertoir vieler Lehrer. Bei meiner Arbeit habe ich festgestellt, dass jeder Lehrer seine spezielle Variante dieses Formats entwickelt hat. Das entspricht genau meiner Herangehensweise, schließlich bezwecke ich mit diesem Buch dasselbe: Man soll es sich durchlesen und aus dem Gelesenen, oder zumindest aus einem geringen Teil davon, etwas Eigenes basteln. Die Urform meiner Schreibkonferenz habe ich bei Rebecca Müller kennengelernt, einer Stuttgarter Realschullehrerin, mit der ich fünf Jahre lang im Tandem gearbeitet habe. Wir haben zusammen mit achten Klassen Romane geschrieben. Für die speziellen Belange des Romans modifizierten wir die Schreibkonferenz. Gleiches geschah dann kurze Zeit später zusammen mit Katharina Dargan. Wir passten die Schreibkonferenz für die Arbeit mit Reportagen an.

Ablauf: Alle Reportagen werden ausgedruckt, zusammengeheftet und auf einem leicht zugänglichen Tisch im Klassenzimmer gestapelt. Meist bietet sich dafür das Lehrerpult an. Neben den Stapel mit den Reportagen kommt ein Stapel von Fragebögen, etwa vier- bis fünfmal so viele wie Reportagen. Die Schüler kommen der Reihe nach zum Tisch, bekommen nach dem Zufallsprinzip eine der Reportagen ausgehändigt (natürlich nicht ihre eigene) sowie einen der Fragebögen.

Anschließend lesen sie die Reportage und füllen den Fragebogen aus, der sich auf die Reportage bezieht. Dies dauert bei gewissenhafter Durchführung etwa eine Viertelstunde bis 20 Minuten. Anschließend geht der Schüler wieder zum Tisch, gibt den Fragebogen ab und legt die Reportage wieder auf den Stapel. Er nimmt sich eine neue Reportage und einen leeren Fragebogen. Derselbe Vorgang wiederholt sich, und zwar so lange, bis die insgesamt veranschlagte Zeit vergangen ist, meistens eine Doppelstunde. Jeder Schüler sollte in dieser Zeit etwa vier Reportagen seiner Mitschüler gelesen und beurteilt haben. Wichtig dabei ist, dass in den Text selbst beim Durchlesen nicht geschrieben wurde, damit der nächste Schüler, der ihn liest, nicht abgelenkt wird.

Der Fragebogen (9)

Einige Elemente sollte ein solcher Fragebogen auf jeden Fall enthalten:

- Name des Autors der Reportage.
- Name des Kritikers.
- Überschrift der Reportage → Ist die Überschrift passend, regt sie zum Lesen an? Falls nein, mache einen Vorschlag.
- Rechtschreibung und Grammatik → Gibt es Auffälligkeiten? Nicht jeder kleinste Rechtschreibfehler wird angestrichen, sondern nur wiederkehrende Fehler und Unklarheiten.
- Elemente → Nutzt der Text die Möglichkeiten der Reportage, werden zum Beispiel Zitate und Beschreibungen eingesetzt?
- Inhalt → Ist die Geschichte des Textes interessant? Gibt es Widersprüche, Hänger, Verbesserungspotenzial?
- Lob und Kritik → Nenne jeweils mindestens drei positive und drei negative Dinge, die dir zu diesem Text einfallen.
- Note → Vergib für diesen Text eine Schulnote, du kannst sie mit ein paar Worten begründen oder auch nicht.

Darüberhinaus kann man noch weitere Punkte aufnehmen: Aufbau → Liest sich der Text rund oder könnte man etwas an der Form ändern, um ihn interessanter oder einheitlicher zu gestalten? Perspektive → Taucht ein Ich auf und hat dieses Ich im Text eine wichtige Funktion?

Wie gesagt, der Bogen kann, wie die gesamte Durchführung der Schreibkonferenz, geändert und damit den individuellen Bedürfnissen des Lehrers oder der Schulklasse angepasst werden. Ich lege großen Wert darauf, dass die Schüler nicht nur knappe Stichworte auf dem Fragebogen hinterlassen, die dem Autor nicht weiterhelfen. Um zu unterstreichen wie ernst es mir damit ist und wie hoch ich die Wichtigkeit dieser Rückmeldeform einschätze, nehme ich die Rückmeldebögen alle nach Hause mit, scanne sie für später ein, wenn es an die Bewertung des Gesamtprojekts geht. Sollte es eine Schulnote geben, fließt die Qualität und Ernsthaftigkeit der Rückmeldung in diese Note mit ein. Die Autoren bekommen die Rückmeldebögen zu ihren Reportagen erst in der darauf folgenden Schulstunde.

Elemente (Einstieg, Zitate, Szenen, Beschreibungen)

Einstieg: allgemeine Information über die Förderschule -> man könnte vielleicht diese Informationen auch ab und zu in den Text einbringen und gleich mit der Situationsbeschreibung anfangen.
Es sind schön beschriebene Szenen eingebaut: mit wörtlicher Rede und anschaulicher Beschreibung z.B. wie Derya Sylt auf der Deutschlandkarte sucht

Aufbau („runder" Text?) und Informationsgehalt

Informationen: Anfang + Ende enthalten allgemeine Informationen, die dem Leser ein besseres Bild der Schule verschaffen. Durch die Szenenbeschreibungen im Mittelteil werden weitere Informationen zum Ablauf des Unterrichts und zu den Schülern ~~mitgeteilt~~ etwas besser verpackt mitgeteilt

Erwartungen erfüllt? Form der Reportage eingehalten?

Form ist ~~ein~~ eingehalten: - Präsens
- Personen + Szenenbeschreibungen

~~Nach dieser Überschrift habe ich mir auch e~~

Ich finde, wenn man nach der Überschrift urteilen soll, hat die Reportage meine Erwartungen übertroffen, da die Überschrift sehr trocken und langweilig klingt

Ausschnitt aus einem Schreibkonferenzbogen zu einer Reportage über eine Förderschulklasse

Ziel: Wiederum verfolgt die Übung zwei Ziele. Das erste ist Aufmerksamkeit für die Texte der Mitschüler. Auch das hat etwas mit der Verantwortung gegenüber den Anderen und gegenüber einer Textform zu tun. Diesem Umstand wird mit der Benotung der Bewertungsbögen Rechnung getragen. Das zweite Ziel ist die Textkritik auf Augenhöhe. Manchmal werden Anmerkungen von Mitschülern eher akzeptiert, als wenn sie von einem Dozenten oder einem Lehrer kommen. Außerdem holt sich der Autor durch die Schreibkonferenz mehrere voneinander unabhängige Meinungen ein. Sind sich seine Mitschüler in der Kritik gewisser Elemente einig, wird der Autor vermutlich schnell bereit sein, eine Änderung vorzunehmen. Widersprechen sich die Meinungen hingegen, wird er die Bandbreite der Lesarten seines Textes kennenlernen und entweder etwas daran ändern oder es so belassen wollen.

Aufwand: eine Doppelstunde

5.3.3 Individuelle Rückmeldung

Ich habe ja schon zu Beginn dieses Kapitels gesagt, dass neben der gegenseitigen Textkritik bei den Schülern immer auch ein Bedürfnis nach einem Urteil aus berufenem Munde besteht. Das ist nur verständlich und man sollte dies auch nicht eitel ausschließlich auf die eigene Textkompetenz schieben, sondern auf die Tatsache, dass man am Ende derjenige sein wird, der eine Note druntersetzt.

Für die Schüler sind solche Einzelgespräche eine wertvolle Gelegenheit herauszufinden, wo sie stehen. Dabei weigere ich mich kategorisch, ihnen eine konkrete Zwischennote zu nennen oder auch nur eine Richtung. Stattdessen beschränke ich mich auf die Textkritik. Was ich für gelungen halte und was für weniger. Welches Verbesserungspotenzial ich sehe und welche Varianten womöglich gleich gut und nichts anderes als Geschmackssache sind. Niemals wird ein Schüler von mir bei so einem Gespräch „Du musst dies oder jenes tun" hören. Schon gar nicht gibt es einen Zusammenhang nach dem Motto: „Wenn du jene Änderung vornimmst, geht deine Note um einen halben Punkt nach oben". Ich versuche den Schülern bei der Bewusstwerdung zu helfen, wie ich es ja auch in Kapitel 5.2 beschrieben habe.

Es versteht sich von selbst, dass diese Art der Textbesprechung extrem aufwendig ist und in dieser Form kaum machbar, wenn man pro Schüler auch nur 10 Minuten veranschlagt. Ich habe deshalb den Schreibmarkt entwickelt.

5.3.4 Schreibmarkt

Dabei handelt es sich um einige Unterrichtsstunden, die zeitlich meist auf die Schreibkonferenz folgen. Diese Stunden werden in einem Computerraum durchgeführt, jeder Schüler sollte einen eigenen Rechner und einen Account haben, der ihm das Speichern an sicherem Ort erlaubt.

Das Prinzip des Schreibmarkts besteht in der Gleichzeitigkeit einiger Vorgänge, die für sich genommen viel Zeit kosten und viel Unruhe erzeugen würden. Jeder Schüler arbeitet für sich an der Verbesserung des eigenen Textes. (Dazu müssen natürlich die Ursprungsversionen entweder digital auf einem Speichermedium mitgebracht oder auf einem Mail-Account abgelegt werden.) An einem Tisch etwas abseits sitze ich und stehe für Einzelgespräche zur Verfügung. Außerdem haben die Schüler die Möglichkeit, mit ihren Mitschülern über Unklarheiten im Zusammenhang mit den Schreibkonferenzrückmeldungen zu sprechen.

Ich habe einige Male erlebt, dass ein solcher Schreibmarkt ganz gute Ergebnisse hervorgebracht hat. Einigen Schülern fällt es schwer, sich zu Hause noch einmal hinzusetzen und einen bereits geschriebenen Text zu überarbeiten. Für sie ist dieser Rahmen manchmal ideal geeignet. Wenn man mit einem Schulserver arbeitet, kann man von einem weiteren Vorteil profitieren: Ich sammle jedesmal am Ende einer solchen Unterrichtsstunde die gesamten Texte auf einem USB-Stick ein. So habe ich alle Texte in ihren Entwicklungsstufen dokumentiert.

5.4 Schwerpunkte der Textarbeit

Nachdem wir uns nun ausführlich mit Schreibprozessen und den Unterrichtseinheiten zur Textbearbeitung beschäftigt haben, stellt sich nur noch eine Frage: Was verbessern wir eigentlich?

Eine einfache und griffige Anleitung zur Bearbeitung von Texten kann ich nicht liefern. Wie sollte es auch anders sein? Journalistische Formen sind zu unterschiedlich. Ohnehin besteht das Prinzip der Textarbeit darin, das auf dem Papier Stehende zu messen an dem, was auf dem Papier sein sollte. Vager geht's kaum. Immerhin sind Journalisten gegenüber den Lyrikern oder Romanschreibern dabei aber in einer Position, meistens relativ genau sagen zu können, was auf dem Papier stehen sollte. Eine Nachricht muss präzise formulierten Ansprüchen und Grundsätzen gehorchen. Ein Kommentar bietet schon mehr Freiheiten. Bei der Reportage kann man sich immerhin noch an der oben beschriebenen Textfunktion orientieren, dem Leser ein möglichst unmittelbares und wahres Bild einer Person, eines Ereignisses oder eines Ortes vor Augen zu führen. Essayisten und Glossenschreiber befinden sich in einer ähnlichen Lage wie Erzähler.

Nein, es gibt keine Textarbeitsanleitungen, die man anhand einer Checkliste abarbeiten kann, mit der Gewissheit, am Ende einen hervorragenden Text geschaffen zu haben. Ich verzichte hier bewusst darauf, einen einzigen Text auseinanderzunehmen. Stattdessen führe ich im Folgenden einige typische Punkte auf, die bei der Textkritik immer wieder auftauchen und auf die ich ein besonderes Augenmerk lege: Geschichte, Sprache, Komposition, Überschrift und kleinere Details.

5.4.1 Die Geschichte

Was der Gegenstand eines Textes ist, muss nicht zwingend mit dem übereinstimmen, was als Idee auf dem Papier stand, als man die Recherche begann. Oft nimmt das Thema seltsame Wendungen, nicht nur in den Fakten und Details, die man während der Interviews und der Beobachtung erhält, sondern auch darin, wie man darüber denkt und wie man sie gewichtet. Das Beispiel der Reportage über die Schmuckdesignerin habe ich bereits beschrieben. Hier nahm der Text einen völlig anderen Verlauf, als anfangs angenommen.

Die Schülerin, die während eines Fußball-Bundesliga-Spiels des VfB Stuttgart hinter den Kulissen des Stadions unterwegs war, konnte sich am Schluss überhaupt nicht mehr entscheiden, was sie erzählen wollte. Sie hatte Caterer und Security-Mitarbeiter getroffen und mit ihnen gesprochen. Sie hatte dem Stadionsprecher über die Schulter geschaut und neben einem Würstchengrill gestanden. Plötzlich war alles gleich interessant und gleich wichtig, aber spannend war es beim Lesen nicht.

5.4.2 Die Sprache

Es gibt ein großes Missverständnis, dem Schüler oft unterliegen: Die Sprache des Journalisten muss immer seriös und nüchtern wirken, auf keinen Fall übertrieben und schon gar nicht lustig sein. Solcherlei Aussagen bekomme ich oft zu hören. Schlimmer noch: Man merkt den Texten an, wenn ihre Autoren so denken. Ein Journalist soll und darf auch mal frech schreiben, wenn die Form und das Thema dies erlauben. Eine meiner Schülerinnen hat dieses Prinzip perfektioniert. Sie führte vor einigen Jahren eine Recherche über Cupcakes durch, genauer gesagt Stuttgarts ersten Cupcake-Laden. Und sie beschloss, passend zum lässigen Auftreten des Ladens und seiner Gründerin auch einen lässigen Ton anzuschlagen:

> **Beispiel: Antonia**
>
> (...)
>
> Was sind denn Cupcakes? Nun ja, Cupcakes sind kleine, amerikanische Kuchen, die ursprünglich sehr süß sind und sehr viele Kalorien haben. Es gibt sie in tausenden Geschmacksrichtungen. In der kleinen Cupcake-Boutique in Stuttgart ist alles zu finden. Da gibt es Klassiker wie „New York Cheesecake", über Kalorienbomben unter dem entsprechenden Namen „Red Velvet" (dieser Zweikilo-Kuchen sieht in der Tat aus wie roter Samt), bis hin zu völlig verrückten Kreationen, wie Cupcakes mit kleinen grünen Monstern, die den Kuchenfreund feindselig angrinsen, als ob sie ihm sagen wollen: „Wir sind zwar völlig ungesund, aber wir kriegen dich trotzdem!"
>
> (...)
>
> Übrigens: Falls Sie, lieber Leser, das jetzt alles zu pink, zu niedlich und zu amerikanisch finden, dann gehen sie einfach hin. Vielleicht sind Sie von der wunderbaren Welt der Cupcakes dann auch bezaubert...

Am Ende habe ich die Schülerin dann doch gebeten, einen Gang zurückzuschalten, weil ich das Freche und Unverbrauchte im Text zwar sehr erfrischend fand, am Ende aber nicht mehr wusste, ob ich einen Fantext oder eine Reportage gelesen hatte.

Bei Wertungen, die allzu euphorisch klingen und die Distanz zum Inhalt vermissen lassen (zumindest die Distanz, die man ab einer gewissen Phase der Textarbeit erreicht haben sollte), tendiere ich eher zum Ausbremsen. Ansonsten versuche ich, sprachlich große Freiheiten zu lassen, vorausgesetzt, die Wortwahl verstößt nicht eklatant gegen Verbote aus meiner Stilfibel (s. Kapitel 2.3.2). Wenn ein Schüler etwas von einem „Riesenspaß für Groß und Klein" schreibt, kann ich das so nicht stehenlassen. Ein weiterer wichtiger Punkt in sprachlicher Hinsicht ist die Tempuswahl im Text. Bei der Reportage bietet sich hier meistens das Präsens an, weil es die größte Unmittelbarkeit ausdrückt.

5.4.3 Die Komposition

Aus welchen Teilen besteht eine Reportage, aus welchen ein Essay? Schüler antworten darauf gerne mit „Einleitung, Mittelteil und Schluss", weil sie auf die Frage nach dem Aufbau eines Textes immer mit diesen Worten antworten. Ganz so einfach ist es aber nicht. Reportagen und Essays haben keinen festgelegten Aufbau. Deshalb muss man sich für jedes neue Thema eine neue Form einfallen lassen. Weil hier Instinkt und Kreativität gefragt sind, halte ich nichts davon, Schülern eine Liste mit möglichen Einstiegen in die Hand zu drücken: historischer Einstieg, Einstieg mit einem Zitat und so weiter. Ich lasse sie erst einmal machen. Auch wenn man beim ersten Entwurf noch ein Stück entfernt ist vom Anfang, der neugierig macht auf mehr:

Beispiel: Scott Version 1

Die Meisten kennen sie und die Meisten haben sie auch schon einmal besucht. Die Innenstadtkinos gehören seit Jahrzehnten zum Stadtbild der Stuttgarter Innenstadt, wie das Neue Schloss oder die Königstraße. Durch ihre zentrale und günstige Lage sowie durch das vielfältige Sortiment an Filmen und Angeboten sind sie schon fast nicht mehr von dort wegzudenken.
Als ich nun am 24.2.2011 in die schon längst bekannten Kinos gehe, sehe ich erst einmal einen großen Auflauf an Schülern, die in einen neuen Film gehen wollen. Doch da treffe ich den nett aussehenden Mann, der mich gleich darauf in sein gemütliches Arbeitszimmer führt. Dieser Mann ist der Kinobetreiber dieser Kinos, mit dem ich verabredet bin. Auf meine Frage was die Innenstadtkinos überhaupt seien, antwortet er, dass die Kinos ein Zusammenschluss von verschiedenen Kinos seien und dass in ihnen ungefähr 50 Mitarbeiter arbeiten würden.
(...)

Wie meistens ist alles schon da. Es muss nur noch in eine andere Reihenfolge gebracht werden. Nach meiner Einschätzung, mit dem Einstieg noch nicht ganz zufrieden zu sein und einer Diskussion darüber, was verändert werden könne, kam schließlich diese Version:

Beispiel: Scott Version 2

„Das ist der Schneideraum, ein sehr wichtiger Raum im Kino", sagt Thomas R. (46), mit dem ich mich am Donnerstag, den 24.2.2011 in den Stuttgarter Innenstadtkinos getroffen habe. Er ist der Betreiber dieser Kinos. Herr R. führt mich in den kleinen Raum und stellt mir einen Mitarbeiter vor. Er ist gerade damit beschäftigt, eine meterlange Filmrolle auf eine Vorrichtung aufzurollen. „Seine Aufgabe ist sehr wichtig, da

> wir die einzelnen Filmrollen nur in mehrere Stücke zerteilt geliefert bekommen und er den Film erst mit einem speziellen Klebstoff zusammenkleben und aufrollen muss." Erst dann könne der Film gezeigt werden. Dabei müsse man aber sehr aufpassen, dass man exakt arbeite, sonst seien die Übergänge unsauber und das würde man auf der großen Leinwand merken. „Zum Glück wurde ja jetzt der Großteil auf digitale Technik umgestellt", sagt der Mitarbeiter.
> (...)

Zwischen beiden Texten liegen Welten. Nicht so sehr inhaltlich. Die erste Fassung enthielt exakt die gleichen Elemente der Geschichte. Lediglich die neue Anordnung machte die Schlussversion schließlich viel spannender zu lesen.

Wie gut die Komposition gelungen ist, entscheidet meistens der Gesamteindruck. Selbst wenn ich auf einzelne Elemente hinweise, wenn ich lebendigere Einleitungen oder einen weniger resümierenden Schluss empfehle, verrät nur der Blick aufs Ganze, ob der Text funktioniert.

5.4.4 Die Überschrift

Die Überschrift ist der Hingucker des Textes. Eine gute Überschrift kann den Leser dazu animieren, sich den Text genauer anzuschauen. Eine langweilige Überschrift kann ihn davon abhalten. Überschriften werden in der Praxis meist nicht vom Autor des Textes selbst geschrieben, sondern nur als Vorschlag vorgelegt. Der Grund ist leicht zu verstehen: Man weiß vorher nicht, wie viele Spalten der Artikel haben wird und welche Länge die Überschrift haben darf. Auch inhaltlich bzw. sprachlich weiß nur der Redakteur, in welchem Kontext der Artikel und damit die Überschrift stehen soll. Soll die Überschrift einen Bezug zu anderen Überschriften auf der Seite haben?

Bei Schülertexten bekomme ich oft Überschriften wie diese zu lesen:

> Ein Blick hinter die Kulisse des Stadtmuseums

Oder:

> Besuch im größten Kaufhaus der Stadt

Wenn irgendwie möglich, soll die Überschrift ein Bild im Kopf entstehen lassen oder einen Widerspruch provozieren. Etwas, worauf ich als Leser emotional reagieren kann. Denn nur so werde ich bereit sein, dem Autor in seinen Text hineinzufolgen.

Von einer Schülerin, die eine Reportage über ein Tattoo-Studio geschrieben hat, bekam ich mit der ersten Version diese Überschrift:

Tattoostudios – ein gewöhnliches Kunstgewerbe?

Ich war mir nicht sicher, wie ich diese Frage zu verstehen hatte – ironisch oder rhetorisch? Doch abgesehen von diesem Unverständnis löste die Frage bei mir nichts aus. Ich bat die Schülerin, sich noch einmal Gedanken zu machen und zu überprüfen, ob ihr nicht noch etwas Besseres einfiel. Bei der nächsten Fassung kam sie dann mit diesem Vorschlag an:

Kunst, die unter die Haut geht

Auch dieser kurze Satz beinhaltet eine Doppeldeutigkeit. Und er trifft den Leser an einer Stelle, wo es entweder weh tut oder juckt. Beides kann zum Lesen anregen.

5.4.5 Die Details

Einige Punkte wären noch zu nennen, die bei der Textarbeit mit Schülern immer wieder Gegenstand von Diskussionen sind. Beziehungsweise auf die ich am häufigsten hinweisen muss.

Da sind zunächst einmal Zitate. Schüler haben das Talent, nach einem hervorragend geführten Interview in aller Seelenruhe den Reportagentext zu schreiben, ohne darin auch nur ein einziges Mal direkte Rede zu verwenden. So wie Nico, der über eine alternative Stadtführung schrieb, angeleitet durch einen ehemaligen Obdachlosen:

Beispiel: Nico

(...)

Kalt und ungemütlich ist es auf dem grauen Marienplatz. Zur linken Seite ist eine Baustelle, auf der demnächst ein neues Café entstehen soll. Zur Rechten sind die Eingangsschächte zur U-Bahn Station. Langsam versammeln sich die Gäste um den Führer. Der Führer, er stellt sich Heinz L. vor, ist ein freundlich aussehender, 51 Jahre alter Mann, der sehr lebhaft und fesselnd erzählt, auch wenn er manchmal ins Stottern gerät. Auch er lebte einmal auf der Straße, kämpfte sich, nachdem er seine Beteiligung einer Firma an seine Frau verlor, von Stadt zu Stadt, bis er eine Anstellung bei „TrottWar" fand, und kann so, wie alle Mitarbeiter, aus eigener Erfahrung sprechen.

Er fängt an über den Marienplatz zu erzählen. Früher war er eine Grünanlage mit Rasen, Büschen, Bäumen, Parkbänken und einem Kiosk, jetzt ist er nur noch ein riesiger mit grauen Steinplatten belegter Platz. Er wurde umgebaut, wegen den vielen Obdachlosen. Es war der Streife wohl zu anstrengend aus dem Auto zu steigen und hinter die Büsche zu schauen. Auch die U-Bahn Station wurde mit Gittern versehen, damit sich dort nachts niemand mehr aufhalten kann.

(...)

Grade hier, wo es teilweise um eine Lebensgeschichte geht, böte sich die Verwendung von direkten Zitaten an. Dahinter steckt kein System und keine Bösartigkeit. Ich habe den Eindruck, dass Schüler beim Schreiben so konzentriert darauf sind, kein wichtiges Detail zu vergessen, dass sie dabei den Interviewpartner buchstäblich nicht zu Wort kommen lassen. Wobei wir bei einem Thema wären, das eng damit zusammenhängt: Die Verwendung von Dialekt oder Akzent in der direkten Rede. Ich rate in den meisten Fällen davon ab. Grund ist die Frage, weshalb Dialekt oder Akzent verwendet wird.

- Dialekt wird manchmal als provinziell empfunden.
- Wenn jemand mit Akzent spricht und womöglich den einen oder anderen grammatikalischen Fehler gemacht hat, sollte man dies im Text korrigieren. Sonst wirkt der Text herablassend.
- Wenn einer im Text mit Dialekt zitiert wird, sollten alle mit ihren Dialekten zitiert werden. Sonst fragt man sich, weshalb nicht einheitlich zitiert wird.

Nur in seltenen Fällen sind Dialekt oder Akzent im Text wirklich sinnstiftend. Meistens wollen sie nur einen kleinen Lacher provozieren, der aber mit der eigentlichen Geschichte nichts zu tun hat. Worauf man auch in gewissem Maße verzichten kann, sind Zahlen. Besonders bei Recherchen, die viel mit Zahlen zu tun haben, wie zum Beispiel die bereits erwähnte Reportage über die Staatliche Münze, lassen sich Schüler leicht verführen, den Leser mit Zahlen zuzuschütten. Ich bin davon überzeugt, dass man sich die meisten Zahlen ohnehin nicht merken kann, und wenn doch, dann nur, wenn sie außergewöhnlich hoch oder niedrig sind.

Doch die Aufzählung von Jahres- oder Verkaufszahlen, von drei verschiedenen Geburtsjahren, von Umsatz und Gewinn und der entsprechenden Veränderung gegenüber dem Vorjahr – das ist zuviel des Guten.

5.5 Abgabe

Bei der Überarbeitung von Texten gibt es manchmal ein großes Problem, den Zeitpunkt zu finden, an dem man den Text für fertig erklärt. Gerade wenn man viel daran verändert (und hoffentlich verbessert) hat, will sich so gar nicht das Gefühl einstellen, jetzt endlich am Ende angekommen zu sein. Das ist dann eben das Gemütliche einer Klassenarbeit über zwei Schulstunden. Am Ende dieser Zeit wird der Text abgegeben. Vollkommen egal, wie gut oder wie schlecht die zwei Stunden gelaufen sind – das Schreiben ist vorbei. Wenn man aber einmal in den Prozess der Überarbeitung, Diskussion und Rückmeldung eintritt, kann man sich darin auch verirren. Man kann den Schülern nur auf zweierlei Arten helfen:

1. Sie ermutigen, irgendwann den Stift wegzulegen und ihnen klarzumachen, dass es den perfekten Text ohnehin niemals geben wird.
2. Einen unverrückbaren Termin setzen.

Glücklicherweise kommt es nicht oft vor, dass man einem Schüler einen Text förmlich entreißen muss. Ich hatte einmal einen Schüler, der in der Woche vor Abgabeschluss buchstäblich jeden Tag eine neue Version schickte, jeweils mit minimalen Veränderungen, und zwar nicht immer zum Vorteil des Textes. Ich hörte ihn förmlich aufatmen, als ich ihm schließlich sagte, ich würde nun keine weitere Mail von ihm öffnen.

Das gehört zu den wichtigen Erfahrungen dieser Arbeit und auch sie sollte den Schülern vermittelt werden: Irgendwann muss man loslassen und den Text seinem Schicksal und sich selbst der Benotung überlassen.

6 Medien und Inhalte

Es geht nicht darum, über Sinn oder Unsinn neuer Medien zu diskutieren, sondern ihre Existenz als Tatsache anzusehen und mit ihnen zu arbeiten

6.1 Vorbemerkung

Bis hierhin habe ich fast ausschließlich über Texte geschrieben. Über die Entstehung von Zeitungstexten, über verschiedene Textformen und über die Arbeit mit und an Texten. Wer sich jedoch mit Journalismus beschäftigt, wird das Drumherum nicht ausblenden können. Damit sind vor allem zwei mediale Dimensionen gemeint:

1. Akustische, visuelle und audiovisuelle Begleitung oder Umsetzung des Textes.
2. Verbreitungs- und Veröffentlichungsformen des Textes.

Unsere Medienlandschaft wird elektronischer. Das gilt selbst für klassische Zeitungstexte. Immer öfter werden diese nämlich auf elektronischem Wege gelesen. Die Schlussfolgerung müsste doch eigentlich sein, dass man als Lehrer erst einmal ein paar Kurse in HTML und Videoschnitt belegen sollte?

Ganz so weit sind wir noch nicht. Alle Vorgehensweisen, die beschrieben wurden, alle Prinzipien, die dem Journalismus zum Beispiel bei der Recherche zugrunde liegen, gelten noch immer und werden noch lange gelten. Es wird sich, nun ja, eben viel am Drumherum ändern.

Was bedeutet dies für die Arbeit mit Schülern? Nun, es ist keine neue Erkenntnis, dass Kinder und Jugendliche mit elektronischen Geräten und Inhalten anders umgehen als die Generation, der ich entstamme. Für sie ist es selbstverständlich, dass man mit Kleinstgeräten gestochen scharfe Fotoaufnahmen machen und sie sich gleich am Bildschirm ansehen kann. Wenn sie miteinander in Verbindung treten wollen, chatten sie sich via Handy an oder versenden eine Kurzmitteilung.

Ich halte mich nicht damit auf, mich über Sinn und Unsinn, über Chancen und Gefahren neuer Kommunikationsformen auszulassen. Als jemand, der mit Jugendlichen arbeitet, komme ich ohnehin nicht drumherum, diese Medien ebenfalls zu behandeln. Ich kann nicht erwarten, dass die Schüler sich mit den von mir vorgestellten Formen der Kommunikation beschäftigen und ihre Berechtigung respektieren, wenn ich mich umgekehrt verweigere und verschließe. Also versuche ich das Unvermeidliche sinnvoll in das einzubinden, was ich vermitteln will.

Ein durchschnittliches Smartphone enthält alle medialen Möglichkeiten, die man begleitend oder vermittelnd zu journalistischen Texten einsetzen kann: Bild, Ton und Film. Mit allem lässt sich arbeiten. Ich will hier höchstens am Rande handwerkliche Tipps geben. Dazu wurden stapelweise Bücher geschrieben, es gibt unzählige Anleitungen im Internet. Hier geht es nur darum, Erfahrungen darzustellen sowie Vor- und Nachteile abzuwägen.

Im Anschluss wird einiges noch einmal interessant, wenn es um die Publikation von Unterrichtsergebnissen geht. Mit diesem Thema beschäftigt sich der zweite Teil des Kapitels.

6.2 Neben dem Text

Bei meinen zahlreichen Besuchen an Schulen stelle ich immer wieder fest: Es gibt in fast jeder Klasse einen oder mehrere Schüler, die sich hervorragend auf das Erstellen und Bearbeiten medialer Inhalte verstehen. Da sind die Fotografen, die mit einer eigenen Spiegelreflexkamera fotografieren und die Bilder gekonnt mit *Photoshop* oder *Gimp* bearbeiten. Andere haben sich zum Spaß eine kostenlose Audioschnittsoftware wie *Audacity* aus dem Netz geladen, dabei festgestellt, wie viel Spaß ihnen das Schneiden macht und experimentieren mit Geräuschen und produzieren kleine Hörspiele. Manchmal ist auch ein Lehrer indirekt für die technische Versiertheit der Schüler verantwortlich. Bei einem Schulprojekt habe ich einmal einen Schüler erlebt, der außergewöhnliche Filmreportagen anfertigen konnte. Angefangen damit hatte er auf Nachfrage eines Lehrers, der einen Freiwilligen brauchte, der aus den vielen Filmschnipseln aus dem Schullandheim etwas Sinnvolles bastelte.

Die Fähigkeiten und Fertigkeiten, die bei Schülern diesbezüglich vorhanden sind, werden in vielen Fällen nicht richtig genutzt. Weil niemand und nichts da ist, das sie bündeln und ihnen eine Richtung geben kann. Journalistische Formen, vor allem Interview und Reportage, bieten dafür einen idealen Rahmen.

Eine Sache sei jedoch gleich zu Beginn angemerkt: Wenn Schüler mit Filmkameras, Mikrofonen und Fotoapparaten auftauchen, reagieren Ansprechpartner mitunter scheu. Soll heißen: Es ist schwieriger, einen Interviewpartner zu finden, der sich filmen lässt als einen, dessen Aussagen man in ein kleines Notizbuch schreibt.

Viele wollen sich ungern auf *YouTube* oder in *Facebook* wiederfinden, obwohl sie doch eigentlich nur so nett waren, sich für eine Schulaufgabe befragen zu lassen. Die Modalitäten des Medieneinsatzes müssen deshalb von Beginn an auf den Tisch und die Verwendung geklärt werden. Die Schüler wiederum müssen sich verpflichten, sich auch daran zu halten.

6.2.1 Fotografie

In den letzten zehn Jahren haben die Zeitungen optisch massiv aufgerüstet. Während großformatige und farbige Fotos früher ein Alleinstellungsmerkmal der *Bild*-Zeitung und anderer eher dem Boulevard zugeschriebenen Publikationen waren, wirbt heutzutage selbst die altehrwürdige *Frankfurter Allgemeine Zeitung* (FAZ) mit Farbfotos um Leseraufmerksamkeit am Zeitungskiosk.[47] Es ist

47 Als die FAZ am 5. Oktober 2007 zum ersten Mal in neuem Layout erschien und damit eine der letzten Bastionen fiel, die bewusst stets ohne Foto auf der Seite 1 erschienen, war dies nicht weniger als das sprichwörtliche Beben in der Medienlandschaft. Diese Modernisierung hatte nicht nur Freunde und wurde – auch in bildaffinen Kreisen – sehr kontrovers diskutiert: http://bildjournalisten.blogspot.de/2007/10/faz-mit-bildern-ist-wie-daimler-ohne.html, recherchiert am 11.12.2013.

nicht übertrieben, hier von einem Paradigmenwechsel zu sprechen. Vielleicht ist die Kombination aus auffälliger Schlagzeile und einem möglichst spektakulären Bild einfach nur eine Angewohnheit, die wir uns im Internet eingefangen haben und die sich nun auf den Printbereich übertragen hat.

Fakt ist: Ein Zeitungstext mit Foto wirkt lebendiger. Bei einer Reportage können illustrierende Bilder unsere Neugierde befriedigen, die der Text weckt: Wir wollen die Menschen, die Gegenstände und die Orte sehen, von denen da die Rede ist. Nicht wenige Leser werden überhaupt erst durch Bilder auf Texte aufmerksam.

Es ist also praxisnah, wenn man die Schüler bei einer Reportage nicht nur Informationen sammeln, sondern auch ein paar Fotos schießen lässt.

Schülerfoto zu einer Reportage über Cupcakes

Technik: Fotohandy oder Digicam, Bildbearbeitungssoftware

Gegenstand:

- Journalistische Fotografie ist zur Illustration gedacht. Im Bild sollte sich der Text thematisch wiederfinden.
- Grundsätzlich sollte man bei einer Recherche mehrere Motive fotografieren. Wenn man einen Handwerker interviewt, macht man beispielsweise ein Portraitfoto sowie ein Foto, das den Gesprächspartner bei seiner Arbeit zeigt.
- Wenn es sich um anonymisierte Texte handelt, etwa bei Krankheiten oder bei Minderjährigen, fotografiert man die Person entweder so, dass sie nicht erkannt wird. Oder man wählt ein anderes Motiv, das zum Thema passt. Beispiel Essstörung: Hier könnte man zwei Füße auf einer Waage fotografieren oder einen leeren Teller.

Manchmal dürfen Gesprächspartner und Orte der Recherche nicht fotografiert werden, wie hier, wo es um ein Bestattungsinstitut ging. Die Schülerin behalf sich mit einem Bild von kleinen Details aus dem Empfangsbereich des Unternehmens.

Zu beachten ist:

- Immer schon bei der Terminvereinbarung klären, ob und was fotografiert werden darf.

- Auf Persönlichkeitsrechte achten: Auf den Aufnahmen sollte niemand sein, dessen Einverständnis zur Veröffentlichung nicht vorliegt.
- Bei der Vor-Ort-Recherche niemals gleichzeitig notieren und fotografieren. Man kann zum Beispiel zu Beginn ein paar Fotos machen und nach dem Interview. Hier auch lieber gestellte Fotos verwenden als während des Gesprächs plötzlich den Apparat hervorzuholen.

6.2.2 Ton

Die Vor- und Nachteile des Mitschneidens von Interviews habe ich in Kapitel 2 bereits ausführlich abgehandelt. Jedoch lassen sich auch ganze Reportagen akustisch erstellen. Dies ist natürlich vor allem dort reizvoll, wo es beispielsweise um Musik oder Geräusche geht. Die Interviewpartner hören zu können, verleiht der Reportage außerdem noch mehr Authentizität.

Ein wenig Technik und ein wenig technisches Verständnis für den Audioschnitt gehören jedoch dazu. Das meiste davon ist ohnehin vorhanden oder kostenlos erhältlich, für vergleichsweise wenig Geld kann man in professionellere Regionen vorstoßen.

Wer sich ernsthaft mit diesem Thema auseinandersetzen will, dem sei gesagt: Ein Hexenwerk ist die Arbeit mit Audioreportagen nicht. Das war früher anders. Als ich meine Ausbildung beim Radio absolvierte, wurde noch umständlich mit Bändern geschnitten. Heute funktioniert das unkompliziert auf dem kleinsten Rechner. In manchen Bundesländern werden im Auftrag der Landesmedienanstalten Radio-Schulworkshops durchgeführt, um Schüler und Lehrer an die Technik heranzuführen. Ich selbst führe solche Seminare regelmäßig durch und habe dabei zahlreiche Gründungen von Schulradio-AGs erlebt.

Technik:

- Diktierfunktion des Smartphones → Soll die Tonqualität etwa hochwertiger sein, empfiehlt sich die Anschaffung eines Reportagegeräts (ab etwa 120 Euro, Stand Herbst 2013).
- Computer mit Schnittsoftware → Die Freeware *Audacity* bietet für den Einstieg alles, was man braucht.[48]

Gegenstand:

Die Audioreportage besteht entweder nur aus Originaltönen, die so aneinandergereiht werden, dass sich die Geschichte dahinter von alleine erschließt. (Dies ist allerdings eine Profimethode, die ich Schülern zumindest zu Beginn nicht zumu-

48 An dieser Stelle ein Hinweis, der in gleicher Weise auch für Software für Filmschnitt gilt: Einzelne Schüler erzählen manchmal, sie hätten Profisoftware auf ihrem Rechner und könnten diese ohne Probleme auf die Schulrechner beziehungsweise auf die Rechner ihrer Mitschüler überspielen. Auf keinen Fall! Hierbei handelt es sich meist um Raubkopien. Im Zweifelsfall würde ich immer zuerst nachprüfen, ob es sich bei der angeblichen Freeware tatsächlich offiziell um ein kostenloses Produkt handelt.

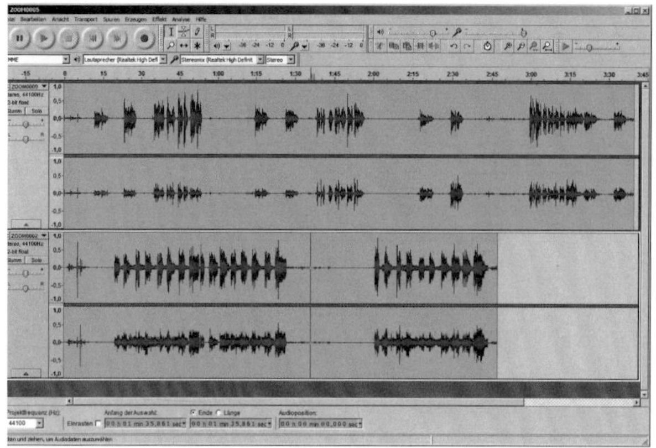

In digitalen Schnittprogrammen wie dem kostenlosen *Audacity* werden Sounds optisch dargestellt. Die Programme sind nach einer gewissen Eingewöhnung leicht zu bedienen.

ten würde.) Oder sie verbindet die gesammelten Geräusche und Interviewaussagen mit selbst geschriebenen Text- und Erklärungspassagen.

- Das Interview wird vollständig aufgezeichnet.
- Außerdem ist der Radioreporter immer auf der Suche nach typischen Geräuschen. Befindet man sich in einer Metallfabrik, nimmt man Schleif- und Stanzgeräusche auf, befindet man sich auf dem Bahnhof, hält man das Mikrofon in Richtung ein- und ausfahrender Züge und der Lautsprecherdurchsagen.

Zu beachten ist:

- Viele Menschen schrecken vor Mikrofonen zurück. Ein Interviewpartner sollte im Vorfeld darüber in Kenntnis gesetzt werden, wenn man vorhat, das Gespräch aufzunehmen.
- Schüler sind immer besonders erpicht darauf, jedem Audiobeitrag ihre Lieblingsmusik zu unterlegen. Davon ist dringend abzuraten, zumindest wenn der Beitrag jemals an die Öffentlichkeit geraten könnte, gar ins Internet. In diesem Fall können für die weltweite Verfügbarkeit horrende Gebühren anfallen.

6.2.3 Film

Schüler halten ihre Smartphone-Kameras auf alles, was sich bewegt, schneiden Schulhofszenen ebenso mit wie Konzerte oder das Kommunionsessen mit der Verwandtschaft. Wirklich mit dem Gefilmten arbeiten tun jedoch die wenigsten. Dabei gilt für die Anfertigung und Verwendung von Filmreportagen eigentlich dasselbe wie für Audiobeiträge. Die Technik ist preisgünstig oder ohnehin verfügbar, nach ein wenig Einarbeitung kann man für den Hausgebrauch bereits recht gute Ergebnisse erzielen. Auch für den Umgang mit Videotechnik gibt es Fortbildungsangebote für Lehrer und Schulen.

Technik:

- Kamera des Smartphones für niedrige oder mittlere Qualität; Camcorder mit etwas besserer Filmqualität gibt es für etwa 150 bis 200 Euro.
- Computer mit Schnittsoftware (Mittlerweile haben Betriebssysteme von Apple und Microsoft entsprechende Software bereits vorinstalliert.)

Gegenstand:

Das Grundprinzip ist ähnlich wie bei der Audioreportage. Nur kommt hier eine Dimension hinzu. Für die Umsetzung heißt es, dass es nicht genügt, um die Aufnahmen herum etwas Text und Stimme zu produzieren. Hier muss etwas zu sehen sein. Der Reporter kann sich dabei überlegen, ob er selbst dies sein will. In diesem Fall kommt jedoch erschwerend hinzu, dass es besser aussähe, wenn er am Ort der Recherche zu sehen wäre. Was wiederum voraussetzt, dass er schon einen fertigen Text mitbringen muss, den er dort einsprechen kann.

Sie sehen, eine sinnliche Dimension mehr fügt dem Ganzen überproportional viel Komplexität hinzu.

- Das gesamte Interview wird aufgezeichnet.
- Gefilmt werden Räumlichkeiten und Umgebung.
- Der Gesprächspartner sollte aus verschiedenen Blickwinkeln gezeigt werden.

Zu beachten ist:

- Wer einmal ein Nachrichten-Kamerateam bei der Aufnahme beobachtet und danach den fertigen Beitrag gesehen hat, kennt den Unterschied zwischen gefilmtem und verwendetem Material. Vier Stunden Aufwand für ein zweiminütiges Filmchen sind keine Seltenheit. Selbst wenn man es nicht so professionell macht wie die Fernsehleute, ist der Aufwand immer noch groß.
- Bei Filmreportagen ist der Reporter für gewöhnlich nicht alleine. Es gehört eine gewisse Übung dazu, gleichzeitig zu filmen, ein Interview zu führen und dabei den Blick für filmenswerte Details der Umgebung zu behalten. Deshalb sollten Filmreportagen im Team angefertigt werden.
- Auch bei Filmen gilt spätestens bei der Veröffentlichung: Es sollte niemand deutlich im Bild sein, der nicht damit einverstanden ist, gezeigt zu werden.

6.3 Die Frage der Veröffentlichung

Journalistische Texte streben nach Veröffentlichung. Das liegt in ihrer Natur, dafür sind sie schließlich gemacht worden. „Wo werden die Sachen veröffentlicht?" fragt irgendein Schüler, sobald ich angekündigt habe, dass wir uns nun mit Zeitungstexten beschäftigen. „Ja genau, wir kommen in der Zeitung", ruft ein anderer. Und bevor man sich's versieht, hat sich die Euphorie hochgeschaukelt und ich komme mir wie ein Spielverderber vor, wenn ich erst einmal abwiegeln muss: „Wir schauen mal, was sich machen lässt."

Es sind übrigens nicht nur die Schüler, die so reagieren. Bei Fortbildungen mit Lehrern taucht die Veröffentlichungsfrage meist sehr früh auf. Wenn wir schon mit lebensnahen Texten arbeiten, so der Tenor, dann soll sich diese Lebensnähe doch bitteschön in der Einsetzbarkeit widerspiegeln. Entsprechend groß ist die Beliebtheit von Projekten lokaler und überregionaler Zeitungen, die Unterrichtsmaterialien und zeitlich begrenzte Abos zur Verfügung stellen und damit locken, am Ende zumindest einige der Artikel zu veröffentlichen. Das geschieht dann auch. Aber nicht selten sucht sich dann ein Redakteur, den die Klasse nie zu Gesicht bekommen hat, einige der Texte zur Veröffentlichung aus. Die anderen tauchen nie in der Zeitung auf. Und eine Begründung wird nur in Ausnahmefällen mitgeliefert.

Es ist wie so oft, wenn man vor Enttäuschungen sicher sein will, muss man die Sache selbst in die Hand nehmen. Im Folgenden will ich einige Veröffentlichungsmöglichkeiten vorstellen, samt Vor- und Nachteilen.

6.3.1 Zeitung

Die gedruckte Zeitung ist die natürliche Veröffentlichungsform für Zeitungstexte. Wenn man es sich aussuchen könnte, würde man am Ende eines journalistischen Schulprojekts am liebsten eine großformatige Zeitung aufschlagen, so groß, dass man sich dahinter verstecken kann, mit farbigen Fotos und ansprechendem Layout.

Großformatige Zeitung

Tatsächlich hatten wir bei unserem fünfjährigen Schulprojekt am Eberhard-Ludwigs-Gymnasium in Stuttgart die Möglichkeit, jedes Jahr eine solche Zeitung drucken zu lassen. Dies gehörte zur Projektförderung durch die Robert Bosch Stiftung. Diese Publikationsform brachte viele Vorteile mit sich:

- Jeder Schüler der Klasse war mit einem Text in der Zeitung vertreten.
- Die Texte waren in Spaltenform gelayoutet, wie bei einer gewöhnlichen Tageszeitung.
- Wo vorhanden wurden zu den Texten farbige Fotos abgedruckt.

Ganz ohne Aufwand ist ein solches Produkt natürlich nicht zu haben. Folgende Arbeitsschritte und Investitionen waren nötig, um die Zeitung auf die Beine zu stellen:

- Sämtliche Texte durchliefen zwei Korrekturphasen, um auch wirklich alle Rechtschreib- und Grammatikfehler auszumerzen.
- Mit dem Layout wurde ein professioneller Grafikdesigner beauftragt.
- Da die Zeitung ein Spezialformat ist, das die meisten Copy-Shops gar nicht oder nur gegen Aufpreis anbieten, wurde in einer Druckerei gedruckt.
- Der finanzielle Aufwand war erheblich und lohnte sich umgerechnet auf den Einzelpreis nur, weil eine relativ große Stückzahl gedruckt wurde.

Den allermeisten Schulklassen stehen diese Mittel nicht zur Verfügung, das ist allgemein bekannt. Deshalb ist ohne Sponsoren eine eigene Zeitung kaum herzustellen.

Kopierte Zeitung

Alles geht auch eine Stufe kleiner und preiswerter. Wenn man die meisten Arbeitsschritte selbst erledigt und einige Abstriche bei Format, Papierqualität und Druck in Kauf nimmt, kann man sich eine Zeitung auch selbst basteln:

- Die Korrektur der Texte sollte nicht weniger gewissenhaft durchgeführt werden.
- Das Layout kann man notfalls mit einem Textverarbeitungsprogramm oder mit einer entsprechenden Software erledigen. Professionelle Programme wie InDesign oder QuarkXPress sind für Schulen kaum erschwinglich.
- Der Druck kann im Copy-Shop oder auf einem schuleigenen Kopierer erfolgen.
- Formatoptionen: DIN-A3 oder DIN-A4 → Erste Variante verstärkt ein wenig das Zeitungs-Gefühl.
- Druckoption: farbig oder schwarz-weiß. Sollten keine Bilder oder Grafiken dabei sein, erübrigt sich diese Frage ohnehin.

Wenn man sich für einen Druck beim Copy-Shop entscheidet, empfiehlt es sich, dort schon vorher anzufragen. Manchmal lassen die Shops beim Preis mit sich verhandeln. Außerdem kann so geklärt werden, welches Dateiformat für den Druck benötigt wird.

Schülerzeitung

Wenn es an der Schule eine Schülerzeitung gibt, eröffnet sich manchmal auf diesem Wege eine Veröffentlichungsoption. Man kann rechtzeitig auf beiden Seiten vorfühlen, ob dies erwünscht ist. Manche Schüler haben keine große Affinität zur Schülerzeitung an ihrer Schule. Andererseits wollen nicht alle Redaktionen mit Texten von außen überflutet werden.

Eine solche Kooperation kann auch nachhaltige Nebeneffekte haben. Vielleicht fühlen sich Schüler, die im Unterricht Reportagen oder Nachrichten geschrieben haben, inspiriert, sich künftig ausführlicher mit dem journalistischen Schreiben auseinanderzusetzen.

Angesichts ihres begrenzten Umfangs ist es unwahrscheinlich, dass Schülerzeitungen sämtliche Texte einer Klasse veröffentlicht, erst recht, wenn es sich dabei um Reportagen oder Essays handelt.

6.3.2 Blogs/Homepages/Facebook/Twitter

Angesichts hoher Kosten selbst gedruckten Zeitungen und mangelndem Platz bei Schülerzeitungen liegt es nahe, an einen Ort zu wechseln, wo es Raum für alle Worte dieser Welt gibt und wo traditionell alles fast kostenlos ist: ins Internet. Wer darüber hinaus den Beginn von Kapitel 4 aufmerksam gelesen hat, muss doch ohnehin zu dem Schluss kommen, dass unser aller Wege früher oder später dorthin führen, auch die der großen Zeitungen, die man heutzutage noch an den Kiosken kaufen kann.

Seite 4 Bulletin № 05 – Zeitung für Reportagen – Literaturhaus Stuttgart und Eberhard-Ludwigs-Gymnasium Stuttgart – Schuljahr 2010/2011

Carolin Ziegler

Abenteuer Religion

Aus dem Leben eines Pfarrers

Pfarrer – ein langweiliger Beruf? Von wegen. Roland Spur erzählt von dem spannenden und interessanten Alltag eines evangelischen Pfarrers und davon, dass dieser Beruf gar nicht seine erste Wahl gewesen ist.

Am 17.3.2011 um 18.00 Uhr öffnet Roland Spur, Pfarrer der evangelischen Waldkirchengemeinde in Stuttgart, die Tür zum Pfarramt, gleichzeitig seinem Wohnhaus, das unmittelbar neben der Kirche liegt. Herr Spur, ein grauhaariger Mann mittleren Alters, wird über seinen Beruf erzählen. Was sind die Aufgaben eines Pfarrers? Wie kam er zu diesem Beruf? Und glaubt er wirklich an Gott, an Jesus und die Bibel? Man merkt ihm an, dass er es kaum erwarten kann zu berichten. Der seriös wirkende Mann scheint sehr interessiert. In seinem Besprechungszimmer setzt er sich. Im Zimmer befinden sich einige Schränke und ein runder Tisch in der Mitte. Nun wartet Herr Spur gespannt auf die erste Frage. „Eigentlich wollte ich Arzt werden", meint er. „Ich wollte Medizin studieren, bekam aber keinen Studienplatz."

Herr Spur hat heute nicht seine Berufskleidung an, sondern ist ganz normal gekleidet. Doch während seiner Arbeit trägt er meistens seinen schwarzen Talar. Dass er Pfarrer werden würde, wusste er früher noch nicht. Seine Eltern und Großeltern waren keine Pfarrer, also war er auch nicht der Tradition wegen auf diese Idee gekommen.

„Ich wurde ganz normal erzogen, wie in anderen Familien auch", erzählt er weiter, „und ging in die Kirche, meine Mutter brachte mir das Beten bei. Meine große Schwester ist übrigens Zahntechnikerin, mein jüngerer Bruder Arzt." Herr Spur lächelt. Eigentlich wollte ja er Arzt werden...

Doch nun ist er Pfarrer! Wieso? „Weil ich Medizin leider nicht studieren konnte, entschied ich mich dann für Philosophie und Theologie als Parkstudium. Theologie deshalb, weil mich der Religionsunterricht früher fasziniert hat. Ich wollte nun mehr darüber lernen. Das Studium war sehr interessant, also wollte ich auch in diesem Bereich arbeiten." Herr Spur wirkt sehr gebildet. Das muss er sein, denn um Pfarrer zu werden, muss man die Sprachen Lateinisch, Griechisch und Hebräisch lernen. Da er auf einem humanistischen Gymnasium gewesen war, wo er zwei dieser Sprachen als Unterrichtsfach hatte, musste er später nur noch Hebräisch lernen.

„Wie sah Ihre Ausbildung aus?", lautet die nächste Frage. Herr Spur erzählt, dass er erst ein paar Jahre studierte und dann das Examen schrieb, was bei der Pfarrerausbildung die „1. Theologische Dienstprüfung" heißt. Dann kam die Vikariatsausbildung, das heißt in anderen Berufen Referendariat.

Diese Ausbildung dauerte 5 Semester, also 2 1/2 Jahre. Er lernte, wie man einen Religionsunterricht und einen Gottesdienst richtig gestaltet und außerdem den Beruf des Seelsorgers. Danach machte er noch einen Zusatzlehrgang als Flüchtlingsberater und Sozialbetreuer. „Dort lernte ich mehr über den Islam als im Studium der Religionswissenschaften", meint er. Außerdem studierte er Judaistik, Latein, Archäologie und Musikwissenschaften sowie biblische Archäologie, um das Alte Testament besser kennenzulernen. „Ich wollte das damalige Leben besser verstehen, wie die Verteilung von Arm und Reich war, die Entwicklung der Häuserbauweise, den Aufbau eines Palastes oder einer Stadt." Über den Alltag der Menschen verstand er die Texte des Testaments neu.

Roland Spur, Pfarrer der evangelischen Waldkirchengemeinde in Stuttgart, bleibt auch dann gelassen, wenn er einen langen Arbeitstag hinter sich hat

Herr Spur scheint wahrlich vielseitig interessiert zu sein und daher hat das Studium „so schön lange gedauert". Offenbar macht es ihm Spaß Neues zu lernen und mit dem bereits Erlernten zu vernetzen. Spannend und auch überraschend fand er seine Zeit als Pfarrer im Schwarzwald, in Pfalzgrafenweiler, einer ganz frommen Gemeinde. Er war gespannt, wie man auf seine liberale, historisch-kritische Sichtweise reagieren würde. Und, wider Erwarten, war diese Gemeinde demgegenüber sehr aufgeschlossen und interessiert.

Jetzt ist sein Umfeld ein ganz anderes. Die Waldkirche ist zwar auch an einem Wald gelegen, wie der Name schon sagt. Aber sie befindet sich in Stuttgart, einer etwas größeren Stadt. Die Kirche ist ein schönes, klassisches Gebäude, welches zum Eintreten einlädt. Wenn man das Innere betritt, kommt man vor dem eigentlichen Innenraum in einen kleinen Eingangsbereich. Erst dann öffnet sich der freundliche, lichtdurchflutete Innenbereich mit den hellen Holzstühlen mit roten Kissen. Nach links geht der Raum in einen weiteren Raum über, den Schillersaal, der durch Trennwände geschlossen werden kann. Das hat den Vorteil, dass man die Kirche optisch verkleinern kann, wenn weniger Menschen den Gottesdienst besuchen. Man fühlt sich dann nicht so verloren. Der seitliche Teil der Kirche wird auch für Veranstaltungen wie den Konfirmandenunterricht oder gar Kleiderbasare genutzt.

An seinem Beruf mag Herr Spur die Begegnung mit anderen Menschen, ebenso wie die Tatsache, dass dies öfter Menschen mit Problemen sind als sogenannte „Siegertypen". Wie kann man Menschen, die Probleme haben, helfen, und wodurch? Jede Geschichte ist anders, das findet Herr Spur hochinteressant. Diese Begegnungen empfindet er als eine ungeheure Bereicherung, und das macht den Beruf des Pfarrers für ihn zum „tollsten der Welt". Die bunte Mischung an Menschen macht den Pfarrberuf für ihn aus. Auch reizt ihn die Herausforderung, Menschen zu interessieren. „Am liebsten würde ich wissenschaftlich untersuchen, was Menschen dazu bewegt, jemandem zuzuhören. Dies entscheidet sich ja in wenigen Sekunden. Es gibt Schauspieler, die ein Telefonbuch vorlesen könnten und man würde an ihren Lippen hängen. Und dann wieder andere, bei denen man sofort gelangweilt ist", sagt Pfarrer Spur. Besonders deutlich wurde dies für ihn in seiner Zeit als Rundfunkpfarrer.

Der Zufall führte ihn dazu, da eine Stelle als Landesrundfunkpfarrer ausgeschrieben war. Dies reizte ihn, und so übte er diesen Beruf sieben Jahre lang aus. Die Frage, was beim Zuhörer hängenbleibt vom Erzählten, beschäftigte ihn sehr. Was würden seine Zuhörer wiedergeben können, wenn man sie fragte. Auch die Glaubwürdigkeit des Erzählten bei Nachrichtensprechern, Politikern und Prominenten ist für ihn ein großes Thema. Wie weit kann man Menschen glauben, was sie sagen? Ein komplexes und spannendes Thema für Pfarrer Spur.

Auf die Arbeit mit Kindern und Jugendlichen angesprochen erzählt er, dass er vor allem gerne mit den älteren Schülern arbeitet, da diese im Allgemeinen ein größeres Interesse an den Themen mitbrächten. Herr Spur verbringt aber wahrscheinlich trotzdem viel Zeit mit den Kleineren, da sein Garten sozusagen gleichzeitig der des Waldkindergartens ist, der direkt nebenan liegt.

Mit dem Thema Krankheit und Tod ist Pfarrer Spur häufig konfrontiert, bei Beerdigungen sowieso, aber auch durch Gespräche mit vielen betroffenen Menschen oder Familien. Allerdings auch ganz andere Bereiche als die Seelsorge zählen zu den Aufgaben eines Pfarrers. So gehört neben der Lehre und der Predigt auch Ver-

Nicht preiswert, aber dafür schön: Eine eigene Zeitung mit Schülertexten und farbigen Bildern.

waltung und Bürokratie dazu. Aber gerade das mache den Beruf so abwechslungsreich, berichtet Herr Spur. Gott begegne ihm in unterschiedlichsten Formen, Gestalten oder Situationen, wie zum Beispiel in der Bibel, in der Kunst oder einfach im Kino. Er spüre eine Kraft, die von Gott ausgeht. Auch die Musik verbinde ihn mit Gott, schöne, auch traurige oder gar „hässliche" Musik spiele eine Rolle in seinem Glauben.
„Die Geschichten in der Bibel haben immer einen wahren Kern. Gott begegnet mir in der Bibel", sagt er überzeugt. Jeden Tag betet Herr Spur, gerne beim Essen, aber auch bei anderer Gelegenheit. Die zehn Gebote, gibt er lächelnd zu, übertrete man andauernd, wenn man ehrlich sei. Eine mehr als aufrichtige Antwort!

Auf die Frage hin, wie er die Zukunft der Kirche sieht, meint er, dass er keine Zweifel hege, dass die Kirche bestehen bleibe. Allerdings sei sie natürlich vielfältigsten Änderungen unterworfen. Hat man das Gefühl, dass Pfarrer Spur von seinem Beruf sehr gestresst ist? Nein, im Gegenteil. Obwohl er den ganzen Tag zu tun hat, ist er freundlich und entspannt. Jemand, der Stress und Negativität ausstrahlt, wäre als Pfarrer aber auch irgendwie fehl am Platz, oder?
Nach dem langen, angenehmen Gespräch hat man das Gefühl, einen Ausflug in viele Bereiche des Lebens gemacht zu haben. Das ist ja wohl auch Religion. Sich Gedanken um die Mitmenschen und das Miteinander zu machen, über das Leben und den Tod.

Religion hat mit Werten zu tun und mit Tradition, mit Wissen um Geschichte und verschiedene Kulturen, also komplexen Zusammenhängen. Man könnte noch vieles erfragen und über vieles nachdenken. Doch Herr Spur hat einen langen Tag hinter sich und hat mittlerweile über zwei Stunden erzählt. Er hat bewiesen, dass der Pfarrerberuf nicht nur aus Gottesdiensten besteht, sondern sehr vielseitig und spannend ist. Die Gemeinde und jeder einzelne darin ist wichtig. Das macht den Beruf des Pfarrers so abwechslungsreich, das macht ihn so anstrengend und das macht ihn so schön. Und so verabschiedet Roland Spur sich in seinen Feierabend. Man behält den Eindruck zurück, dass er den richtigen Beruf für sich gefunden hat.

Antonia Kammüller

„Pink Pudel" und andere Kalorienbomben

Das erste Cupcake-Café Stuttgarts

„Orange geht gar nicht! Egal welche Form: Orangefarbener Teig, normaler Teig mit einer orangefarbenen Creme obendrauf, oder alles zusammen – es funktioniert einfach nicht!" Vanessa Forcelli kennt sich nun seit anderthalb Jahren mit der Orangen-Abneigung der Stuttgarter aus, jedenfalls wenn es um Cupcakes geht.
Was sind denn Cupcakes? Nun ja, Cupcakes sind kleine, amerikanische Kuchen, die ursprünglich sehr süß sind und sehr viele Kalorien haben. Es gibt sie in tausenden Geschmacksrichtungen. In der kleinen Cupcake-Boutique in Stuttgart ist alles zu finden. Da gibt es Klassiker wie „New York Cheesecake", über Kalorienbomben unter dem entsprechenden Namen „Red Velvet" (dieser Zweikilo-Kuchen sieht in der Tat aus wie roter Samt), bis hin zu völlig verrückten Kreationen, wie Cupcakes mit kleinen grünen Monstern, die den Kuchenfreund feindselig angrinsen, als ob sie ihm sagen wollen: „Wir sind zwar völlig ungesund, aber wir kriegen dich trotzdem!"
Die Inhaberin Vanessa Forcelli, geborene Cannstätterin und gelernte Rechtsanwaltsfachangestelle, entdeckte ihre Liebe zu Cupcakes eher zufällig. Und zwar bei einem Kindergeburtstag für ihre Tochter Maya. Für ein Dutzend Kinder backte sie unzählige kleine Cupcakes. Ein Riesenerfolg: Sämtliche Eltern waren entzückt über das Gebackene. Immer wieder wurde ihr geraten, sie solle das Backen der Cupcakes unbedingt professionell angehen. „Das war sozusagen der Ursprung meiner Cupcakes", sagt Vanessa Forcelli eineinhalb Jahre später.

Forcelli ist Anfang dreißig, hat lange hellbraune Haare, trägt hohe Schuhe und strahlt pure Energie aus. Fast schon amerikanische Energie. Von einem Cake Designer in San Francisco hat sie dann den ein oder anderen Tipp erhalten. „Das Wichtigste ist, den Kunden immer etwas Neues zu bieten, immer auf neue Ideen zu kommen und vor allem nach Trends zu arbeiten", erklärt Forcelli.

„Sweet & Chic" – süß und schick – steht auf dem Firmenschild. Ein Blick in Stuttgarts erstes Cupcake-Café. © Tilman Rau

Deshalb sieht es im Laden keineswegs so aus wie in normalen Bäckereien. Von der einheitlichen Langeweile amerikanischer Coffee-Shop-Ketten ist sie genauso weit entfernt wie von der Spitzendecken-Gemütlichkeit klassischen deutschen Konditoreien. Denn ihr Geschäft strahlt in sanften Pink- und Brombeertönen. Und auch das Publikum ist anders: Vom Hippie bis zum strengen Geschäftsmann ist hier alles an den sieben kleinen Tischen zu finden. Die sehr netten Verkäufer haben für jeden Einzelnen ein Lächeln auf dem Gesicht. Das ist so gewollt: „Ich trainiere meine Verkäufer auf Wiedererkennung. Sie sollen sich merken, welcher Kuchen welchem Kunden besonders gut schmeckt. Jeder Kunde soll wissen, dass er hier jederzeit willkommen ist."
Doch genauso wichtig wie der Service ist natürlich auch das Produkt selbst. In der kleinen Küche der Boutique geht es klinisch sauber zu wie im Krankenhaus. Konzentriert und mit voller Aufmerksamkeit werden von den Konditoren Schoko Chips geraspelt, sowie hingebungsvoll pinkfarbene Buttercreme geschlagen. Die Besucherin in ihrer Backstube fragen sie mit gespielter Besorgnis: „Bist du ein Spitzel?"
Diese Annahme ist gar nicht so abwegig, denn der Cupcakeladen hat mächtig Erfolg. Über Geschäftszahlen will Vanessa Forcelli zwar nicht reden, aber immerhin betreibt sie inzwischen sogar schon zwei Cupcake Boutiquen: in Weinstadt-Beutelsbach die Herstellung und in Stuttgart den Verkauf. „Am besten verkauft sich ‚Pink Pudel'", sagt Vanessa Forcelli. Dahinter verbirgt sich ein fluffiges rosa Etwas, das in der Tat aussieht wie ein gefärbter Schoßhund.
„Im Übrigen merke ich aber, dass die Deutschen nicht so experimentierfreudig sind wie die Amerikaner. Wer sich einmal auf eine Sorte festgelegt hat, bleibt meistens dabei." Noch ein weiterer Unterschied zwischen deutschen und amerikanischen Kunden sei, dass die Amerikaner es sehr viel süßer mögen als die Stuttgarter. „Daher habe ich den Zuckergehalt in meinen Cupcakes reduziert, bis der durchschnittliche Kunde zufrieden war. Immerhin stelle ich fest, dass die Stuttgarter meine Cupcakes mögen. Und inzwischen experimentieren sie Gott sei Dank auch ein wenig." Und mit einem Lächeln fügt sie hinzu: „Und das mit den Orangen bring ich ihnen auch noch bei."
Übrigens: Falls Sie, lieber Leser, das jetzt alles zu pink, zu niedlich und zu amerikanisch finden, dann gehen sie einfach hin. Vielleicht sind Sie von der wunderbaren Welt der Cupcakes dann auch bezaubert...

Darf's ein Törtchen mehr sein? Der Fantasie sind bei der Gestaltung von Cupcakes keine Grenzen gesetzt. © Tilman Rau

Klingt alles schlüssig, entspricht aber nicht ganz den Tatsachen. Zunächst einmal blicken wir auf die Möglichkeiten und Vorteile einer Veröffentlichung von Schülertexten im Internet:

- Der Platz ist unbegrenzt. Alle Texte, die entstehen, können veröffentlicht werden.
- Ein übersichtliches Tag- und Indexsystem macht auch ältere Texte recherchierbar.
- Bei den meisten großen Anbietern wie *WordPress* oder *Blogger.com* kann man zumindest die Grundfunktionen kostenlos nutzen.
- Das Internet erlaubt das Nebeneinander verschiedener Medien und Darstellungsformen. Audio-Interviews, Texte, Videos und Fotos können beliebig eingesetzt und kombiniert werden.
- Beiträge können nachträglich editiert werden.
- Eine Online-Publikation ist an keine Auflagenzahlen gebunden. Zugreifen kann jeder, auch wenn er sich in Brasilien oder Thailand befindet.
- Online-Publikationen sind zeitgemäß.

Und wo ist jetzt der Haken? Es gibt tatsächlich einige Tatsachen, die bedacht werden müssen, vor allem wenn man mittelfristig und sinnvoll mit dem Medium arbeiten will.

- Online-Publikationen wie *Facebook* und *WordPress* leben von einer gewissen Regelmäßigkeit und Aktualität. Im Prinzip muss sich kontinuierlich auf der Seite etwas tun. Ist dies nicht der Fall, schauen die Nutzer schon bald nicht mehr vorbei. Das Internet ist voll von solchen Blog-Leichen.
- Nach deutschem Medienrecht herrschen für Internetauftritte strenge Auflagen. Die fangen bei einer umfassenden Impressumspflicht an. Über den Umfang und die Art der erforderlichen Angaben sollte man sich informieren oder sich beraten lassen.
- Viele Fragen sind juristisch ungeklärt, z. B. die Verlinkung von fremden Videos, Sounds und Bildern.
- Durch den weltweiten Zugriff hat man eine große Verantwortung und sollte sich überlegen, ob man Bilder, Namen und Texte aus dem Schulleben ohne Passwortschutz preisgeben will.
- Oft sind nur die Grundfunktionen der Blog-Software kostenfrei. Wer nachjustieren will und dazu Hilfe von einem Programmierer braucht, ist schnell bei Kosten, die den Druck einer Zeitung bei Weitem übersteigen.
- Online-Publikationen sollte man mit Schülern nur dann durchführen, wenn man selbst eine Affinität und gewisse Fertigkeiten im Umgang mit dem Medium hat. Oft sind nur einzelne Schüler in der Lage, die Programme entsprechend einzusetzen, Inhalte hochzuladen oder zu verändern. Und Schüler sind eines Tages weg. Davon sollte man sich unabhängig machen.

Ist man sich der Chancen und Risiken von Online-Auftritten bei Blogs oder sozialen Netzwerken bewusst und weiß man mit den entsprechenden Werkzeugen umzugehen, bietet das Internet tatsächlich vielfältige Möglichkeiten, wie man den mühsam erarbeiteten journalistischen Texten einen angemessenen öffentlichen Raum verschaffen kann.

Welches technische Equipment wird benötigt, um eine Seite bei *WordPress* oder *Facebook* zu betreiben und mit Inhalten zu füllen? Prinzipiell reicht ein schneller Rechner und ein flotter Internetzugang ohne Volumenbeschränkung aus. Will man auf der Seite multimedial arbeiten, werden die Geräte benötigt, die in Kapitel 6.2 für die jeweiligen Medien aufgelistet sind.

6.3.3 Schulradio

Bei verschiedenen Medienprojekten, vor allem im Auftrag der Landesvereinigung Kulturelle Jugendbildung Baden-Württemberg, habe ich Projekte an Schulen durchgeführt, die eine Radio-AG unterhalten und entweder dabei sind, ein Radioprogramm aufzubauen oder bereits eines betreiben. Allein die Tatsache, dass es Schulradio gibt, ist nicht überall bekannt. Im Großen und Ganzen gibt es drei verschiedene Arten von Schulradio:

- Pausenradio punktuell: Ein Teil der Schule, zum Beispiel die Aula, wird beschallt.
- Pausenradio universell: Die gesamte Schule wird beschallt.
- Stream: Im Internet wird ein Stream angeboten.

Innerhalb dieses Rahmens gibt es dann noch höchst unterschiedliche Gestaltungsformen:

- Live oder aufgezeichnet: Das Pausenradio kann live oder vorproduziert sein, der Stream ist naturgemäß immer fertig produziert.
- Musik oder Wort: Manche Pausenradios senden ausschließlich Musik, meist die Lieblingsmusik der jeweiligen Moderatoren oder der Redaktion. Manchmal gibt es Moderationen und Interviews. Beiträge sind eher die Ausnahme. Musik kommt beim Internet-Stream nicht vor. Ansonsten würden wegen der weltweiten Verbreitung Gema-Gebühren anfallen, die keine Schule sich leisten kann.
- Sendungslänge: Die Bandbreite reicht von 15-minütigen Sendungen für die große Pause bis zu einstündigen Streams.
- Häufigkeit: In den wenigsten Schulen wird täglich gesendet. Die Regel ist eher eine Sendung pro Woche oder pro Monat. Vor allem wenn Wortbeiträge gesendet werden, ist viel Vorbereitung nötig.

Die technische Voraussetzung für ein Schulradio wäre:

- Ein Mischpult, das mit der Hausanlage verbunden werden kann.
- Mikrofon, PC mit Sendungssoftware, Geräte zum Abspielen von Medien (CD, USB usw.).
- Geschlossene Kopfhörer für die Moderatoren, zur Vermeidung von Rückkopplung.
- Ein schallgeschützter oder zumindest hallarmer Raum, der als Studio genutzt werden kann.

Die größte Herausforderung für Schulradios ist eine ähnliche wie die von Internetauftritten: die Kontinuität. Es ist einfach, eine kurze Euphorie zu erzeugen und eine Radio-AG zu gründen, die großen Zulauf hat. Mit der Zeit stellt sich jedoch heraus, dass es viel Arbeit kostet, jede Woche oder jeden Monat eine Sendung inhaltlich vorzubereiten, zu produzieren und zu moderieren.

Journalistische Inhalte können in einem Schulradio hervorragend transportiert werden. Interviews mit neuen Lehrern, Nachrichten, Reportagen, Kommentare – die Vielfalt der Radioformen ist genauso groß wie die von Zeitungen.

7 Praktisches

Journalistische Konzepte treffen auf Realität im Klassenzimmer

7.1 Vorbemerkung

Ich habe mittlerweile viele Schulen von innen gesehen. Ich habe berufliche Schulen besucht, Hauptschulen, Gymnasien, Waldorfschulen und andere. Ich habe literarische und journalistische Workshops gegeben, habe Schülerzeitungsredaktionen beraten und Schülern gezeigt, wie man Radioumfragen erstellt. Manchmal habe ich auch einfach nur eigene Texte vorgelesen und Werkstattgespräche geführt. Ich kann mittlerweile von mir behaupten, mit fast allen thematischen und zeitlichen Vorgaben, Möglichkeiten und Einschränkungen umgehen zu können, und zwar so, dass die Schüler davon möglichst nachhaltig profitieren.

Eines wird sich jedoch wohl nie ändern, egal wie viel praktische Unterrichtserfahrung man als externer Dozent mitbringt: Das Grundmisstrauen im Lehrerzimmer. Da werde ich vom Lehrer, der mich in seinen Unterricht eingeladen hat, herumgeführt, Kollegen aus der Fachschaft oder dem Rektor vorgestellt. Man setzt sich in eine Sitzecke, es gibt Kaffee („Milch ist leider alle!"), auf dem Tisch steht Kuchen, weil ein Kollege Geburtstag hat. „Das ist Herr Rau, er macht mit der 9c Reportagen." Nicken. Händeschütteln. Interesse. Freundlichkeit. Aber eben immer auch diese leicht nach oben gezogenen Augenbrauen: Kommt da schon wieder einer von außen, der uns erklären will, wie wir unseren Unterricht noch besser machen können? „Nein", kann ich da nur sagen und abwehrend die Hände heben, „so einer bin ich nicht." Allerdings will ich auch nicht behaupten, dass ich nicht ein paar gute Ideen habe. Es würde mich freuen, wenn auf den vergangenen Seiten zumindest dieser Eindruck entstanden wäre.

Die nächsten Seiten möchte ich wiederum den Fragestellungen widmen, die unvermeidlich aufkommen, wenn man die guten Ideen des externen Dozenten mit der Realität des Schulalltags in Einklang bringen will. Vor allem in den fünf Jahren, die ich mit Katharina Dargan am Eberhard-Ludwigs-Gymnasium und mit Rebecca Müller an der Schloss-Realschule in Stuttgart im Tandem unterrichtet habe, habe ich einige Lektionen über diese Fragestellungen gelernt.

7.2 Zeit

Angesichts voller Lehr- und Bildungspläne gehört der zeitliche Aufwand einer journalistischen Unterrichtseinheit immer zu den sensibelsten und interessantesten Fragen, die bei Fortbildungen gestellt werden. Weiter oben habe ich bereits einiges über den Aufwand und die Arbeitsschritte bei der praktischen Umsetzung verschiedener Textformen gesagt.

Welches Zeitbudget eingeplant wird, ist in zweierlei Hinsicht interessant:

1. Wie viele Unterrichtsstunden werden für die journalistische Arbeit verwendet?

   Das hängt stark von den Formen ab, die man behandeln will. Wer sich auf die Nachricht beschränkt, kommt mit einer oder zwei Doppelstunden aus. Sollen die Schüler eigenständige Reportagen anfertigen und soll dieser Prozess sinnvoll begleitet werden? Ich würde nicht weniger als 15 Doppelstunden einplanen, inklusive der Spontanreportage.

2. Über welchen Zeitraum erstreckt sich die Unterrichtseinheit?
   Diese Frage schließt sich direkt an: Was ist besser, zum Beispiel die Arbeit an einer Reportage über ein ganzes Schuljahr auszudehnen oder die Unterrichtseinheiten komprimiert in einer Projektwoche oder sogar noch kürzerer Zeit durchziehen?
   Eine eindeutige Antwort kann ich nicht geben. Ich habe schon auf beide Arten gearbeitet, was in der Natur der Sache liegt, wenn man als externer Dozent für zwei Tage an eine Schule eingeladen wird.

Es hat Vorteile, komprimiert zu arbeiten. Die Schüler sind im Thema und können bereits nach recht kurzer Zeit ein Ergebnis erzielen. Dies geht aber zu Lasten der Recherche. Wenn für Reportagen nur zwei Tage zur Verfügung stehen, muss ich mich entweder schon im Vorfeld um Ansprechpartner gekümmert haben oder mich auf das Glück verlassen, dass ausgerechnet die Interviewpartner, die sich meine Schüler aussuchen, so kurzfristig Zeit haben. Eine Reportageeinheit lässt sich besser planen und steuern, wenn man über längere Zeiträume arbeitet. Die Qualität der Recherche nimmt zu, die Prozesshaftigkeit der Reportage wird unterstrichen und begünstigt. Die Schüler haben Gelegenheit, zwischendurch die Arbeit ruhen und die Gedanken arbeiten zu lassen. Das kommt den Themen wie auch den Texten zugute. Jedoch besteht die Gefahr, dass einige Schüler die Geduld verlieren oder regelmäßig erinnert werden müssen, welcher Schritt als nächster ansteht.

Letztlich muss jeder für sich selbst entscheiden, welche der Varianten er bevorzugt. Da ist Experimentieren angesagt, auch wenn dies immer bedeuten kann, beim ersten Anlauf Momente der Frustration zu erleben.

7.3 Alter

Mit welchen Klassenstufen kann man journalistische Inhalte behandeln? Meine Empfehlung lautet: In der achten Klasse sollten die Schüler mindestens sein, was einem Alter von 13 bis 15 Jahren entspricht. Ich habe auch schon mit siebten Klassen gearbeitet. Bei eintägigen Workshops, die bei Medienmessen für alle Altersstufen offen sind, mischt auch mal ein Fünftklässler mit, der pfiffig genug ist, eigenständig eine Radioumfrage durchzuführen. Aber die Regel ist das nicht. Und man sollte nicht eine gesamte Schulklasse überfordern.

Mit vierzehn Jahren beginnen Schüler einen gewissen persönlichen Radius zu entwickeln, sowohl was ihre Interessen als auch den Raum betrifft, in dem sie sich eigenständig bewegen. Ich habe kein Problem damit, einen Jugendlichen für eine Recherche quer durch die Stadt zu schicken. Allerdings achte ich darauf, dass für solche Unterfangen immer eine Einverständniserklärung der Eltern vorliegt. Zwischen den jüngeren und den etwas älteren Schülern spielen sich die Hauptunterschiede bei den Themen und bei den sprachlichen Möglichkeiten ab. Hingegen kann ich nicht behaupten, dass bei den Jüngeren mehr Reportagevorhaben gescheitert wären.

Einen Erfahrungswert kann ich noch weitergeben, auch wenn der weniger mit dem Alter, sondern vielmehr mit den Anforderungen verschiedener Schultypen zu tun hat. Man sollte vermeiden, Reportagen in solchen Jahren über längere Zeiträume laufen zu lassen, in denen wie auch immer geartete Abschlussprüfungen auf dem Programm stehen. Wochen, mitunter sogar Monate vor Prüfungen tendieren Schüler dazu, alles andere zu vergessen. Es ist schade, wenn in diese Zeit die Vor-Ort-Recherchen fallen.

7.4 Juristisches

Ich will an dieser Stelle nicht über die Verankerung der Pressefreiheit im deutschen Grundgesetz referieren, beziehungsweise über die Artikel, aus denen dieses Prinzip abgeleitet wird. Ebenso links liegen lasse ich die Auskunftspflicht von Behörden gegenüber Pressevertretern sowie die Grenze zwischen öffentlichem Interesse und Persönlichkeitsrechten. All diese Felder sind sehr interessant, auch weil Wahrnehmung und Rechtsprechung einem ständigen Wandel unterliegen. Mir geht es hier lediglich um praktische Hinweise für die Arbeit mit Schulklassen – sowie um ein paar Fallstricke, die es zu umgehen gilt.

Einverständnis

Wenige Zeilen weiter oben habe ich locker dahingesagt, ich hätte keine Probleme damit, Vierzehnjährige quer durch die Stadt zu schicken, um eine Recherche vorzunehmen und Interviews zu führen. Für gewöhnlich holen ich oder der zuständige Lehrer dazu das Einverständnis der Erziehungsberechtigten. Bei Projekten, die sich über längere Zeiträume ziehen und dazu noch notenrelevant sind, informiere ich ausführlich und persönlich beim Elternabend.

Hausrecht

Das Hausrecht gilt auch für Journalisten. Sie dürfen nicht ohne vorherige Absprache zum Beispiel in ein Bekleidungsgeschäft gehen, um dort die Kunden über ihre Meinung zur aktuellen Sommermode zu befragen. Selbst auf dem Parkplatz ist der Tatbestand des Hausfriedensbruchs erfüllt, wenn man nicht vorher anfragt. Aus diesem Grund melde ich die Spontanreportage grundsätzlich vorher an. Wenn Schüler Reportagen über ihre Lieblingsshops machen wollen, gilt dasselbe Prinzip. Bei lokalen Besitzern gibt es selten Probleme. Bei bundes- oder gar weltweit vertretenen Ketten führt der Weg fast ohne Ausnahme über eine zentrale Pressestelle. Hier sollte entsprechend Zeit eingeplant werden, auch ist es dabei manchmal erforderlich, den Schülern beratend zur Seite zu stehen.

Recht am eigenen Bild

Werden begleitend zum Text Fotos angefertigt, muss im Falle einer Veröffentlichung von allen Personen, die auf diesen Fotos zu sehen sind, ein Einverständnis eingeholt werden. Im Falle von Minderjährigen kann dieses Einverständnis ausschließlich durch die Erziehungsberechtigten erteilt werden. Wer während eines Interviews fotografiert wird, zu dessen Durchführung und Veröffentlichung er zuvor eingewilligt hat, erklärt sich damit normalerweise auch stillschweigend mit der Veröffentlichung dieser Bilder einverstanden. Nochmaliges Rückversichern schadet aber nichts. Es ist dringend davon abzuraten, ohne Einverständnis zu veröffentlichen, erst recht im Internet. Wenn die betreffende Person sich beschwert, kann das teuer werden.

Urheber- und Senderecht

Erst recht teuer wird es, wenn man keine Autorenrechte besitzt und trotzdem veröffentlicht. Manchmal darf bei der Vor-Ort-Recherche nicht fotografiert werden. Bei der Staatlichen Münze Cannstatt war dies zum Beispiel der Fall. Allerdings wurden hier Pressefotos mit der ausdrücklichen Erlaubnis zur Veröffentlichung honorarfrei zur Verfügung gestellt. An anderer Stelle haben Schüler auch schon versucht, mir Fotos unterzujubeln, die sie aus dem Internet hatten. Hier ist Vorsicht geboten.

Vollkommen verzichten sollte man auf alles Musikalische oder Filmische, das man nicht selbst zu verantworten hat. Einem Radiobeitrag ein Musikstück zu unterlegen und ihn auf der Schulhomepage zu veröffentlichen, kann genügen, um eine Abmahnung in vier- oder fünfstelliger Höhe zu erhalten. Zahlreiche Anwaltskanzleien verdienen auf diese Weise gutes Geld, deshalb sollte man sich nicht darauf verlassen, dass sich schon niemand melden wird.

Autorisierung von Interviews

Zu den ersten juristischen Fragen, die mir von Nicht-Journalisten gestellt werden, gehört immer die nach der nachträglichen Autorisierung von Interviews. Bereits in Kapitel 4.3 habe ich dargelegt, dass es dafür keine rechtliche Grundlage gibt. Allerdings gibt es einen Verhaltenskodex, der stillschweigend akzeptiert wird. Dieser sieht vor, dass man Interviews auf Wunsch vorlegt, dass aber normalerweise keine Veränderungen daran vorgenommen werden.

Im September 2013 sorgte ein Interview der *tageszeitung* (taz) mit FDP-Chef Philipp Rösler im Vorfeld der Bundestagswahl für Furore. Rösler ließ die Antworten nicht freigeben, anschließend druckte die taz nur die Fragen ab. Im ersten Moment reagierte die Medienlandschaft empört über das Verhalten der FDP-Zentrale, die sich nicht an die Gepflogenheiten hielt. Doch schnell kehrte sich die Stimmung um, als plötzlich davon die Rede war, die Fragen seien teilweise rassistisch gewesen und wären massiv vom vorher vereinbarten Interviewverlauf abgewichen.[49]

Dieses Beispiel zeigt, wie kompromisslos sich Kontrahenten im Streit um Pressefreiheit und Persönlichkeitsrechte miteinander verhaken. Wenn ich mit Schülern arbeite, kann ich auf solcherlei Probleme gerne verzichten. Deshalb rate ich dazu, immer auf Kommunikation zu setzen. Man will schließlich niemanden verärgern, sondern Schüler zu eigenen Reportagen ermutigen. Über die Modalitäten von Interview und Veröffentlichungsplan kann man sich im Vorfeld detailliert verständigen, wer den Text zur Sicherheit noch einmal lesen will, kann das gerne tun. Wenn die Texte letztendlich das Klassenzimmer nicht verlassen, ist die Frage ohnehin obsolet.

7.5 Plagiate

Plagiate sind bei Weitem das unangenehmste Thema, und niemand, der viel mit Texten zu tun hat, kann ernsthaft behaupten, er wäre noch niemals damit konfrontiert worden. Ich für meinen Teil habe schon alles erlebt: Texte, die von der großen Schwester, der Mutter oder dem Opa geschrieben wurden, statt vom Schüler selbst. Texte, die ich bereits aus dem Vorjahr kannte. Texte, die auszugsweise oder gar vollständig aus dem Internet geklaut waren. Vermutlich hat jede Schule mittlerweile ihre eigene Politik in Bezug auf Plagiate. Wie flächendeckend geprüft wird, welche Tools dabei eingesetzt werden, welche Sanktionen die Überführten zu erwarten haben. In all diese Dinge kann und will ich nicht reinreden.

Ich habe das Glück, mit der Reportage eine Form zu bearbeiten, bei der Plagiate sehr selten sind. Da ich darüber hinaus den Prozess von Beginn an und sehr engmaschig begleite, ist es für die Schüler nicht leicht, sich bei anderen Autoren zu bedienen. Erst recht nicht, wenn es sich um sehr spezielle oder sehr lokale Recherchethemen dreht. Aus diesen Gründen konnte ich mir bislang erlauben, nur auf Verdacht tätig zu werden. Vor allem wenn Erwachsene mitgeschrieben haben, ist das den Texten deutlich anzumerken. Ich habe bereits einige Male Eltern direkt angesprochen, die ich hinter einem Text vermutete. Ein direktes Eingeständnis habe ich dabei nicht zu hören bekommen, aber es ist der Atmosphäre nicht zuträglich, dieses beiderseitige Wissen.

Mittlerweile empfehle ich, das Thema bereits beim ersten Elternabend im Schuljahr anzusprechen. Es mag zwar nicht den letzten Unverbesserlichen be-

49 Die beiden Positionen der nachträglichen Debatte sind hier nachzulesen. Zunächst einmal aus Sicht der taz selbst: http://blogs.taz.de/hausblog/2013/09/09/philipp-roesler-fragen-und-keine-antworten/
Und dann noch kritische Gegenberichte aus dem Tagesspiegel und dem Stern:
http://www.tagesspiegel.de/medien/konter-aus-kreuzberg-taz-chefredakteurin-pohl-verteidigt-roesler-interview/8776332.html,
http://www.stern.de/politik/deutschland/missgluecktes-taz-interview-mit-roesler-wer-ist-hier-rassistisch-2056647.html.

lehren, doch ich bin überzeugt, dass es dem einen oder anderen Erziehungsberechtigten zu denken gibt, wenn man ihn früh wissen lässt, dass man nicht so leicht zu überlisten ist, wie vielleicht angenommen. Es mag daran liegen, dass ich ein besonders aufmerksames Auge für die Unterschied zwischen Erwachsenen- und Schülersprache habe. Es mag tatsächlich an den journalistischen Themen liegen. Jedenfalls ist mir dieses Papa-schreibt-für-Schüler-Phänomen bei Weitem öfter untergekommen als direkte Kopien aus dem Internet.

Was die Konsequenzen anbelangt, so halte ich es auch hier mit einem gewissen Praxisbezug. Ein Reporter, der von seinem Redakteur dabei erwischt wird, wie er Texte aus dem Internet zusammenklaut oder Themen gleich ganz erfindet, bekommt keine Aufträge mehr, verliert also seinen Job. Übersetzt auf die Schulsprache bedeutet dies: Keine nachweisbare Leistung.[50]

7.6 Noten

Und damit wären wir auch schon mitten im Kampf um die Noten. Ja, auch mit diesem Schulphänomen habe ich mich schon ausführlich beschäftigen dürfen. Nicht dass ich selbst Noten vergeben hätte – dazu bin ich als externer Dozent nicht berechtigt. Da einige der Leistungen, an denen ich beteiligt war, jedoch notenrelevant waren, kam mir eine beratende Rolle zu.

Ehrlich gesagt wurde ich dabei erst einmal überrascht, und zwar in doppelter Hinsicht. Die erste Überraschung war ein Achtklässler während meines ersten Reportageprojekts, das sich über ein komplettes Schuljahr zog. Dieser Achtklässler hatte sich während des gesamten Schuljahres nicht sonderlich interessiert gezeigt. Er hatte eine Reportage abgeliefert, die nur mit gutem Willen als solche durchgehen konnte. An mangelnden Hinweisen und Hilfestellungen unsererseits hatte es sicherlich nicht gelegen. Was soll man sagen, er war einer jener Kandidaten, die sich nicht besonders hervortun, aber auch keine hoffnungslosen Fälle sind. Ein typischer Dreier-Kandidat eben. Und genau diese Note bekam er am Ende auch. Er fing auf der Stelle an zu weinen. Vor meinen Augen, hemmungslos und aus tiefstem Herzen. Ich dachte mir: „Oha, seit meiner Schulzeit hat sich scheinbar einiges verändert."

Die zweite Überraschung war, dass ich auch nach vielen Projekten und vielen Schulklassen das Prinzip Schulnote als solches nicht vollständig ablehnen kann. Ich finde es schlicht nicht schlimm. Im Gegenteil, es beinhaltet so einige Möglichkeiten und Chancen und ist überdies nicht weit entfernt von dem, was die Schüler in der großen Welt dort draußen erwartet. Als Journalist wird man ständig beurteilt. Liefert man einen schlechten Text ab, wird man nicht gedruckt, schreibt man dagegen unterhaltsame und meisterhaft recherchierte Edelrepor-

50 Ich lasse mich dabei auch grundsätzlich nicht auf Plagiatsdiskussionen ein, man habe mit den vorhandenen Texten kreativ umgehen und mich außerdem testen wollen.

tagen, gibt's eine Erhöhung des Zeilenhonorars. Dies sind zwar klare Kausalzusammenhänge, aber was dem einen Redakteur oder der einen Publikation gefällt, kann der nächste indiskutabel finden.

Insofern leiden Journalisten unter denselben „ungerechten" Zuständen wie Schüler. Bevor ich nun aber vollends in den Verdacht gerate, einer Ausdehnung beruflicher Alltagssituationen auf die Schule das Wort zu reden, will ich ein paar Dinge klarstellen:

- Wenn überhaupt benotet wird, lege ich größten Wert darauf, dass der erste Text, den Schüler in meinen Projekten schreiben, auf diese Note keinen Einfluss hat. So kann man sich beim ersten Kontakt mit einer neuen Textform erst einmal ausprobieren, ohne Angst vor dem Scheitern haben zu müssen.
- Auch der erste Entwurf des notenrelevanten Textes wird nicht benotet. Stattdessen bekommt der Schüler eine dezidierte Rückmeldung über Stärken und Schwächen des Entwurfs sowie über Verbesserungspotenzial.
- In die Benotung fließt der Prozess ebenso ein wie der Text selbst. Das heißt, dass man Entwicklungen dokumentieren und beurteilen muss.
- Auch der Umgang mit Texten von Mitschülern wird benotet. Dazu fertige ich mir zum Beispiel immer Kopien von den Bögen der Schreibkonferenz an.
- Am Ende bekommt der Schüler einen Rückmeldebogen (10) von etwa einer Seite Länge. Darin aufgeführt sind Gesamteindruck, Inhalt, Sprache, Form, Prozess und Sonstiges (dazu gehört der erwähnte Umgang mit Texten anderer Schüler, aber auch Fotografie, wenn sie denn mit eingesetzt wurde).

Mit diesem Vorgehen habe ich gute Erfahrungen gemacht. Es bietet den Schülern die größtmögliche Transparenz, weil es bereits früh Rückmeldungen über den Stand der Dinge gibt. Das wiederum beinhaltet die Möglichkeit zur Kurskorrektur und Textverbesserung seitens des Schülers. Die Notenentstehung wird aus der „Black Box" geholt und als durchaus nachvollziehbarer Prozess von Entscheidungen und Bewertungen sichtbar gemacht.

Ein interessantes Detail am Rande: Während der fünf Jahre, die ich mit der Lehrerin Katharina Dargan am Eberhard-Ludwigs-Gymnasium im Tandem Reportageprojekte durchführte, haben wir uns einen Sport daraus gemacht, am Ende des Schuljahres getrennt voneinander Noten (11) zu vergeben und dann zu vergleichen. Da ich nur eine beratende Funktion innehatte kam diesem Vorgehen keine besondere Bedeutung zu, sollte nur offenbaren, wie unterschiedlich eine Lehrerin und ein Journalist an die Bewertung herangehen. Bei einer Schulklasse von 30 Schülern gab es durchschnittlich zwei Schüler, bei denen unsere Bewertungen sich um mehr als eine Viertelnote unterschieden.

Es ist mit den Noten wie mit Vielem. Dürfte man es sich aussuchen, würde man wahrscheinlich auf sie verzichten. Doch solange dieser Wunsch realistisch nicht umsetzbar ist, muss man sich vorübergehend damit behelfen, die Situation für die Schüler (und für sich selbst) ein wenig durchschau- und beeinflussbarer und damit erträglicher zu machen.

8 Zu guter Letzt

Mal etwas Neues wagen und sich die Schüler zu Komplizen machen

8.1 Berechtigtes Zögern

Jetzt kann es losgehen. Vieles wurde gesagt, vieles wurde beschrieben, vieles wurde erklärt. Einem journalistischen Projekt in Ihrer Klasse steht nichts mehr im Wege. Aber vielleicht fallen Ihnen viele Gründe ein, mit der Reportage oder einem anderen journalistischen Thema noch zu warten. Zum Beispiel vielleicht diese:

- Zwar habe ich hier vieles ausführlich erklärt und die Durchführung einer Reportage in aller Breite beschrieben, aber ein Curriculum, das man eins zu eins übernehmen kann, fehlt.
- Vieles kann schief gehen: Den Schülern fallen gar keine oder nur langweilige Themen ein – und sie bekommen keine Ansprechpartner für ihre Recherchen.
- Selbst wenn alles glatt läuft und am Ende 30 Reportagen auf dem Tisch liegen, woher soll ich die Kompetenz nehmen, diese auch nach journalistischen Maßstäben zu beurteilen, unter Berücksichtigung der Notenrichtlinien des Schulfachs Deutsch?
- Eine Reportage aber auch andere journalistische Formen erfordern viel Durchhaltevermögen und ein gewisses Maß an Geduld, wenn es mal über längere Zeiträume geht. Was ist, wenn die Schüler da nicht mitziehen?
- Was ist, wenn Eltern mit dieser Art des Unterrichts nicht einverstanden sind?

Zugegeben: Es gibt eine Menge Unwägbarkeiten. Viele Gründe, sich auf eine Reportage mit einer Schulklasse nicht einzulassen.

8.2 Warum trotzdem?

Der erste Grund, weshalb ich es trotzdem empfehlen würde: Es ist etwas Anderes, etwas Neues. Und der zweite Grund wäre: Für die Schüler kann die praktische Arbeit an journalistischen Formen einen gewissen Kompetenzzuwachs bescheren, der ihnen auch an anderer Stelle zugutekommen kann. Das wären zum Beispiel:

Recherche

Informationen aus erster Hand sind im Zeitalter von *Google* und *Wikipedia* eine Besonderheit. Es bedeutet einen gewissen Aufwand, Interviews zu organisieren, vorzubereiten und durchzuführen – vor allem muss man sich dazu meistens aus den eigenen vier Wänden bewegen. Dafür ist das Ergebnis eine profunde Kenntnis des Gegenstands. Das wird spätestens beim Gespräch über den daraus entstandenen Text klar. Fällt dieser mager aus, lässt sich oft eine Menge an zusätzlichen Fakten aus dem Schüler herauskitzeln, der diese aus dem Gedächtnis abrufen kann. Ganz anders sieht es aus, wenn mit den vielerorts üblichen Copy-and-Paste-Methoden gearbeitet wurde.

Diese Recherchemethoden lassen sich überall dort anwenden, wo eigene Themen erarbeitet werden müssen, also auch bei Referaten, Facharbeiten und so weiter.

Medienbildung

Wer praktische Erfahrungen mit Zeitungstexten gesammelt hat, wird Zeitungen künftig kritischer lesen. Was in der Zeitung zu lesen ist, erscheint dann nicht mehr als unumstößliche Wahrheit, sondern als menschengemachter und bewusst ausgewählter Inhalt. Gleiches gilt für andere Medienformen, die man in den Unterricht integriert, wie Fotografie, Audio, Video und Internet-Veröffentlichungsformen.

Reduktion

Journalistische Formen verlangen eine Beschränkung aufs Wesentliche. Aus ganz praktischen Gründen steht Journalisten immer nur ein sehr begrenzter Platz zur Verfügung, weil man auf einer Zeitungsseite eben nur eine bestimmte Anzahl von Wörtern, Zeilen und Spalten unterbringen kann. Audiovisuelle Medien arbeiten mit einer zeitlichen Einschränkung. Im Extremfall, zum Beispiel bei einer Radionachricht, muss ein vielschichtiger Sachverhalt auf wenige Zeilen reduziert werden. Auch bei großen Recherchen für Reportagen kann nur ein Bruchteil der gesammelten Informationen und Eindrücke verwendet werden.

Meinungsfreude

Kommentare, Rezensionen und andere Meinungsformen des Journalismus funktionieren nur dort, wo auch tatsächlich eine Meinung vorhanden ist. Arbeit an und mit diesen Textformen verlangt Schülern deshalb Meinung ab – egal, ob sie diese erst ausbilden oder eine vorhandene Meinung offenbaren müssen.[51]

Sprache

Diskussion und Verbesserung eigener Texte bedeutet immer auch Arbeit an der Sprache. Dies ist schließlich ein Hauptanliegen des Deutschunterrichts. Und dieser Punkt bringt mich selbst an den Anfang zurück. Als wir im Jahr 2001 anfingen, am Stuttgarter Literaturhaus Schreibwerkstätten so unterschiedlicher Genres wie Lyrik, Rap, Prosa und Reportage anzubieten, war genau dies unser gemeinsamer Nenner: Spracharbeit.

---

51 Im Umkehrschluss fordert dies mir als Meinungen Einforderndem eine gehörige Portion Toleranz ab. Außerdem muss ich eine Grenze ziehen. Indem ich Meinung als solche niemals sanktioniere, ganz gleich, wie wenig sie mir in den Kram passt. Wohl aber kann ich positiv und negativ bewerten, wie formgemäß und wie konsistent diese Meinung dargestellt wird.

8.3 Schritte

Meine Literaturhaus-Kollegen und ich, wir wollten niemals den gesamten Deutschunterricht revolutionieren. Wir wollten (und wollen) ihn höchstens ein bisschen aufmischen. Und wir wollen andere – Sie! – ermutigen, dies auch zu tun. Mischen Sie. Probieren Sie aus. Fangen Sie klein an.

8.3.1 Stückweise

Was passiert, wenn Sie dieses Buch zuklappen? Nein, ich frage anders, damit ich gleich selbst darauf antworten kann. Was würde ich mir wünschen, nachdem Sie dieses Buch zugeklappt haben?

Vielleicht führen Sie mit einer Ihrer Schulklassen eine Spontanreportage durch oder Sie probieren eine andere der Übungen und Methoden aus, die ich Ihnen vorgestellt habe. Sie integrieren sie in Ihren Unterricht. Vermutlich weichen Sie von meiner Variante ab, weil Sie denken, dass es bei Ihren Schülern anders besser funktioniert. Und wenn das Ergebnis ganz gut war, wagen Sie sich womöglich an eine weitere Übung.

Ich habe mich ebenfalls herangetastet, wenn auch von der anderen Seite. Mehr als zehn Jahre habe ich gebraucht, um ein Konzept zu entwickeln, das tragfähig genug ist, um es in einer Publikation wie dieser zu veröffentlichen. Ich habe mit unterschiedlichsten Gruppen in unterschiedlichsten Zusammenhängen über unterschiedlichste Zeiträume hinweg gearbeitet. Zu Beginn bildete ich mir ein, es genüge, wenn ich meine Inhalte mit der Euphorie eines Menschen ins Klassenzimmer bringe, der diesen Inhalten einen Teil seines Lebens verschrieben hat.

Meistens habe ich damit gute Erfahrungen gemacht. Vor allem dann, wenn die Teilnehmer meiner Werkstätten aus eigenem Antrieb und mit Neugierde gekommen waren. Es gab jedoch auch Momente, in denen meine Grundhaltung weniger gut funktioniert hat. Etliche Jugendliche nahmen nicht aus eigenem Interesse teil, sondern weil sie eben mussten – meist im Klassenzimmer. Als externer Dozent konnte ich mir den Luxus leisten, mit diesen Verweigerern zu schmollen. Mit den Schultern zu zucken und zu denken: „Dann eben nicht, selbst Schuld. Alle kann man ohnehin nicht erreichen."

Sobald ich das erste Mal ein ganzes Schuljahr mit einer Klasse zu tun bekam, war es mit dieser Einstellung dahin. Über diesen Zeitraum hinweg gleichgültig zu bleiben, bekam ich nicht hin. Ich entwickelte den Ehrgeiz, auch (und ganz speziell) diejenigen zu erreichen, die sich mit Händen und Füßen gegen das Thema und vielleicht gegen den gesamten Deutschunterricht wehren.

Wer soll es besser wissen als Sie, die Lehrer, dass dieser Antrieb noch kein Garant dafür ist, wirklich jeden zu erreichen. Es wird immer Schüler geben, die ich trotz größter Anstrengungen inhaltlich nicht packen kann und die sich strikt weigern, sich mit journalistischen Texten zu beschäftigen oder gar ein Ergebnis abzuliefern.

Was mir der Anspruch, alle Schüler zu erreichen, jedoch vermittelt hat, ist die Tatsache, dass ich vor allem mit der Reportage eine Form an der Hand habe, die den Schülern zwar einiges an Organisation, Disziplin und Aufwand abverlangt, ihnen jedoch auch große thematische und damit persönliche Spielräume lässt, in denen sie sich austoben können. Das ist dann auch das Versprechen, das ich den Schülern gebe: Ich stelle ihnen die Formen des Journalismus zur Verfügung, und zwar so, dass sie etwas damit anfangen können. Die Form soll den Schülern dienen, auf sinnvolle Weise.

8.3.2 Komplizenschaft

Wenn ich mit Schülern bewusst ein Wagnis eingehe, möchte ich sie gerne auf meiner Seite haben. Nichts Schlimmeres als mit einem Projekt Schiffbruch zu erleiden, das man sich doch so fein ausgedacht hat. Am Ende darf man sich die Vorwürfe der Schüler anhören – und mehr noch: Die Vorwürfe der Eltern.

Als wir angefangen haben mit unseren journalistischen Schulprojekten, habe ich bei sämtlichen Elternabenden vorgesprochen. Ich habe das Vorhaben erklärt, mitsamt seinen Möglichkeiten und Risiken. Die Eltern haben gefragt, kritisch gefragt, und ich habe ihnen nach bestem Wissen und Gewissen ehrlich geantwortet. Bei den Schülern war es in etwa genauso. Diese Erlaubnis entbindet einen am Ende zwar nicht von Vorwürfen und Frustration, aber sie erleichtert das Gefühl zu Beginn der Unternehmung, und darauf kommt es mir an.

8.3.3 Textautorität

Der Begriff „Textautorität" birgt die Gefahr von Missverständnissen, weil es sich dabei nicht um einen üblichen Begriff handelt, sondern um einen, den ich aufgrund der Erfahrungen meiner Arbeit eingeführt habe.

Ich habe festgestellt, dass der sensibelste Punkt bei der Planung und Durchführung journalistischer[52] Unterrichtseinheiten nicht so sehr das Zeitbudget ist. Auch die Frage, wie sich etwa die Reportage inhaltlich verbinden und rechtfertigen lässt, ist in den allermeisten Fällen lösbar. Vielmehr sind es Unsicherheiten im Zusammenhang mit der eigenen Kompetenz, präziser ausgedrückt: die Infragestellung der eigenen Kompetenz.

> „Herr Rau, wenn Sie in meinen Unterricht kommen, dann hören die Schüler Ihnen anders zu als mir. Sie sind Ihnen gegenüber viel eher bereit, ihre Texte zu modifizieren oder von ihrer Meinung abzurücken. Außerdem sind Sie ein Profi und wissen, wie bestimmte Texte auszusehen haben oder wie man die Lösung bestimmter Fragen und Probleme herbeiführt."

52 In austauschbarer Form auch von praktischen Unterrichtseinheiten zu Lyrik, Prosa und Drama.

Diesen Einwand höre ich oft, wenn ich Lehrer zu eigenen journalistischen Projekten ermutige. Stimmt. Und ich müsste mir Sorgen machen, wenn ich meine Erfahrungen und Kenntnisse nicht sichtbar ausstrahlen und einsetzen würde. Aber folgende Dinge sollten Sie nicht vergessen:

- Sie sind Profi im Umgang mit Schülern und Schulklassen. Als ich mit den Werkstätten begann, hatte ich keine Ahnung, wie man Inhalte am besten vermittelt oder was Schüler von mir und meinen Themen erwarten würden. So wie ich mir gewisse pädagogische Fertigkeiten aneignete, können Sie sich gewisse journalistische Fertigkeiten aneignen.
- Ich habe mich in den Jahren meiner Arbeit als Workshopleiter nicht in einen Lehrer verwandelt. In erster Linie bin ich immer noch Journalist und Schriftsteller. Das Gleiche gilt umgekehrt für Sie.
- Sie müssen den Schülern keine vollwertige Berufsausbildung zu Redakteuren bieten. In den seltenen Fällen, in denen das nötig werden wird, werden das später andere übernehmen. Sie sollen sich den Journalismus und seine Möglichkeiten nur zunutze machen, Ihren Schülern einen sprachlichen, formalen und thematischen Raum zur Entwicklung zu geben.

Dies alles sollte Sie dazu motivieren, die Anforderungen an sich selbst realistisch zu formulieren. Und selbst dann wird der Beginn der Arbeit mit journalistischen Texten ein Wagnis darstellen. Die Unwägbarkeiten, die meine Methode Ihnen abverlangt sind die folgenden:

- Verabschieden Sie sich, zumindest was Reportagen, Essays und Glossen anbelangt, von den strengen Definitionen in Listenform.
- Geben Sie den Schülern größtmögliche formale und inhaltliche Freiheit.

Diese doppelte *Flexibilität* ließe sich auch mit doppelter *Unsicherheit* übersetzen. Natürlich fühlt es sich ein wenig so an, als würde man die Büchse der Pandora öffnen. So etwa: Den Schülern bei der Spontanreportage keine klare Form vorgeben? Oder: In einer Klasse am Ende Reportagen zu 20 bis 30 verschiedenen Themen behandeln und diese auch noch gerecht benoten? Es müssen nicht immer Merkblätter ausgegeben werden. Schüler sollten darauf trainiert werden, ihre sprachlichen Fähigkeiten einer Aufgabe anzupassen und dieser Aufgabe auch im Rahmen ihrer persönlichen Möglichkeiten, Stärken und Schwächen gerecht zu werden. Dies ist in der Praxis wichtiger, als lediglich vorhandene Textsorten zu reproduzieren.

Führt dies nicht dorthin, wo wir *nicht* hinwollen und wo wir schon immer stehen: zu langweiligen Texten, die niemand so recht lesen und – fast schlimmer noch – der Verfasser auch nicht so recht schreiben will?

8.3.4 Regelwerke

Machen Sie genaue Vorgaben lieber dort, wo sie helfen: Bei der Textlänge, bei Terminen, bei Textformaten. Auch wenn sie zunächst abstrus oder zu viel verlangt erscheinen. Ich denke, man kann heutzutage erwarten, dass Texte auch digital abgeliefert werden. Wenn jedoch abzusehen ist, dass dies mit der überwiegenden Mehrheit der betreffenden Schüler nicht zu schaffen ist, baut man einige Einheiten im Computerraum ein. Die Begründung dürfte in diesem Fall nicht schwerfallen: Da wir so nah an der Praxis wie möglich arbeiten wollen, sollten wir uns auch an die Regeln halten, die in der Praxis gelten. Erst recht, wenn am Ende der Unterrichtseinheit eine Publikation geplant ist. Vor allem dann dürfte auch das Thema Textlänge nicht schwer zu vermitteln sein. Publikationen müssen planbar sein. Dies geht nur, wenn Längenvorgaben präzise eingehalten werden.

Eingangs habe ich erwähnt, dass Schüler bei der Spontanreportage meistens eher zu kurze Texte abliefern, dass man sie – mit Hinweisen auf genauere Beschreibungen, Einfügen von Zitaten und so weiter – zur Ausführlichkeit erst bewegen muss. Nicht alle reagieren darauf gleichermaßen empfänglich. Meiner Erfahrung nach tendieren Gymnasiasten in ihrer eigenständigen Reportage eher zu Überlängen, während Berufsschüler eher der Kurzform treu bleiben. Das sind – wohlgemerkt – Durchschnittswerte, die keinen Einfluss auf den Unterrichtsverlauf und die Inhalte haben, erst bei der Textarbeit eine Rolle spielen.

8.3.5 Rollenwechsel

Bleibt noch ein heikler Punkt am Schluss. Die Rolle, die man gegenüber dem Schüler einnimmt. Bei all der demokratischen Text- und Themenbehandlung, bei all der Augenhöhe, die ich während meiner Projekte herzustellen versuche, begebe ich mich willentlich in die Rolle des Beraters und Vertrauten. Mit mir sollen die Schüler über ihre Schreibblockaden reden, über ihre Ängste, über ihre privaten Interessen, aus denen wir dann gemeinsam ein Recherchethema basteln. Und am Ende verwandle ich mich wieder in den gnadenlosen Bewerter, der zwar Prozesse mitbewertet und nicht nur den blanken Text – der aber eben bewertet.

Das hat nicht nur einmal zu Irritation geführt, sowohl bei einzelnen Schülern, die sich verraten fühlten, als auch bei mir selbst, weil ich auf die Reaktionen nicht gefasst war. Ein Rezept kann ich leider nicht anbieten. Verschweigen will ich es trotzdem nicht. Man sollte darauf vorbereitet sein und es als normalen Prozess betrachten.

Und jetzt bleibt mir nichts mehr zu sagen, als Ihnen das eine oder andere journalistische Projekt zu wünschen. Viel Erfolg dabei!

Nachwort

Ulf Abraham

Wirklichkeit und Kommunikation. Journalistisches Schreiben in deutschdidaktischer Perspektive

Der Erfahrungsbericht als Modus des Schreibens

Zeitungen und Zeitschriften sind seit den 1980er Jahren etwas aus dem Blickfeld der Lese- und Mediendidaktik geraten: Was in der Wirklichkeit aller Unkenrufe zum Trotz noch nicht vollzogen ist, nämlich die völlige Verdrängung bedruckten Papiers durch elektronische Medien, ist in der Deutschdidaktik doch schon geschehen. Angesichts der theoretischen und praktischen Herausforderung der sogenannten Neuen Medien wurden die alten aus dem didaktischen Diskurs weitgehend verdrängt. Ein aktueller Überblick über Forschungsansätze und -ergebnisse zur Lese- und Mediensozialisation (Garbe 2013) erwähnt „die sogenannten Printmedien" Zeitung und Zeitschrift nur in einem Satz (vgl. ebd., 25).

Die Praxis des Deutschunterrichts, der man immer wieder nachsagt, sie hinke dem fachdidaktischen Diskurs hinterher, hat indessen gegenüber diesem jedenfalls bei der Arbeit mit Zeitung und Zeitschrift die Nase vorn: Es gibt eine Praxis, die zwar sicherlich immer wieder über „Zeitung in der Schule" angestoßen wird,[53] darüber aber hinausgeht. Wie weit sie darüber hinausgehen kann, dokumentiert der Autor des vorliegenden Bandes mit einem beeindruckenden Erfahrungsbericht. Über zehn Jahre hat er mit Schülern und Schülerinnen am Schreiben von Reportagen und Essays gearbeitet, bevor er nun dieses Buch vorgelegt hat. Es ist keine Theorie journalistischer Formen in ihrer Bedeutsamkeit für den Deutschunterricht, sondern ein Erfahrungsbericht im besten Wortsinn. Nicht ein Kommunikationswissenschaftler oder Fachdidaktiker spricht hier, sondern ein Journalist und Autor, der Jugendlichen Einblick in sein Handwerk gegeben, seine Erfahrung mit ihnen geteilt und ihnen ermöglicht hat, die schreibende Auseinandersetzung mit der Wirklichkeit selbst zu erproben. Obwohl es in der Hauptsache um deren Lernprozess geht, auf den noch einzugehen ist, meldet sich doch auch immer wieder der Lernprozess des Autors selbst zu Wort: „Zu Beginn meiner Arbeit mit Schülern (…) hatte ich mir eingebildet, vor allem solche Themen vermitteln zu können, die meinen Interessen gerecht werden und die meine Neugier wecken könnten. Schließlich habe ich jedoch eingesehen, dass es darum nicht ging." (Kap. 2.2.6) Das wirkt authentisch, indem es eine Erfahrung wiedergibt, die man im pädagogischen Handeln früher oder später immer macht: Man kann zwar erkennen lassen, wofür man sich selbst interessiert, aber vor allem geht es darum, den Lernenden zu helfen, ihren eigenen Interessen zu folgen

53 Vgl. den Überblick über Projekte im Rahmen von *Zeitung in der Schule* bei Körte 2006.

und sie auszudrücken. Authentisch ist auch, wie der Schock des Rollenwechsels beschrieben wird (vgl. Kap. 8.3.5): Eben noch freundlicher Helfer und Berater (etwa beim Recherchieren oder der Planung eines Interviews), sieht sich der Autor plötzlich in der ganz anderen Rolle des Bewerters, der womöglich gar Noten vergeben muss. „Willkommen im Club!", möchte man da als Deutschlehrer und Fachdidaktiker rufen; denn diesen Rollenkonflikt müssen wir dauernd aushalten (Fördern und Fordern, Wertschätzen und Bewerten).

Beipflichten möchte man schließlich auch dem Verständnis, das in diesem Buch von dem entwickelt wird, was die Deutschdidaktik „Handlungs- und Produktionsorientierung" nennt: Diese erscheint hier ganz zu Recht nicht als eine „Methode" des Deutschunterrichts, sondern als der Versuch, eine *Haltung* zu vermitteln: Tilman Rau „geht es nicht in erster Linie darum, eine Checkliste mit verschiedenen Handlungsanweisungen abzuklappern, sondern nachzuvollziehen, welche Prinzipien dem journalistischen Denken, Handeln und Schreiben zugrunde liegen." (Kap. 2.1)

Journalistisches Recherchieren und Schreiben als Medienerziehung

„Sollte das Prinzip Zeitung bei den Schülern in Gänze unbekannt sein ...", formuliert Rau in Kap. 2.2.1. – Muss man das annehmen, mit dem Schlimmsten sozusagen rechnen? Noch deutlicher gesagt wird es in Kap. 4.1.2: „... statistisch gesehen ist die Wahrscheinlichkeit groß, dass die Jugendlichen in ihrem Alltag außerhalb der Klassenräume niemals mit einer Tages- oder Wochenzeitung in Berührung kommen." Die empirische Forschung, soweit sie sich (überhaupt noch) mit der Rezeption des Uraltmediums Zeitung beschäftigt, gibt dem Autor Recht. Die JIM-Studie 2012 resümiert, dass „Zeitschriften und Magazine von 26 Prozent mindestens mehrmals pro Woche gelesen werden".[54] Dabei zeigen Jungen und junge Männer „eine größere Präferenz für das Lesen der Tageszeitung (sowohl Print als auch Online)" als Mädchen und junge Frauen.[55] Auch nimmt mit steigendem Alter die Häufigkeit der Mediennutzung zu, und das zeigt sich besonders bei der Nutzung der Tageszeitung.[56]

Dennoch ist ein Anstieg auf knapp 60% bei den über Achtzehnjährigen kein Grund zur Entwarnung; es bleiben selbst dann noch gut 40% Jugendliche, die sich mit Zeitungen nicht einmal gelegentlich beschäftigen. Die Gründe sind in der Medienrezeptionsforschung unstrittig:

54 http://www.mpfs.de/fileadmin/JIM-pdf12/JIM2012_Endversion.pdf, S. 12, recherchiert am 11.12.2013

55 Ebd., S. 13

56 12-13 Jahre: 25 %, 14–15 Jahre: 31 %, 16–17 Jahre: 47 %, 18–19 Jahre: 58 %) (vgl. ebd., S. 13).

> „Die Kritik vieler Jugendlicher an der Zeitung ist weitgehend bekannt: Das Papiermedium gilt – trotz Farbfotos – als grau und unspektakulär. Die Zeitungssprache komme trocken und kompliziert daher. Vor allem aber: Viele Artikel behandelten Themen, die Jugendliche nicht wirklich interessieren – auch wenn sie die Themen abstrakt als ‚irgendwie wichtig' anerkennen mögen." (Rager 2003, 180)

Dabei ist, wie der Kommunikationswissenschaftler Günther Rager weiter ausführt, gerade „ihr Image als seriöses Informationsmedium" für die Zeitung in der Wahrnehmung der Jugendlichen „eine echte Kontaktbarriere" (ebd.). Was dieses Medium leistet, mag objektiv „irgendwie wichtig" sein, scheint aber mit dem eigenen Leben nicht genügend zu tun zu haben, um auch subjektiv wichtig zu werden. Hier setzt Raus Konzept an. Indem er Schülern die Produzentenperspektive nahe bringt, lernen diese die Reportage nicht (wie herkömmlich in einem medienkundlichen Deutschunterricht) nur als eine „journalistische Stilform" kennen, deren „Kenn-Zeichen" man auffinden und per Textanalyse explizieren kann bzw. können soll; sondern als eine Arbeitsform, die Kompetenzen des Recherchierens erfordert: Ermitteln von kompetenten und ggf. auskunftsberechtigten Personen, Planen von Interviews, Inaugenscheinnahme von Schauplätzen des Geschehens, Durchsuchen von Archiven, Sammeln und Auswerten des so gewonnenen Materials. Der Blick von außen auf ein (Print-)Medium, das Jugendliche nicht unbedingt als das ihrige begreifen, wird ersetzt durch einen Blick von innen: Wie geht das, sich der Wirklichkeit als Journalist und Reporter zu nähern? Und wie wird aus dem, was man dabei beobachtet, notiert oder medial festhält, am Ende ein Artikel, der Eindrücke schildert, Zusammenhänge erklärt und Betroffene zu Wort kommen lässt?

Es geht also um Medienkunde und natürlich um Leseförderung in Bezug auf Zeitungen und Zeitschriften. Aber es geht auch um das Verhältnis von Wahrnehmung und Beschreibung, Erleben und Darüberschreiben. Und es geht um etwas vielleicht noch Wichtigeres: die Wiedergewinnung primärer Wirklichkeitserfahrungen in Bereichen, die nicht mehr Teil unserer Lebenswelt und damit gleichsam auf dem Rückzug sind: „Nenne sieben Spezialwerkzeuge, die in einer Drechslerei verwendet werden – Diese Aufgabe lässt sich prima mit einem Bildwörterbuch lösen. Da werden dann Antworten wie ‚Gewindestrehler', ‚Ausdrehhaken' und ‚Grabstichel" kommen. Und bei der Gelegenheit lässt sich klären, was überhaupt eine Drechslerei ist." (Kap. 2.3.6)

Die Reportage und andere journalistische Textsorten

Die Reportage, das hat das letztgenannte Beispiel deutlich gemacht, „erlaubt es, sinnliches Erleben zurück ins Klassenzimmer zu holen." (Kap. 4.4.2) Sie ist deutlicher als andere Textsorten der Presse auf Durchdringung komplexer Wirklichkeit aus, und ihr Mittel ist die „Geschichte". Die Reportage ist „die journalistische Nachbarin der Erzählprosa" (Kap. 4.4.1) Deshalb heißt es schon in der Einleitung: „Meiner Meinung nach ist die Herangehensweise an erzählende und an journalistische Texte so unterschiedlich nicht, zumindest wenn man es mit Textformen aus dem Grenzbereich zu tun hat, wie etwa Reportage, Essay und Glosse." Das Schulwissen, das darüber für gewöhnlich im Deutschunterricht vermittelt wird, sieht sich hier zunächst spürbar irritiert: Dichotomien wie objektiv/subjektiv, berichtend/erzählend, informierend/unterhaltend, die in der Regel den Schülern angeboten werden, scheinen die Auffassung, Reportagen seien narrativ, geradezu auszuschließen. Wer aber Raus Erfahrungsbericht gelesen hat, wird solche Dichotomien ohnehin sehr viel vorsichtiger und am besten gar nicht mehr gebrauchen. Es stimmt eben nicht, dass eine Glosse nicht auch informiert und ein Kommentar nicht auch unterhält; der Essay ist dominant, aber nicht ausschließlich eine argumentative Textsorte; und die Reportage ist von allem etwas, sie kann berichten, beschreiben, schildern, erklären, informieren und vor allem ihre Geschichte, ernsthaft und/oder witzig, erzählen.

Und nicht nur auf der Ebene der Begriffe, sondern auch auf einer handwerklichen Ebene ist zu überdenken, was der Deutschunterricht zur Annäherung an journalistisches Schreiben tut: „Manche Schüler greifen aus purer Gewohnheit auf Elemente wie Einleitung, Mittelteil, Schluss zurück." (Kap. 2.5.4) Es muss kaum betont werden, dass eine solche Herangehensweise vielleicht Ausdruck einer gewissen Ratlosigkeit, sicher aber keine Lösung ist.

Der Schülererwartung, Musterlösungen für das „Schreibproblem Reportage" präsentiert zu bekommen, gibt Rau aber bewusst nicht nach: Zunächst sollen die Lernenden sich selbst an der Textsorte versuchen, und erst dann sollen auf dem Weg der praktischen Schreibberatung Kriterien für gute Produkte und Lesererwartungen ins Spiel kommen. Und selbst für diesen induktiven Weg gilt: „Ich spreche absichtlich von einer „Annäherung" an die Form, nicht von der „Definition" (Kap. 1.3.3). Und: „Ich halte es übrigens für wenig produktiv, stilistische Vorgaben zu machen, bevor die Schüler ihre Texte geschrieben haben." (Kap. 2.3.2)

Der Umgang mit Informationsquellen

Anders als der Essay, den Rau elegant als Form der „Recherche nach innen" (Kap. 3.4) bestimmt, muss die Reportage Wege nach draußen erkunden und gehen. Etwas, was nur vom Hörensagen oder aus den Medien bekannt ist, soll gleichsam einer Wirklichkeitsbegehung unterzogen werden; und der Reporter als Autor bürgt für die Authentizität der „Wahr-Nehmung" der Wirklichkeit, um die es geht. Die Reportage als Text soll den Eindruck der Unmittelbarkeit erzeugen, des Mittenhinein-Gehens und Dabei-Seins. Dafür ist sinnliche Wahrnehmung günstig, sie reicht aber nicht aus. Informationsquellen, seien es Personen oder Dokumente, sind zu überprüfen. Auch das geschieht aber in Raus Konzept, wo immer möglich, in der Realität und nicht in der Bibliothek: „Was mich an der Reportage reizt und an anderen Projekten, die ich mit Schulklassen und Schülergruppen durchführe, ist, dass hier nicht Wissen aus Büchern abgerufen wird." (Kap. 2.3.5) Seine Erfahrung mit Deutschlehrern, die Philologie (nicht Journalismus) als Handwerk gelernt haben und dessen Grundsätze weitergeben möchten, lässt den Autor vor „übermäßigem Gebrauch" von Fachliteratur warnen (vgl. Kap. 2.3.2)[57]: Nicht, jede Aussage belegen zu können, sondern seine Informationsquellen offen zu legen und deren Seriosität sichergestellt zu haben, ist die Pflicht des Reportageschreibers. In Raus Ansatz können Schüler dieser Pflicht genügen, indem sie nicht abstrakte, überregionale oder globale Probleme recherchieren, sondern einen lokalen Bezug suchen und dann buchstäblich vor Ort gehen können. Das entspricht nicht nur dem Prinzip der Handlungsorientierung, sondern auch medienwissenschaftlichen und -didaktischen Einsichten:

> „Es gibt eine große Stabilität der traditionellen Zeitung vor allem im lokalen Bereich. Dort wo sich Zeitungen mit lokaler Berichterstattung, mit lokalen Kleinanzeigen und Stellenmärkten das Interesse des Publikums sichern können, sind sie wirtschaftlich stabil. Bis heute ist die lokale Berichterstattung deshalb der Hort der gedruckten Presse und Garant einer stabilen Nachfrage, vor allem bei den Tageszeitungen (...). Aktuelle Untersuchungen zur Mediennutzung zeigen, dass gerade im lokalen Bereich auch ein besonderes Interesse jugendlicher Zeitungleser liegt." (Feilke 2011, 4)

Es ist im Übrigen nur scheinbar paradox, dass es gerade das Ziel der Authentizität ist, die den Reporter während seiner Tätigkeit zwingt, etwas zu spielen; er schlüpft in eine Rolle (vgl. Kap. 1.2.3) und ist dabei – außer im Fall des Selbstversuchs z. B. à la Wallraff – für das Umfeld, in dem er sich umsieht, klar als solcher erkennbar. Interviews beispielsweise „sind ein wenig wie Bühnenauftritte. Man bereitet sich vor, ohne diese Vorbereitung geht es nicht." (Kap. 2.4.1)

Prozessorientierter Schreibunterricht und Textüberarbeitung

> „Zeitungstexte im Deutschunterricht sind Gesprächsanlass und Sprachlabor für die Förderung der Lese- und Schreibkompetenz: Nicht zuletzt ist das „Zeitung machen" ein exemplarisches Feld für verschiedene Formen kooperativen Lesens und Schreibens. Es bietet ideale Grundlagen für projektartige Arbeitsformen auch im Regelunterricht." (Feilke 2011, 6)

Dieses Potenzial produktionsorientierten Arbeitens mit dem Medium Zeitung, von der Deutschdidaktik erst seit relativ kurzer Zeit wieder betont, schließt auch die besondere Eignung solchen Arbeitens für eine wirkliche Prozessorientierung im Schreibunterricht ein: „Ein Text ist niemals das Ergebnis eines einmaligen und kurzen Schreibvorgangs, sondern geht aus einem Prozess hervor." (Einleitung) Der Schreibprozess beginnt lange vor dem eigentlichen Niederschreiben des Artikels: „Wir müssen alles, was wir recherchiert, beobachtet und erfragt haben, in einen Text verwandeln, eine Geschichte, eine Reportage. Trotzdem sollte niemand behaupten, jetzt erst finge man mit dem Schreiben an." (Kap. 2.5.1)

57 In einem kooperativen Langzeit-Schreibprojekt mit Studierenden, das in Abraham/Bräuer (2005) dokumentiert ist, hat der Verfasser ganz ähnliche Erfahrungen gemacht.

Liegen aber dann Textentwürfe vor, so setzt eine Schreibberatung ein: „Bei allen Texten bekommt jeder Schüler von mir eine ausführliche Rückmeldung" (Kap. 1.3.4), wobei „auch die Schüler selbst als Textkritiker einzubinden" sind (Kap. 5.1). Schüler haben, das wissen wir aus Forschung und Praxis, Schwierigkeiten mit dem Überarbeiten. Raus Bericht bestätigt das, indem er festhält, sie seien vielfach „mit dem Konzept schlicht nicht vertraut. Für sie ist ein Text vollendet, sobald er geschrieben ist." (Kap. 5.1). Lösungsansätze für das Problem kennen wir auch aus der Arbeit mit anderen Textsorten im Deutschunterricht: Aus ersten Reaktionen der Mitschüler, die Leser und Kritiker sind, und aus den Ratschlägen des Experten müssen Lernende nicht nur Schwächen des eigenen Entwurfs, sondern vor allem auch dessen Potenzial für eine weitere Bearbeitung erkennen. Rau hält dabei mit guten Argumenten gerade die Arbeit an Reportagen für einen Weg, Schüler/-innen zum Gebrauch von Wörterbüchern und Lexika zu ermuntern und für „Korrekturanstrengungen" und damit eine auf Veröffentlichungsreife zielende Textverbesserung zu motivieren (vgl. Kap. 2.3.2).

Kompetenzerwerb und Bewertung

Wenn der Autor in Kap. 5.4 so einfach wie richtig sagt, das, was auf dem Papier ist, sei „zu messen an dem, was auf dem Papier sein sollte", so schlägt er das Thema der Textbeurteilung und -bewertung an. Förderndes Beurteilen, das der Weiterarbeit am Text im Interesse eines Kompetenzerwerbs dient, ist dabei zu unterscheiden von prüfendem Bewerten zum Zweck der Leistungsfeststellung und letztlich Benotung. Wichtig ist – wie überall beim kompetenzorientierten Arbeiten in der Schule –, mit dem Beurteilen nicht erst anzusetzen, wenn für die Lernenden die Gelegenheit, ihr Können zu zeigen, schon verstrichen ist (und es also ausreicht, die Leistung in einer Note auszudrücken), sondern schon wesentlich früher: so lange am zu bewertenden Produkt noch etwas verbessert werden kann. Wenn es grundsätzlich Aufgabe der Didaktik ist, sich erst entwickelnde Kompetenzen zu stützen und dazu Textformen zu nutzen, die als Lernformen brauchbar sind,[58] so sind die Reportage und Essay zwei derartige Formen. In beiden Formen stehen, und das ist auch für andere Lernformen, besonders das Erörtern, wichtig, nicht Meinungen oder Standpunkte zur Bewertung an, sondern sprachliche Leistungen. Rau berücksichtigt das, „indem ich Meinung als solche niemals sanktioniere, ganz gleich, wie wenig sie mir in den Kram passt. Wohl aber kann ich positiv und negativ bewerten, wie formgemäß und wie konsistent diese Meinung dargestellt wird." (Kap. 8.2) Wie der Autor eigens betont, gehört im Übrigen zum Kompetenzerwerb nicht nur, selbst einen brauchbaren Artikel produzieren zu lernen. Im Interesse der Fähigkeit zum kooperativen Arbeiten ist auch großer Wert zu legen auf gegenseitige Hilfe und Rückmeldung: „Auch der Umgang mit Texten von Mitschülern wird benotet. Dazu fertige ich mir zum Beispiel immer Kopien von den Bögen der Schreibkonferenz an." (Kap. 7.6)

58 Vgl. die instruktive Einleitung zu Pohl/Steinhoff 2010.

Prinzip Kommunikation

Zentral in Raus Konzept ist die Kommunikation über Textentwürfe. Wenn er die Lernenden in die Textkritik einbindet und als Kritiker zu Wort kommen lässt („Sie sollen die Texte ihrer Mitschüler lesen, sollen darüber diskutieren und Rückmeldungen geben. Dies stärkt das Bewusstsein für die Textform", Kap. 5.3), so geht es dabei nicht nur um die Sache, sondern immer auch um eine möglichst symmetrische Kommunikation: „Wenn ein Schüler Rückmeldung auch von Seinesgleichen bekommt, wird Textarbeit nicht mehr als Herrschaftsausübung angesehen." (Kap. 5.3)

Das Konzept steht auf den drei Säulen Plenumsdiskussion, Einzelgespräch und Schreibkonferenz (vgl. Kap. 5.3). Bereits bevor Textentwürfe auf dem Tisch liegen, ist also Kommunikation das Prinzip. Auch die Recherche zu einem Artikel ist ja im Wesentlichen Kommunikation. „Es ist durchaus möglich, dass ein Journalismusprojekt mit mir die erste Situation darstellt, in der ein Schüler sich in der Lage befindet, mit einem Fremden telefonieren zu müssen." (Kap. 2.3.5)

Das sind Sätze, deren unbestreitbarer Wahrheitsgehalt nachdenklich macht. Man begreift, dass es hier um mehr geht als die Fähigkeit, einen ordentlichen Zeitungsartikel zu einem altersgemäßen Thema eigenen Interesses zu schreiben: Die Reportage ist nicht nur eine journalistische Textsorte, sondern ein Medium der Auseinandersetzung mit der die Heranwachsenden umgebenden Welt, die selbst im lokalen Umfeld viel größer und weiter ist, als die bereits gespurten Wege elektronischer Kommunikation in den *peer groups* den Einzelnen erkennen lassen.

Dafür, dass die Recherche als Methode des Verstehens von Wirklichkeit und die Kommunikation als deren Prinzip über die allgemeinbildende Schule hinaus auch an der Hochschule eine sinnvolle Ergänzung zu Fachstudium und Fachkommunikation bleibt, sei abschließend auf das Konzept von Abraham/Bräuer (2005) hingewiesen, in dem Studierende zu (ebenfalls) selbstgewählten Themen Reportagen für ein elektronisches Journal verfassten und dabei kooperatives und prozessorientiertes Arbeiten sowohl kennenlernten als auch reflektierten.

Dies bleibt eine wichtige doppelte Zielsetzung auch für den Deutschunterricht; das vorliegende Buch hilft sehr dabei, es erreichbar zu machen.

Literaturverzeichnis

Hier aufgelistet sind Titel, die ich interessant oder unerlässlich bei der Arbeit mit Sprache im Allgemeinen und Journalismus im Speziellen finde. Wundern Sie sich nicht, dass auch der eine oder andere Ratgeber zum kreativen Schreiben darunter ist. Vor allem im Bereich der Reportage und des Essays schließt sich beides nicht aus. Bei einigen Titeln, die nicht selbsterklärend sind, habe ich in Klammern den dazu gehörenden Überbegriff eingefügt.

Diese Liste erhebt keinen Anspruch auf Vollständigkeit, Gültigkeit oder Wissenschaftlichkeit. Sie gewährt lediglich einen Einblick in mein Bücherregal.

Abraham, Ulf/Bräuer, Gerd 2005: Lernende schreiben und publizieren online, über Sprach- und Kulturgrenzen hinweg. In: Didaktik Deutsch 11. H. 18. S. 91–105.

Agee, James/Evans, Walker 2001: Let us now praise famous men. The American classic, in words and photographs, of three tenant families in the Deep South. Boston.

Bittner, Wolfgang 2002: Beruf: Schriftsteller. Was man wissen muss, wenn man vom Schreiben leben will. 2. Aufl. Reinbek.

Cappon, Rene J. 2005: Journalistisches Schreiben. Berlin.

Duden, Band 2: Das Stilwörterbuch. Grundlegend für gutes Deutsch. 8., völlig neu bearb. Aufl. Dudenverlag, Mannheim 2001.

Duden. Band 3: Das Bildwörterbuch. Die Gegenstände und ihre Benennung. 6., neu bearb. und erw. Aufl. Dudenverlag, Mannheim 2005.

Duden. Band 8: Die sinn- und sachverwandten Wörter. Synonymwörterbuch der deutschen Sprache. Überarb. Neudr. der 2. Aufl. Dudenverlag, Mannheim 1997.

Duden. Deutsches Universalwörterbuch. 4., neu bearb. und erw. Aufl. Dudenverlag, Mannheim 2001.

Englert, Silvia 2001: Wörterwerkstatt. Tipps für Jugendliche, die gern schreiben. Hamburg.

Feilke, Helmuth 2011: Zeitungstexte. In: Praxis Deutsch 225. S. 4–13.

Fischer, Marc 2012: Die Sache mit dem Ich. Reportagen. Köln.

Frisch, Max 1992: Fragebogen. Frankfurt am Main.

Garbe, Christine 2013: Literarische Sozialisation – Mediensozialisation. In: Frederking, Volker et al.: Taschenbuch des Deutschunterrichts. Bd. 2. Literatur- und Mediendidaktik. 2., neu bearb. u. erw. Aufl. Baltmannsweiler. S. 23–42.

Goldt, Max 2001: Quitten für die Menschen zwischen Emden und Zittau. Zürich. (Glossen)

Haller, Michael 2000: Recherchieren. Ein Handbuch für Journalisten. 5., völlig überarb. Aufl. Konstanz.

Haller, Michael 2004: Recherchieren. Ein Handbuch für Journalisten. 7. Aufl. Konstanz.

Haller, Michael 2006: Die Reportage. 5. Aufl. Konstanz.

Hansel-Mieth-Preis 2009. Gabriel-Grüner Stipendium. Reportagen. Waiblingen.

Kaplan, David Michael 2002: Die Überarbeitung. Wie Geschichten packender, Charaktere plastischer, Dialoge stärker und Beschreibungen anschaulicher werden. Ein Lehrbuch für Autoren. Frankfurt am Main.

King, Stephen 2002: Das Leben und das Schreiben. München.

Kisch, Egon Erwin 2010: Der rasende Reporter. Berlin.

Körte, Jana 2006: Lieferadresse Klassenzimmer – Zeitungsprojekte in Schulen. In: Rager, Günther (Hrsg.): Zeitungsjournalismus. Empirische Leserschaftsforschung. Konstanz. S. 78–84.

La Roche, Walther von 2001: Einführung in den praktischen Journalismus. 15., völlig neu bearb. Aufl. München.

La Roche, Walther von 2013: Einführung in den praktischen Journalismus. 19., neu bearb. Aufl. von Gabriele Hoffacker und Klaus Meier. München.

Lampert, Marie/Wespe, Rolf 2012: Storytelling für Journalisten. 2., überarb. Aufl. Konstanz.

Langford, Michael/Andrews, Philip 2008: Fotografie für Einsteiger. Der Weg zu guten Digital- und Analogbildern. 5. Aufl. Berlin u. a.
Mast, Claudia (Hrsg.) 2012: ABC des Journalismus. Ein Handbuch. 12., völlig überarb. Aufl. Konstanz.
Menasse, Robert 2005: Das war Österreich. Gesammelte Essays zum Land ohne Eigenschaft. Frankfurt am Main.
Oliver, José F.A. 2007: Mein andalusisches Schwarzwalddorf: Essays. Frankfurt am Main.
Oliver, José F.A. 2013: Lyrisches Schreiben im Unterricht. Vom Wort in die Verdichtung. Seelze.
Ortheil, Hanns-Josef 2012a: Schreiben auf Reisen. Wanderungen, kleine Fluchten und große Fahrten – Aufzeichnungen von unterwegs. Mannheim u. a.
Ortheil, Hanns-Josef 2012b: Schreiben dicht am Leben. Notieren und Skizzieren. Mannheim u. a.
Pohl, Thorsten/Steinhoff, Torsten (Hrsg.) 2010: Textformen als Lernformen. Köln.
Queneau, Raymond 1990: Stilübungen. Frankfurt am Main. (Sprache und Form)
Rager, Günther 2003: Jugendliche als Zeitungsleser. Lesehürden und Lösungsansätze. In: media perspektiven H. 4. S. 180–186.
Reus, Gunter: Resort: Feuilleton. Kulturjournalismus für Massenmedien. 2., überarb. Aufl. UVK Verlagsgesellschaft, Konstanz 1999.
Richhardt, Thomas 2011: Szenisches Schreiben im Unterricht. Minidramen, Szenen, Stücke selber schreiben.Seelze.
Schalkowski, Edmund 2005: Rezension und Kritik. Konstanz.
Schärf, Christian 2012: Schreiben Tag für Tag. Journal und Tagebuch. Mannheim.
Schneider, Wolf 2001: Deutsch für Profis. Wege zu gutem Stil. München.
Sick, Bastian 2004: Der Dativ ist dem Genitiv sein Tod. Ein Wegweiser durch den Irrgarten der deutschen Sprache. Köln.
Siegel, Christian Ernst 1973: Egon Erwin Kisch. Reportage und politischer Journalismus. Bremen.
Smith, Esther K. 2007: How to make books. Fold, cut & stick your way to a one-of-a-kind book. New York. (Bücher und Zeitungen selbstgemacht)
Sontag, Susan 2005: Worauf es ankommt. Essays. München.
Stein, Sol 2003: Über das Schreiben. 8. Aufl. Frankfurt am Main.
Textor, A.M. 2000: Sag es treffender. Vollst. überarb. und erw. Neuausgabe. Reinbek.
Thompson, Hunter S. 2004: Hell's Angels. München. (Gonzo-Reportage)
Thompson, Hunter S. 2005: Angst und Schrecken in Las Vegas. München. (Gonzo-Reportage)
Timmerberg, Helge 2002: Tiger fressen keine Yogis. Stories von unterwegs. Münster.
Willemsen, Roger 2006: Hier spricht Guantánamo. Roger Willemsen interviewt Ex-Häftlinge. Frankfurt am Main.
Willemsen, Roger 2007: Nur zur Ansicht. Frankfurt am Main. (Essays)
Wilpert, Gero von 2001: Sachwörterbuch der Literatur. 8., verb. und erw. Aufl. Stuttgart.

Bildnachweis

© Lena Motschenbacher: Seite 162 unten
© Yves Noir: Seite 9, 15, 36, 105, 115, 139, 159, 173, 181
© Tilman Rau: Seite 18, 21, 122, 149, 162 oben, 164

Verzeichnis des Downloadmaterials

Neue Wege ins Schreiben

ULRIKE WÖRNER | YVES NOIR | TILMAN RAU

Erzählendes Schreiben im Unterricht

Werkstätten für Skizzen, Prosatexte, Fotografie

16 x 23 cm, 224 Seiten, inkl. Downloadmaterial

978-3-7800-4911-7, ca. € 23,95

Im Deutschunterricht wird kreatives Schreiben gerne als Mittel eingesetzt, um unmotivierte Schülerinnen und Schüler aus der Reserve zu locken. Reset – so lautet das erste Kapitel des Buches – bedeutet bei Null zu beginnen, als hätte man etwas noch nie getan.

Dieser neue Weg ins Schreiben wird begleitet von der Fotografie und ihrer Bildsprache und ist inspiriert von moderner und zeitgenössischer Literatur. Die Arbeitsschritte führen von Kleinstformen der erzählenden Prosa über Schreibkonferenzen hin zu einem längeren Text. Dabei wird ein doppelter Prozess initiiert: ein Prozess des Betrachtens und Urteilens wie auch ein Prozess des Schreibens und Gestaltens.

Ein anregendes Praxisbuch mit Arbeitsblättern und Materialien für Referendare, Lehrerende und Leiterinnen und Leiter von Literatur-AGs oder offenen Werkstätten.

Fachbuch

Alle Preise zzgl. Versandkosten, Stand 2020.

Unser Leserservice berät Sie gern:
Telefon: 0511/4 00 04-150
Fax: 0511/4 00 04-170
leserservice@friedrich-verlag.de

www.klett-kallmeyer.de

Unter **www.friedrich-verlag.de** finden Sie Materialien zum Buch als Download.
Bitte geben Sie den achtstelligen Download-Code in das Suchfeld ein.

DOWNLOAD-CODE: **d14810su**

Hinweis:

Das Download-Material enthält Textmaterialien und Arbeitsblätter, die Sie bei der Vorbereitung Ihres Unterrichts unterstützen und/oder Ihnen vertiefende Hintergrundinformationen liefern.

Als Käufer des Buches (ISBN 978-3-7800-4810-3) sind Sie zum Download dieser Datei berechtigt. Weder die gesamte Datei noch einzelne Teile daraus dürfen ohne Einwilligung des Verlages an Dritte weitergegeben oder in ein Netzwerk gestellt werden. Dies gilt auch für Intranets von Schulen und sonstigen Bildungseinrichtungen.

Der Verlag behält sich vor, gegen urheberrechtliche Verstöße vorzugehen.

Haben Sie Fragen zum Download? Dann wenden Sie sich bitte an den Leserservice der Friedrich Verlags GmbH. Schreiben Sie uns oder rufen Sie uns an!

Sie erreichen unseren Leserservice
Montag bis Donnerstag von 8 – 18 Uhr
Freitag von 8 – 14 Uhr
Tel.: 05 11/4 00 04-150
Fax: 05 11/4 00 04-170
E-Mail: *leserservice@friedrich-verlag.de*

Wir freuen uns über Ihre Rückmeldungen und helfen Ihnen gerne weiter!